欧阳修文化丛书

六一之乐

欧阳修的学术成就与治学品性

刘后滨　徐长青 ◎ 主编

刘馨雨　刘　璐 ◎ 著

江西人民出版社
全国百佳出版社

序一

宋史学者眼中的欧阳修

历史发展关键期开创精神的代表

中国宋史研究会原会长、中国人民大学教授　包伟民

历史的演进,如长河川流,不舍昼夜,平缓湍急,变化百态,然而必有关键河段,决定着下游走向。如长江之出三峡,如黄河之过龙门,终于一泻千里,奔腾入海。由唐入宋,我国传统农业社会从前期向后期转折,北宋中期则是其中的一个关键节点。

具体言之,其于公元十一世纪上半叶宋仁宗赵祯年间积蓄准备,到下半叶宋神宗赵顼年间进入高峰。当时杰出人物荟萃涌现,群星璀璨,大多在仁宗时初露头角,而于熙丰变法时期大放异彩。因此,通过代表性人物的视角来观察那些历史时期,如前贤所言,可得登泰山极目四望,一览而众山小之效。

讨论宋神宗熙丰变法时期的历史,其代表人物非江西人杰王安石莫属,而观察宋仁宗时期的积蓄准备,聚焦另一位江西人杰欧阳修无疑最为恰当。在政事、学术以及诗文等众多领域,欧公都是当时的活跃人物与开创精神之代表。

人杰源于地灵,英才人物不能突兀而起,而是地方社会经济文化发展的

结果。家乡的土壤培育了名人贤士，名人贤士更以其丰功伟业回馈家乡，将其遗泽深深渗透于家乡的文化土壤之中。地方士民日常饮食起居，尽管常常浸润于无声之中而不自知，其受之于先贤者惠莫大焉。积极阐发先贤之丰功伟业，对于当今地方文化建设，实可期事半功倍之效。更何况如欧公者，又非局限于庐陵一地，其在华夏最为闪耀群星之中，实居于前列。

欧阳修的历史时空

中国宋史研究会原副会长、中山大学教授　曹家齐

　　回顾中国古代政治之宽明及文化之繁荣，两宋时期应最受称道。两宋三百二十年历史中，又以北宋仁宗朝最受推崇。仁宗在位的四十二年，呈现出典型的"士大夫政治"特征。其中又以庆历（1041—1048）和嘉祐（1056—1063）两个时期最受赞扬，以至有"庆历、嘉祐之治"之称。这两个时期的政治特征，突出表现在两个方面：一是内外无事，成宋朝完成局部统一后数十年太平之局面；二是人才济济，名臣士大夫辈出，文化空前兴盛。众多明星般的人杰之中，欧阳修当属极为璀璨者之一。庆历年间，欧阳修积极支持范仲淹主持庆历新政，与范仲淹一起标举名节，振励士风；嘉祐时期，与富弼、包拯、胡瑗并称"四真"（富弼是真宰相，包拯是真中丞，胡瑗是真先生，欧阳修是真学士）。欧阳修不仅在主持嘉祐二年（1057）省试中，力倡古文之风，而且在接替包拯知开封府一职后亦政绩有名，获"包严欧宽"之美誉。仁宗时期，欧阳修无疑是士大夫中的一面旗帜，在更新风气中发挥引领作用。不唯如此，后来英宗和神宗即位，欧阳修更在协助韩琦稳定政局方面发挥了重要作用。

　　再将视野转向历史发展空间，宋代又是中国经济文化重心南移的重要历史时期。南方的江西不仅是北宋都城汴京等地粮食的重要供给地，还是培育人才的重要地区。从进士及第人数来看，两宋时期，江南西路是全国进士人

数最多的路分之一，而欧阳修的故乡庐陵（吉州）则是江南西路进士及第最多的州，人数多达一千零六十六人，远超居于第二的抚州（四百余人）。庐陵进士中著名者除欧阳修外，还有杨万里、周必大、文天祥等，但综合而论，则是欧阳修事功、学问、才名俱显，声誉最高。只以学问论，在文学、经学、史学等方面皆有成就，同代人中，可相提并论者亦为数不多。因此，欧阳修实为认识宋代，尤其是北宋政治、学术以及江西地域文化的一位关键性人物。

闪耀在华夏灿烂星空中

中国宋史研究会理事、北京大学教授　赵冬梅

在华夏群星闪耀的北宋，欧阳修究竟是不是最耀眼的呢？

论政事，他可能不如韩琦、范仲淹，但他是韩琦、范仲淹的同道，他为庆历新政鼓与呼，并协助韩琦完成最高权力的两次平稳交接；他也没有包拯那样令人瞩目的地方治理成绩，他的治理风格是润物无声的，他说"治民如治病""但民称便，即是良吏"。

论文学，他可能不如苏轼，但他是苏轼的老师，是那个发现了苏轼并主动要避此人，令其出一头地的文坛领袖。他引领着时代的方向，王安石、曾巩、苏洵、苏轼、苏辙都是他的后学，在他的旗帜下继续向前。善于发现人才，不拘一格荐人才，一札荐三相，为政敌之子，为学术异己者，为政见不同者，欧阳修之格局气度，古今罕有。

论史学，以现代标准衡量，他显然不如司马光克制"客观"，但他的本意从来不在"客观"，"孔子作春秋"才是他的追求，他的千古知音陈寅恪说："欧阳永叔少学韩昌黎之文，晚撰五代史记，作义儿冯道诸传，贬斥势利，尊崇气节，遂一匡五代之浇漓，返之淳正。故天水一朝之文化，竟为我民族遗留之瑰宝，孰谓空文于治道学术无裨益耶？"

论儒学，以传统标准衡量，他的成就肯定不如张载、二程，以现代标准衡量，王安石也在他之上，但他是疑经惑古新思潮的推动者和实践者，他推荐了胡瑗和孙复，他主张"学者当师经，师经必先求其意"。

欧阳修官至参知政事，主盟文坛数十年，于诗、词、散文俱为大家，还是《新唐书》（纪、志、表）和《新五代史》的作者，宋代金石学的开创者……以上种种，俱是写实。是否最耀眼，又有什么要紧呢！

序二

讲好欧阳修故事是传播庐陵文化的基础

刘后滨　徐长青

欧阳修是北宋承平时期成长起来的政治家。他二十二岁进京赶考，靠着绝世文采，名动京城，声誉鹊起。在宋仁宗天圣七年（1029），他又以国子监解试第一成为解元，次年，又在晏殊主持的省试中获得第一成为省元。他本人还在宋仁宗嘉祐二年（1057）担任省试主考官，同榜录取了后来成为文学家的苏轼、苏辙、曾巩，成为理学家的张载、程颢、吕大钧，以及著名政治人物曾布、吕惠卿、章惇等。这一榜进士晋升至宰执高位的有九人，在《宋史》中留下传记的有二十四人。欧阳修因此享有"千古伯乐"的美誉。其他同时代名人如包拯、韩琦、文彦博、司马光、苏洵等，也都得到过他的推荐赏拔。欧阳修本人历任朝廷要职和州府长官，包括宋朝士人最为看重的知谏院和知制诰等官职，还跻身宰执行列，担任了枢密副使和参知政事。其在政治上的事功和名望，无愧于中国古代杰出政治家的称誉。

欧阳修是中国古代学术巅峰时期诞生的文学家和学问家。他是诗文革兴的领袖，在文学史上有着崇高地位，名列唐宋古文八大家中宋六家之首，苏轼称之为"文章百世之师"。自署"庐陵欧阳修"的《醉翁亭记》脍炙人口，妇孺皆知。欧阳修还是"千古罕匹"的宋贤史学领军人物，其编写的《新五代史》和参与编纂的《新唐书》，是"二十四史"中的独特史籍。他的学术成就远远超出文学和史学，在经学、谱牒学、金石学等诸多领域皆有卓越建树。

在广义的文学与政事两个方面，欧阳修都达到了如此崇高的境界，成为中国传统士大夫难以超越的典范。由于欧阳修一代宗师和千古伯乐的特殊地位，他的事迹在宋朝官私文献中有着大量记载。作为欧阳修籍贯地的吉安，宋代以来追慕他的文人士子不计其数，历史上地方文献和名人诗文中有着丰富的相关记载。宋代以来，欧阳修一直都是庐陵文化的旗帜和象征。

作为土生土长的吉安人，我们从小浸润在耕读传家的庐陵文化之中，听着画荻教子的故事长大，看过西阳宫的日出日落。后来读书、上大学，一个选择历史学、一个选择考古学作为终身职业，以至今天我们二人共同承担这项工作——主持编纂这套《欧阳修文化丛书》，不能不说，我们与千百年来江西籍的一代又一代读书人一样，与"庐陵欧阳修"依然有着某种隐秘而深刻的精神联系。虽然我们在学术上的建树无法望其项背，但隔着遥远的时空，欧阳修依然跨越千年，影响着吉安乃至江西甚至全中国读书人的人生理想与价值追求。

在欧阳修身后，从胡铨、杨万里、周必大、文天祥到解缙、杨士奇、聂豹、罗洪先，一代又一代吉安籍文化精英，在其影响和感召下脱颖而出，走上更广阔的历史舞台。他们在推崇欧阳修的同时，塑造了庐陵文化的精神气质，充实了庐陵文化的丰富内涵。享有"文章节义之邦"美誉的吉安，因为有了"庐陵欧阳修"和众多吉安籍精英先贤而名扬四海。我们今天所做的这项工作，依然是为庐陵文化的发扬光大添砖加瓦。讲好欧阳修的故事，是传播庐陵文化的基础。

很长一段时间以来，我们都在关注庐陵文化及其历史遗存，带领团队到吉安的各个区县进行田野调查、查阅档案和地方文献，考察博物馆及民间收藏的碑刻志石，探查已知和未知的历史遗迹。我们重点关注的赣江中游东岸泷江和恩江流域，是欧阳修故事的发源地，是庐陵文化的核心区。我们在本职工作之外从事的家乡历史文化调研工作，虽然还很零散，不成系统，但已经给我们的学术人生刻下了深刻的印记。欧阳修以来的历代乡贤，尤其是宋明时期的众多杰出人物，在中华文明史上担负过重要的文化使命，写下了精彩的时代华章。他们的治学与从政都凝结着庙堂气象、文人风骨和乡土情怀，他们的成就和风范在千百年后的今天依然赋予人们精神上的滋养。

序二
讲好欧阳修故事是传播庐陵文化的基础

清朝初年贺贻孙为永新县学撰写的《乡贤祠记》讲述了文天祥儿时受到吉州先贤欧阳修和胡铨事迹激励的故事："吾郡文忠烈,儿时入学宫,见所祀乡贤欧阳文忠、胡忠简二主,奋曰:'没不俎豆其间,非夫也!'其后卒如其言。"它说的是少年文天祥在学宫看到欧阳修和胡铨的牌位后,发愿一定要勤学苦读、建功立业,身后自己的牌位加入其间享受后人祭祀。这个流行于明清时期的经过渲染之后的故事,呈现出了欧阳修的精神力量在数百年后依然激励着吉州学子的真实情形。

我们犹记得当年离开家乡,北上南下,走进大学校园,第一次被外乡人称为"欧阳修的老乡"而获得的内心震撼和自豪。历史学家邓广铭是北京大学历史学系研究宋史的权威学者,有一次他询问得知中国古代史专业研究生刘后滨的家乡在吉安吉水县,连声感叹:"吉安出名人,你是欧阳修的老乡啊!"一句话使得当年胆怯羞涩的农家子弟感受到了无上荣光和自信。多年以后,活跃在宋史研究领域的众多学者如张希清、邓小南、包伟民、李华瑞、陈峰、曹家齐、苗书梅、赵冬梅、李全德、邱靖嘉、张亦冰等,对我们仍以"欧阳修的老乡"相称(或者说尊称),因为有了这一纽带而增添了更多的共同语言和更深的学术情谊。这些学者也以不同方式关注、参与和支持吉安地区的文化建设,这同样是我们作为从吉安走出来的读书人感到无比光荣的事情。

两年前,为大力传承和弘扬欧阳修文化,发掘欧阳修在为人、为政、为学、为德、为廉等方面的时代价值,永丰县委、县政府决定编写一套全面反映欧阳修政事与文学的小丛书,委托我们二人担任主编,并提出了编写要求,即完成一套充分吸收学术界研究成果且文字通俗易懂的大众读物。他们对发掘优秀传统文化及其当代价值的高度重视,以及振兴庐陵文化、续写时代华章的眼光和魄力,使我们深受感动。我们愉快地接受委托,并拟定了丛书主题和编写体例。按照欧阳修的仕宦经历和学术成就,丛书分为以下四部:《宦海一生:欧阳修的仕宦经历与从政修养》《一代文宗:欧阳修的文学成就与宗师地位》《六一之乐:欧阳修的学术成就与治学品性》《庐陵千古一欧阳:吉安社会历史的欧阳修印记》。我们邀请了五位从事宋代文学和历史研究以及从事吉安地方史研究的年轻学人担纲写作，他们是刘杰、李帅、刘馨雨、刘璐、骆勇。这些年轻的学者，均在北京大学和中国人民大学获得硕士或博士学位，受过正规的学术训练，具备深厚的专业素养。我们还聘请了北京大学历史学系赵冬梅教授、中国人民大学历史学院马利清教授担任审稿顾问，通读了全部书稿。赵冬梅教授还与著名宋史学者包伟民教授、曹家齐教授一道撰写了关于欧阳修及其时代的总体认识，我们以"宋史学者眼中的欧阳修"为题汇编起来，作为丛书的序一。对于以上几位学者的大力付出和倾情支持，我们深表感谢。

尽管丛书中每一本在学术性和通俗性两方面都还有一定提升空间，但这套小丛书在历史名人传记的编写体例和叙事维度方面做出了积极探索，希望能够推动欧阳修和庐陵文化研究走向深入，并为吉安市乃至江西省的干部群众学习宣传欧阳修和庐陵文化提供兼具学术性和通俗性的读本。

目录

第一章 南唐旧土，人杰地灵：江西学术环境与欧阳修的治学路径

第一节　五代宋初的江西学术环境　/ 002

第二节　欧阳氏的家学渊源　/ 006

第三节　欧阳修的治学路径　/ 013

一、欧阳修的科举经历　/ 013

二、欧阳修的经学成就　/ 017

第二章 法严词约，祖述春秋：欧阳修与《新五代史》

第一节　《新五代史》的编撰　/ 022

一、编撰的背景　/ 023

二、编撰的过程　/ 028

第二节　《新五代史》的特点　/ 039

一、《新五代史》的义例　/ 040

二、《新五代史》的文法　/ 046

第三节　《新五代史》的思想内涵　/ 063

一、整饬道德，惩恶劝善　/ 064

二、破除迷信，排佛抑道　/ 075

三、尊王攘夷，居正一统 / 080

四、借古鉴今，经世致用 / 084

第三章 事增于前，文省于旧：欧阳修与《新唐书》

第一节 《新唐书》的编撰 / 092

一、欧阳修参与编撰的过程 / 092

二、欧阳修的贡献与署名 / 098

第二节 《新唐书》的内容及评价 / 105

一、事增于前，文省于旧 / 106

二、欧阳修的褒贬史学 / 117

第三节 欧阳修与宋贤史学 / 127

一、宋贤史学的特点 / 128

二、欧阳修的史学影响 / 131

第四章 铭志著世，义近于史：欧阳修的碑志文成就

第一节 人生百年，何能不朽：碑志文的发展及特点 / 137

一、宋以前的碑志文发展 / 137

二、欧阳修的碑志文创作 / 139

第二节 铭而载道，以昭后世：欧阳修碑志文所追慕的士大夫精神 / 141

一、赵宋王朝涵养士人的文化环境 / 141

二、欧阳修碑志文中的名臣良相 / 144

三、欧阳修碑志文中的贤官良吏 / 153

四、欧阳修碑志文中的布衣处士　/ 156

五、欧阳修碑志文中的士大夫精神　/ 158

第三节　哭而铭志，文寄哀情：欧阳修碑志文中的情感寄托　/ 160

一、父母之恩，云何可报：《泷冈阡表》　/ 160

二、倾盖如故，白头如新：欧阳修的无常之痛与故友之思　/ 163

第四节　褒善贬恶，简约精当：欧阳修的碑志文创作理念　/ 173

一、用春秋笔法撰写碑志　/ 173

二、人物刻画有史迁风神　/ 176

第五章　集古千卷，以开金石：欧阳修与《集古录》

第一节　颠而嗜古，好集金石：欧阳修对金石拓本的搜集与收藏　/ 179

一、从祥瑞到玩赏，从玩赏到研究　/ 179

二、好古之僻：欧阳修对金石碑刻的痴迷　/ 182

三、欧阳修对金石拓本的搜集和收藏　/ 184

四、欧阳修与刘敞的"金石"情谊　/ 186

五、《集古录》的形成　/ 188

六、《集古录目》与《集古录跋尾》　/ 190

第二节　补正史文，以传后人：《集古录》及其跋尾的史学价值　/ 192

一、以金石正史书之舛误　/ 192

二、以金石补史书之阙失　/ 195

三、以金石考证典章制度　/ 197

四、以史书记载补正碑刻　/ 199

五、由金石碑刻了解古代风俗　/ 201

六、由玩赏金石引发怀古之思　/ 202

七、欧阳修以金石证史的理论原则　/ 205

第三节 乐古思今，力于斯文：《集古录》及其跋尾所体现的
　　　　欧阳修学术思想 / 206

一、《集古录》所体现的欧阳修儒学思想 / 206

二、《集古录》所体现的欧阳修文学思想 / 209

三、《集古录》所体现的欧阳修书学思想 / 212

第四节 集古录成，金石学兴：欧阳修与金石学 / 216

一、《集古录》掀起金石集录之风 / 217

二、《集古录》成为金石学研究之典范 / 218

第六章 欧苏谱图，家谱圭臬：欧阳修与《欧阳氏谱图》

第一节 百世衣冠，不可不悉：北宋以前的谱牒发展 / 222

一、魏晋南北朝：士族的崛起和谱牒的兴盛 / 222

二、隋唐时期："姓氏之学，最盛于唐" / 225

三、唐衰以来，谱牒废绝：欧阳修修家谱的背景 / 228

第二节 广求遗文，以续家谱：欧阳修与《欧阳氏谱图》的编修 / 231

一、《欧阳氏谱图》的编修过程 / 231

二、《欧阳氏谱图》的内容 / 234

三、《欧阳氏谱图》的体例特点和修谱精神 / 237

四、苏洵的"苏氏谱法" / 239

第三节 敬宗收族，家谱复兴：欧、苏谱图与魏晋谱牒的对比 / 240

一、欧、苏谱图与魏晋谱牒的体例对比 / 240

二、欧、苏谱图反映的时代和谱牒功用的变化 / 243

第四节 欧苏法式，后世所宗：欧、苏谱图对后世家谱编修的
　　　　影响 / 246

第一章

南唐旧土，人杰地灵：
江西学术环境与欧阳修的治学路径

四十年来家国，三千里地山河。凤阁龙楼连霄汉，玉树琼枝作烟萝，几曾识干戈？一旦归为臣虏，沈腰潘鬓消磨。最是仓皇辞庙日，教坊犹奏别离歌，垂泪对宫娥。①

南唐后主李煜写下这首《破阵子·四十年来家国》时，宋军刚刚攻破金陵。李煜自降为江南国主也守不住祖宗基业，他在即将被俘往汴京之前，最后一次祭祀宗庙，含泪追忆李氏统治江南的安逸岁月。或许正是因为长期偏安一隅，消磨了南唐统治者的斗志，南唐最终亡于北宋。

南唐（937—975）是五代十国②时期（907—979）割据江南的政权，享国三十八年。其版图在十国中最大，最盛时有三十五州，地跨今天的江西、安徽、江苏、福建、湖北、湖南等省，自然条件优越，经济富庶，而且坐拥天险，少有战事，确实称得上不识干戈。和平安定的政治环境为南唐经济文化的发展奠定了基础，而南唐统治者对文化的重视、爱好和身体力行都促进

---

① ［南唐］李煜：《破阵子·四十年来家国》，［清］彭定求等编《全唐诗》卷八八九，中华书局，1960年4月，第10047页。
② 十国，指吴、南唐、吴越、前蜀、后蜀、南汉、北汉、闽、楚、荆南（即南平）十个割据政权，得名自欧阳修的《新五代史》。

了这片土地上文化、教育的复兴和繁荣。

时间跨入宋朝,南唐故土江西成为一块异军突起的文化高地。晏殊、欧阳修、曾巩、王安石、李觏、朱熹、陆九渊、黄庭坚、姜夔、杨万里、文天祥……一连串光耀千古的名字都从这片土地上涌现;南丰三曾、临川二晏、鄱阳四洪、金溪三陆、临江三孔……许多根植于江西的文学家族都在这一时期绽放出惊人的光彩,其中就包括欧阳修的家族——庐陵欧阳氏。

从五代到宋初,江西得天独厚的学术环境是如何形成的?庐陵欧阳氏的家学渊源,对欧阳修的个人成长产生了怎样的影响?自幼失怙的欧阳修,是如何走上治学之路的?这是本章主要回答的问题。

第一节 五代宋初的江西学术环境

五代十国时期是中国历史上有名的乱世。欧阳修曾经这样评价这段历史:

> 前日五代之乱可谓极矣,五十三年之间,易五姓十三君,而亡国被弑者八,长者不过十余岁,甚者三四岁而亡。[1]

自唐朝灭亡起算,五十三年之间,中原走马灯似的换了后梁、后唐、后晋、后汉、后周五个朝代,每个朝代长则十几年,短则三四年。在中原之外,还有与五代长期并存的十国政权,以及北方契丹等少数民族政权,神州大地干戈四起,篡弑无常,可谓乱到了极点!

为躲避战乱,很多中原人士移居当时较为安定的南方,"即深而潜,依险而居"[2]。江西三面环山、一面临水,长江天险和东部的武夷山脉、南部的五岭、西部的罗霄山脉共同构成天然的军事屏障,拥有相对独立的地理环

---

[1] [宋]欧阳修:《欧阳修全集》卷六〇《本论上》,李逸安点校,中华书局,2001年3月,第862页。
[2] [宋]汪藻:《浮溪集》卷一九《为德兴汪氏种德堂作记》,曾枣庄、刘琳主编《全宋文》第一五七册·卷三三八六,上海辞书出版社、安徽教育出版社,2006年8月,第262页。

第一章
南唐旧土，人杰地灵：江西学术环境与欧阳修的治学路径

境，是躲避战乱的好地方。①此外，这里自然资源丰富，"川泽沃衍，有水物之饶"②，素有"白鹤鱼米之国"的美誉，早在西晋永嘉南渡时，就曾接纳大量南迁的人口。据统计，唐朝鼎盛的天宝年间，江西道七州的总户数为二十六万余户。"安史之乱"爆发后，中原人口开始南迁避乱，江西人口迅速增加。这一增长态势持续了整个唐中后期及五代时期，到北宋前期的太平兴国年间，户数已接近六十六万，增长了两倍有余。③

南迁的中原移民，为江西带来了中原先进的文化和重视教育的传统。隋唐以来的科举制打破了门阀士族对教育的垄断，科举取士引领着士人们的价值追求，中原移民定居江西之后形成的新兴家族大都非常注重培养子弟读书与科举仕进。④宋朝人记载了这一时期江西文化的崛起：

> 古者江南不能与中土等，宋受天命，然后七闽二浙与江之西东，冠带《诗》《书》，翕然大肆，人才之盛，遂甲于天下。⑤

其实，江西文教的快速发展并非始于宋朝。早在唐朝，王勃就曾盛赞这里物华天宝、人杰地灵，只不过当时的文化重心尚在中原。到杨吴、南唐时期，因为中原鏖战不休，"先王之制度文章扫地而尽"⑥，五代的文学艺术精华逐渐向南唐、西蜀转移。南唐上承杨吴政权（902—937），早在唐朝灭亡以前，受封吴王的杨行密已经掌控江南，占据东南富庶之地。杨吴政权统治期间，没有发生较大规模的战争，恢复和发展了唐末遭到严重破坏的江淮

---

① 参见李兴华：《论宋代江西文化名人崛起的原因》，《景德镇陶瓷学院学报》1995年第3—4期，第65—66页。
② [元]脱脱等：《宋史》卷八八《地理四·江南西路》，中华书局，1985年6月，第2192页。
③ 数据参见施由明：《论中原移民与宋代江西文化名人的产生》，《中原文化研究》2020年第2期，第103—104页。
④ 参见施由明：《论中原移民与宋代江西文化名人的产生》，第104—105页。
⑤ [宋]洪迈：《容斋随笔·四笔》卷五《饶州风俗》，孔凡礼点校，中华书局，2005年11月，第682页。
⑥ [宋]欧阳修撰，[宋]徐无党注：《新五代史》卷一七《晋家人传论》，中华书局，1974年12月，第188页。

经济，为南唐的繁荣奠定了基础。杨吴后期，权臣徐温把持朝政，徐温的养子徐知诰最终篡位，改回本姓，建立南唐政权，是为南唐先主李昪。南唐建立后，一方面在杨吴的基础上继续轻徭薄赋、鼓励农桑，推行"息兵安民"政策；另一方面极为重视文教发展，兴科举、建学校，在其他割据政权秣马厉兵之时，独轻武备而重文事，帝王倚重儒士，沉醉诗词书画，因此涌现出了一批著名的文臣，如韩熙载、冯延巳、徐铉等，民间也形成了重视文化教育的风气，南唐被誉为当时中国"文物最盛"之处，吸引了许多人才到此定居。①

这一时期，江西的官学、私塾得到极大发展，书院雨后春笋般建立起来。书院是中国古代重要教育机构，兴起于唐代，入宋以后受到官方大力扶持，起初多为民间设立的读书讲学之所。"江西的书院创办之早、数量之多、水平之高、名声之显为全国之最。"②例如，江西桂岩书院创办于唐元和九年（814），是中国创办最早的招徒授业的私家书院；位于庐山南麓的白鹿洞书院在南唐时就是著名的"庐山国学"，被后世誉为中国古代四大书院之首。许多书院都是由移居江西的文化家族创办，如奉新胡氏的华林书院，最初是胡氏私塾，南唐时为了重振家风，扩建为书堂，宋初再次扩建为书院，"集书万卷，延四方名士"③，培养了大批仕宦人才。

到了宋代，科举大兴，江西数十年来的文化底蕴得以厚积薄发，表现为数量惊人的科举进士和文化名人。后周显德七年（960），赵匡胤发动陈桥兵变，登上皇位，是为北宋太祖。北宋建立后，逐步统一中原和南方，开宝八年（975）灭南唐，至宋太宗太平兴国四年（979）基本完成统一。为扭转五代穷兵黩武的状况，北宋实行重文轻武的国策，重视文教，大力发展科举制，无论是进士的录取规模还是考试的规范性，都远超隋唐。在政府的支持

---

① 参见李兴华：《论宋代江西文化名人崛起的原因》，第68页。
② 参见李兴华：《论宋代江西文化名人崛起的原因》，第67页。
③ 江西省地方志编纂委员会办公室编著：《江西书院》，武汉大学出版社，2018年4月，第205页。

第一章
南唐旧土，人杰地灵：江西学术环境与欧阳修的治学路径

下，宋代涌现出了一大批通过科举仕宦改变命运的贫寒学子，许多以前默默无闻的家族借此成为"诗书望族"。据统计，有宋一朝共有江西籍进士六千余人，进士家族五百四十七个，其中不乏名人辈出者。[1] 如抚州南丰的曾巩家族，"南丰曾氏家族从曾巩祖父曾致尧太平兴国八年（983）中进士起，至宝祐元年（1253）止的二百七十余年里，共有 55 人中进士，在朝廷为官者为百余人。特别是嘉祐二年（1057），曾经一门六人皆举进士，成为轰动一时的佳话"[2]。还有临川的晏殊家族和王安石家族，修水的黄庭坚家族，吉水的欧阳氏、董氏、解氏家族等。北宋江西文人汪藻这样形容当时饶州（治今江西鄱阳）的盛况："饶士盛东南，应举常数千人，所取裁百一。"[3] 江西文人对科举的热情一直延续到明代，以至明朝人有"翰林多吉水，朝士半江西"之说。

宋代江西的学术成就同样斐然。文学方面，"唐宋八大家"中有宋代六人，其中欧阳修、曾巩、王安石出自江西；晏殊、张先、晏几道、欧阳修被誉为"宋词四大开祖"，其中只有张先不是江西人；黄庭坚的"江西诗派"干脆以地域命名；江西还有南宋中兴四大诗人之一的杨万里、写下"人生自古谁无死，留取丹心照汗青"[4] 的文天祥……经史方面，有欧阳修的"庐陵学派"和《新唐书》《新五代史》，以及王安石的"荆公新学"，史学家刘敞和参与编修《资治通鉴》的刘攽、刘恕，开创心学的陆九渊和南宋理学家朱熹，连流传千古的"鹅湖之会"都是发生在江西铅山鹅湖寺……

安定的政治环境、富庶的经济基础、深厚的文化底蕴、蓬勃的书院制度、浓厚的教育氛围，共同营造了江西得天独厚的学术环境，助推了宋代学

---

[1] 数据参见夏汉宁、黎清、刘双琴：《宋代江西籍进士地图》，江西美术出版社，2018 年 7 月，第 16 页。
[2] 虞文霞：《宋代江西的教育、科举、文学家族》，《文史知识》2008 年 11 月，第 80—81 页。
[3] ［宋］汪藻：《浮溪集》卷二四《朝散大夫张公行状》，曾枣庄、刘琳主编《全宋文》第一五七册·卷三三八七，第 277 页。
[4] ［元］脱脱等：《宋史》卷四一八《文天祥传》，第 12539 页。

术的发展。在宋代江西,"才子之乡"临川(治今江西抚州)"家家有藏书,户户有学子,文化教育很普及"①;饶州的重教风气十分浓厚,"为父兄者,以其子与弟不文为咎;为母妻者,以其子与夫不学为辱"②。至于欧阳氏扎根的吉州(治今江西吉安),更是有"文章节义之邦"的美称,"家有诗书,人多儒雅,序塾相望,弦诵相闻……文章盛于江右"③。也正是在这样的文化沃土上,一代大儒欧阳修才能横空出世,开宋代三百年文章之盛!

第二节　欧阳氏的家学渊源

庐陵人欧阳修以其在政治、文学、史学、金石学、谱牒学等方面的非凡成就,成为江西的骄傲。④欧阳修自己也很认可"庐陵人"这个身份,在《欧阳修文集》中,随处可见他以"庐陵欧阳修"作为落款。其实,欧阳修生在绵州(治今四川绵阳),长在随州(治今湖北随县),宦游各地,终老颍州(治今安徽阜阳),一生中并没有哪段重要时光是在家乡度过的。江西吉州这片土地对于欧阳修的深刻影响,更多的是通过植根其上的欧阳氏家族传承实现。

欧阳修曾自撰《欧阳氏谱图序》,追述其宗族来历。唐朝时,原籍长沙的欧阳氏先祖欧阳琮来到吉州做刺史,其后代遂定居吉州。欧阳修的九世祖欧阳万担任安福县令,他的子孙便入籍安福(治今江西吉安安福)。后来到欧阳修的父亲欧阳观时,他这一支又移居永丰(治今江西吉安永丰)。欧阳氏"世为庐陵大族",黄巢起义时,战火燃到吉州,欧阳氏率领乡亲们奋勇

---

① 李兴华:《论宋代江西文化名人崛起的原因》,第 66 页。
② [宋]洪迈:《容斋随笔·四笔》卷五《饶州风俗》,第 683 页。
③ [明]李贤等:《大明一统志》卷五六《吉安府·风俗》,方志远等点校,巴蜀书社,2017年11月,第 2404 页。
④ 按:吉州旧名庐陵郡,北宋时属于江南西路,下辖庐陵、吉水、安福、太和、龙泉、永新、永丰、万安八县。

第一章
南唐旧土，人杰地灵：江西学术环境与欧阳修的治学路径

抵抗，保全了数千家百姓，至今为人称颂。唐末五代时"江南陷于僭伪，欧阳氏遂不显"①。其实从《欧阳氏谱图》的记载看，欧阳氏先祖还是有出仕南唐者，只不过都官职不显。这个时期的欧阳氏已经以儒学知名于世，其聚居之地甚至被称为儒林乡。

等到宋朝建立，天下一统，欧阳氏先祖也积极参加了宋朝的科举，试图从耕读之家向仕宦之家转型，但一开始并不顺利。直到宋太宗淳化三年（992），也就是北宋建国三十二年后，欧阳修的叔父欧阳载进士及第，欧阳氏才开始在宋代科举中崭露头角。欧阳载为人方重寡言，为官清廉简静，欧阳修在为其撰写的墓志铭中，记载了欧阳载的平生数事。据墓志铭可简述如下：

欧阳载做秘书丞时，宋真宗想要亲自挑选御史，召见了包括欧阳载在内的数人。御史是朝廷主管监察的官员，品阶虽然不高，职能却很重要，可以就朝政发表批评意见，有风闻言事的权利。担任御史相当于入了皇帝和宰执的眼，对日后的发展有很大好处。因此，当时被选召的其他人都在皇帝面前努力表现，唯恐不被重用，只有欧阳载独自站在阶下，一言不发。次日，欧阳载被任命为监察御史。原来，当时的御史中丞王嗣宗也在默默观察这批官员，他指着欧阳载对宋真宗说："只有那个独立阶下的，才是真御史啊！"

欧阳载虽然承了王嗣宗的知遇之恩，可后来王嗣宗想要打击报复政敌，要求欧阳载罔顾法律、罗织大狱时，欧阳载严词拒绝，谨遵皇帝的诏令办事。王嗣宗大怒，最终以其他手段打击了政敌，欧阳载也被连累免官。第二年，欧阳载被宋真宗起复，再次担任御史。如此过了三年，宋真宗对他印象很深，在他上殿奏事的时候特意慰劳："你做了这么久御史，真是辛苦了！"宋真宗问他想要什么官职，他只说担心自己还不够尽职，无所求。过了几天，宋真宗对宰相说想让欧阳载去做转运使，宰相怀疑欧阳载越过自己去请求皇帝，心中不悦，便说暂时没有空缺。宋真宗说，那就让他去某一个大郡

---

① ［宋］欧阳修:《欧阳修全集》卷七四《欧阳氏谱图序》，第1067页。

做知州吧。于是宰相把欧阳载叫来，问他家在何处，觉得去哪里做知州比较方便。要知道各地情况不同，富庶贫瘠、距离首都远近，可谓天壤之别！但欧阳载只说"在哪里都方便"。宰相一怒之下把他派到了海州（治今安徽淮安），后来又换到睦州（治今浙江淳安）。①

天禧二年（1018），欧阳载出任泗州（治今江苏盱眙）知州。此前开封大旱，有僧人断臂祈雨，官府为其在当地龟山修建了一座寺庙。该寺备受王公大臣礼遇，权势很大，有不法僧人引诱百姓投淮水淹死，谎称能换取佛祖保佑，结果一年有数百人因此丧命。欧阳载听闻此事，大为震惊，下令将害人的妖僧悉数捉拿，诛杀数名首恶，余下数百人皆遣还乡里，捣毁了这座佛寺。

除了尽忠职守、为民除害外，欧阳载为官十分廉洁自律。据《欧阳氏谱图》记载，他居住在政府提供的官舍里，连院中的果树也不沾手，果实腐烂了掉在地上，家里人都不敢去捡拾。他还曾担任广南东路转运使，这里设有市舶司，海外贸易极为便利，于是此前的转运使都把俸禄换成货物，获利三倍以上。欧阳载见此叹息："难道我做官是为了利益吗？"他要求只取铜钱作为俸禄。宋仁宗即位后，欧阳载任满返京，只乘一叶小舟，没带回一件海外之物。此外，欧阳载还经常举荐有才干的下属，也不必对方知道，即使有人事后知道了前来感谢，欧阳载也对谢礼分文不取。

作为欧阳氏第一个在宋朝出仕并走到中高层的官员，欧阳载为官做人所展现出来的高洁品德，既显示了欧阳氏良好的家风，也为后世子孙树立了标杆。在欧阳修身上，就能看到许多与欧阳载相似的作风。

---

① 按：墓志中未言是哪位宰相，这段故事是否存在为彰显叔父的品德而杜撰的可能？如果是事实，欧阳修不具宰相之名是出于怎样的顾虑？当时在位的宰相是王旦和向敏中，如果是王旦，欧阳修曾为王旦作神道碑铭，对其人品大加赞扬，王旦为人宽厚，举贤任能，与此处所记显然不符；如果是向敏中，是否因其后人均在官场，其孙女为神宗皇后而有所忌讳？《宋史》载"敏中姿表瑰硕，有仪矩，性端厚岂弟，多智、晓民政、善处繁剧，慎于采拔"，这是不是说向敏中一向对提拔官员非常谨慎？这倒是符合宰相在欧阳载提拔任用上的多方刁难、推阻。材料所限，只能做此推测，供读者参考。

第一章
南唐旧土，人杰地灵：江西学术环境与欧阳修的治学路径

"积善之家，必有余庆。"[①]在欧阳载进士登科之后，欧阳氏族人在科举仕途上迎来了丰收的时节。咸平三年（1000），欧阳修的父亲欧阳观和叔父欧阳晔、欧阳颖同时进士及第，可谓三喜临门。其中除了欧阳修的父亲英年早逝外，另外两人都在仕途上有所建树。天圣八年（1030），欧阳修与堂侄欧阳乾、欧阳曜再度登科。欧阳氏在科举仕宦这条道路上，已经基本站稳了脚跟。

北宋景德四年（1007），欧阳修出生在父亲位于绵州的官舍，这时候的欧阳观已逾知天命之年。三年后，欧阳观在泰州（治今江苏泰州）军事判官任上病逝，时年五十九岁。欧阳修不到四岁就失去了父亲，是母亲郑德仪守寡抚养他长大，欧阳修对父亲生平为人的认识，大都是从母亲郑夫人的嘴里听来的。六十多年后，欧阳修在记载父母生平的《泷冈阡表》中，饱含深情地回忆了父母对他人生最初也最重要的影响。

欧阳观也是年幼丧父，从小读书，考中进士时已经四十九岁了。他一生沉沦下僚，只辗转各地做幕职州县官，生活颇为贫苦。据说他性格有些孤傲倔强，曾经把前妻和长子一并逐出家门，后来才娶了欧阳修的母亲郑夫人。但是，欧阳观做官极为严谨，而且对囚徒怀有仁心。郑夫人讲，她曾看到欧阳观在一个夜晚秉烛翻阅官府文书，屡屡拿起又放下叹息，似乎有什么为难之事。郑夫人问他怎么了，欧阳观说："这是一桩该判死刑的案子，我想给这罪犯找一条活路，可惜找不到。"郑夫人问："犯了死罪还能活吗？"他说："总要尽力试试！实在找不到免死的可能，那么死囚和我都没有遗憾；万一能找到罪不至死的理由而不去找，含冤而死的人该多么怨恨哪！虽然我常常存心为死囚开脱，希望能救人一命，但有时也难免会错判误杀，何况世上还有那么多只想置人于死地的人呢！"欧阳观平时也常用类似的话来教育弟子，所以郑夫人并不奇怪他会说这番话。这时候，欧阳观忽然回头，看到

[①] ［清］阮元校刻：《十三经注疏》清嘉庆刊本《周易正义》卷一《坤》，中华书局，2009年10月，第33页。

被奶娘抱在怀里、尚是稚儿的欧阳修,指着幼子叹息道:"算命的说我遇上戌年就会死,假如他的话应验,我就看不见儿子长大成人了,将来你要把我的话告诉他。"

欧阳修从小就听着母亲这样的教导长大,对父亲的形象并不陌生。郑夫人说:"你的父亲为官清廉,乐善好施,喜欢结交朋友。他的俸禄微薄,常常所剩无几,只说不要让钱财使他受累!"所以欧阳修长大以后,同样知交众多,他非常乐于提携年轻人,举荐的门生故吏遍及朝野。他和父亲一样为官清廉,虽然身居高位,却家境贫寒,宁可节衣缩食也愿意接济朋友。

郑夫人告诉年幼的欧阳修:"你的父亲极为孝顺。我嫁进来时,你奶奶刚去世一年。年末祭祀祖先时,你的父亲流着泪说,祭品再丰富,也不如生前的微薄奉养啊!偶然吃些好的酒菜,他也会流泪说,从前娘在时常常不够,如今富足有余,又无法让她尝到!我起初以为是他刚服完丧正伤心的缘故,可后来才发现你父亲经常如此,直到他去世。"郑夫人还说:"你父亲去世后,没给我们留下什么家资。但我为什么能坚持守寡呢?就因为我对你父亲十分了解,所以我对你的未来有所期待。你还年幼,看不出将来如何,但我知道像你父亲这样宅心仁厚的人,他的后人不会没有出息!你要记住:奉养父母不一定要物质丰厚,重要的是有孝心;利益虽不能遍施于所有人,但要有仁爱之心。我没什么可教你的,这些都是你父亲的愿望。"

在欧阳修早年为父亲撰写的墓表初稿中,还有一句他后来在《泷冈阡表》中删去的文字,颇为意味隽永:"夫士有用舍,志之得施与否不在己,而为仁与孝不取于人也。"[①]人生际遇不定,能否受到重用、施展志向不是自己能决定的,但是否做到仁孝,却不必取决于他人!父亲的言传身教和母亲的谆谆教诲,欧阳修都记在了心里。他一生确实践行着仁义忠孝的家风,被《宋史》高度评价为"平生与人尽言无所隐""以风节自持""天资刚劲,见义

[①] [宋]欧阳修:《欧阳修全集》卷二五《先君墓表》,第397页。

第一章
南唐旧土，人杰地灵：江西学术环境与欧阳修的治学路径

勇为"①，流芳千古！

因为欧阳观身后萧条，家无长物，欧阳修只好跟着母亲去依附自己的叔父欧阳晔生活。郑夫人曾对欧阳修说："你想了解你的父亲吗？那就看你的叔父吧，他的相貌言谈、起居做派都和你父亲一样。"欧阳修虽然年幼，但已经能从这话里感觉到母亲的悲伤，以及叔父与他的亲近了。在欧阳修对仕途的最初认识里，叔父欧阳晔的影子要比父亲欧阳观清晰得多。

欧阳晔和欧阳观同年考中进士，之后历任地方及中央要员。欧阳修母子前去投靠时，欧阳晔正在随州任推官。欧阳晔"为人严明方质，尤以洁廉自持"②，虽然生活清贫，但从不收受他人财物，少年时认识的朋友富贵了，他也终生不去沾光。从欧阳载到欧阳观、欧阳晔，再到未来的欧阳修，欧阳氏甘于清贫、廉洁自爱的家风得到了一以贯之的传承。

欧阳晔做官极为能干，有古良吏之风，擅长断案。他做随州推官时，一口气解决了三十六桩难以判决的案件。当地大洪山奇峰寺有僧人数百，主管地方财政的转运使怀疑寺中僧人非法牟利，积蓄了大量财物，派欧阳晔前去抄没。寺中的僧人拿出千两白银贿赂欧阳晔，他分文不取，笑道："我不要这些，不过我可以给你出个主意。今年农业歉收，你们有存粮六七万石，如果能全部拿出来交给官府，用来赈济百姓，我就不没收你们的财产。"僧人大喜照做，当地的饥民赖以全活。

欧阳晔不仅处事机变，还刚正守法，为此不惜得罪权贵。陈尧咨是与欧阳晔同榜的状元，仗着自己官高势大，颇有些不法行为。欧阳晔担任江陵府（治今湖北荆州）掌书记时，陈尧咨派人拿着私自铸造的钱币冒充官府出售的黄金，强迫官员在文书上签字，别人都不敢违背，只有欧阳晔指出官府出售的黄金上应当有纹记，不肯署名。陈尧咨虽然因忌惮而罢休，却暗中挑唆转运使，将欧阳晔调到素以难治理著称的崇阳（治今湖北崇阳）去当官。欧阳

---

① ［元］脱脱等：《宋史》卷三一九《欧阳修传》，第10379—10380页。
② ［宋］欧阳修：《欧阳修全集》卷二七《尚书都官员外郎欧阳公墓志铭》，第422页。

晔到了崇阳，当即处理了搁置案件百余件，深得百姓信赖。

欧阳修在为叔父撰写的墓志铭中感慨："公之明足以决于事，爱足以思于人，仁足以施其族，清足以洁其身。而铭之以此，足以遗其子孙。"[1]叔父的明敏果决、仁爱清廉，才是留给子孙的最大财富啊！

如果说从父辈身上，欧阳修学到的是如何为官做人，那么母亲郑德仪的引导，则让欧阳修踏上了通往学术殿堂的第一步，找到了毕生的心灵归宿。

欧阳修说母亲郑夫人出身江南望族，却没留下详细记载，约莫其时家道已经没落。但郑夫人读书识字，见识不凡，很可能受过比较良好的教育。妇孺皆知的"画荻教子"的故事告诉我们，欧阳修的启蒙教育就是由郑夫人完成的。由于家境贫寒，买不起练字用的笔墨纸砚，郑夫人就带着年幼的欧阳修找到一片沙地，用随处可见的荻草秆做笔，在沙地上教他习字。年幼的孩童也许只把这当作一个有趣的游戏，但他的母亲知道，打好文化基础，就是踏出了改变命运的第一步！在习字之余，郑夫人还会教欧阳修诵读名篇佳作，其中一些诗句欧阳修直到晚年仍记忆犹新。有一次，郑夫人带儿子去当地孔庙游玩，惊喜地发现石碑上的诗文竟然是唐代书法大家虞世南的手迹。自此，母子俩就经常盘桓在这块石碑前学习书法。欧阳修对金石碑拓的浓厚兴趣，就从这里开始萌芽。[2]

郑夫人"恭俭仁爱而有礼"[3]，持家非常节俭，即使欧阳修成功踏上仕途，家境稍显宽裕，也不肯花费过多。她说："我的儿子不能苟且迎合世人，俭约一些，才能渡过可能遭受的苦难。"正因为有母亲精神上的支持和鞭策，欧阳修才成长为正直敢言的人。当欧阳修因为诤言朝事而被贬夷陵（治今湖北宜昌）时，他不心疼自己的仕途，却因连累年迈的母亲跟着受苦而愧疚。郑夫人反倒笑着安慰他："咱们家从来就不富裕，我已经习惯这种日子了。你能

---

[1] ［宋］欧阳修：《欧阳修全集》卷二七《尚书都官员外郎欧阳公墓志铭》，第423页。
[2] 　王水照、崔铭：《欧阳修传》，天津人民出版社，2013年11月，第4—5页。
[3] ［宋］欧阳修：《欧阳修全集》卷二五《泷冈阡表》，第394页。

第一章
南唐旧土，人杰地灵：江西学术环境与欧阳修的治学路径

安然处之，我也能呀。"这种身处忧患而言笑自若、安贫乐道、自强不息的精神，培养了欧阳修高尚的品德和良好的心理素质，成为他一生几经挫折而始终屹立不倒、勇攀学术高峰的力量源泉。郑夫人德仪，也因此成为中国古代留名青史的四大贤母之一。

第三节 欧阳修的治学路径

一、欧阳修的科举经历

就是在这样的家学渊源中，欧阳修一天天地读书长大了。虽然从自己的父辈身上，欧阳修学到了一些处理政务的原则和方法，但想要获取官员的身份，真正开启他波澜壮阔的一生，还需要通过一场至关重要的考验——科举。

对于宋朝的科举，欧阳修并不陌生，他的父亲、叔父都是通过这条路踏上仕途的。宋代的科举制度极为发达，一方面，录取名额较唐代大幅增加。据统计，北宋一百六十七年间共开科六十九次，取士约六万一千人，平均每年约三百六十人。这样的录取力度不仅是空前的也是绝后的，元、明、清三代都有所不及。另一方面，考试过程中设置了糊名、誊录等环节，尽可能保证录取公平，避免世家豪族操纵科举从而堵塞孤寒之士的进身之路。宋人曾说"惟有糊名公道在，孤寒宜向此中求"[1]，欧阳修则评价北宋的科举制度"无情如造化，至公如权衡"[2]。

制度虽然公平，但教育的差距是客观存在的。对于科举考试的无情，欧阳修深有体会。宋仁宗天圣元年（1023）秋，欧阳修第一次参加了随州乡试。乡试又称解试，是科举考试在地方举行的初试，考试内容包括诗赋、经

---

[1] ［宋］李心传：《建炎以来系年要录》卷一四四，中华书局，1988年4月，第2318页。
[2] ［宋］欧阳修：《欧阳修全集》卷一一三《论逐路取人剳子》，第1716页。

义和策论，优胜者才能被州府推荐到京城参加下一场考试。当年欧阳修应试的一道题目是"左氏失之诬论"，要求考生评议《春秋左氏传》中荒诞不经之处。十七岁的欧阳修熟读经传，下笔如有神，但他还是落榜了，因为韵脚压得不合规范。没考中就只能下次再考，而下一轮科举还要等三年。天圣四年（1026）秋，卷土重来的欧阳修顺利通过了随州乡试，获得了第二年春天到京城参加礼部试的资格。然而考试的残酷就在于此，天圣五年（1027）春天，满怀希望来到都城参加礼部试的欧阳修，再一次落榜。三年之后又三年，多少考生就是这样在读书考试中蹉跎了半生！

痛定思痛，欧阳修决定离开偏远落后的随州，到汉阳（治今湖北汉阳）去游学。在那里，他遇到了自己的伯乐——时任汉阳知军的胥偃。胥偃非常欣赏欧阳修的才华，认为他未来可期，把他收为弟子，让他在自己的府邸专心读书，并在调任回京时，把欧阳修一起带到了京师。在胥偃的指导下，欧阳修进入了国子学广文馆学习。国子学是中央官办的学校，下设广文、太学、律学三馆，其中广文馆的课程针对进士科考试。宋代的科举分很多科目，其中最受朝廷和世人重视的唯有进士科，因此广文馆的竞争非常激烈，当然教授的内容也对参加进士科考试相当有利。天圣七年（1029）秋，欧阳修以广文馆第一名的身份，参加国子学的解试，取得第一名，获得了参加来年省试也就是礼部试的机会。

天圣八年（1030）的这场礼部贡举由当时的文坛领袖、著名文学家、"太平宰相"晏殊主持。晏殊是江西临川人，和王安石是老乡，和欧阳修算半个老乡。这一年的赋试题目是"司空掌舆地图赋"，出自儒家经典《周礼》，相传为周公所作，东汉经学大家郑玄有注。司空是古代官职名，掌即掌管，舆地图指地图，赋是文体。欧阳修一读题目，立刻产生疑问：周代和汉代均设有司空一职，其中汉代司空掌管舆地之图，周代司空的职掌则不止于此，那么这篇赋究竟要写周代的司空还是汉代的司空呢？当时考场规则是，考生如有疑问，可以到主考官帘前"上请"，也就是提问。晏殊隔着帘子，听到了欧阳修这个问题，不禁说："我当初出这个题目，就是希望有人能从细微之

第一章
南唐旧土，人杰地灵：江西学术环境与欧阳修的治学路径

处发现问题，这样才不算枉读经书。今天这个考场中，只有你真正读懂了题目。"省试揭榜，欧阳修一举夺魁，成为当年的省元。之后按照惯例，欧阳修以门生的身份去拜谢主考官晏殊，晏殊才知道本届省元就是当初提问的那个瘦弱少年。①

无独有偶，当欧阳修几十年后成长为北宋新一代文坛领袖，他主持了宋仁宗嘉祐二年（1057）的科举考试，考生中有跟他同登"唐宋八大家"榜单的曾巩和苏轼、苏辙兄弟。阅卷时，欧阳修看到了一篇绝佳的《刑赏忠厚之至论》，认为风格和水平都很像学生曾巩的手笔，为了避嫌，特意没点为头名，等考试结果出来，才知道那原来是苏轼的答卷。欧阳修对苏轼大为激赏，甚至说"老夫当避路，放他出一头地也"②。他预言苏轼能成为继他之后扛起北宋文坛大旗的人，而苏轼兄弟一生都很感激欧阳修这位老师的帮助和赏识。值得一提的是，这次科举风云际会，除了"唐宋八大家"中的曾巩、苏轼、苏辙外，还有理学大家程颢和弟子朱光庭，张载和弟子吕大钧——他们首创的"洛学"和"关学"与苏轼兄弟代表的"蜀学"都是宋代儒学发展史上的重要流派，以及将来叱咤政坛的吕惠卿、曾布、王韶等人，可谓宋代科举群英荟萃的一个缩影。而欧阳修则是当之无愧的古今第一伯乐。

回到天圣八年（1030）。接连成为解元、省元的欧阳修，距离"连中三元"的荣耀只有一步之遥，只要他在皇帝亲自主持的殿试上再度夺魁，成为状元。这一年殿试，仁宗皇帝出的题目是"藏珠于渊赋"。欧阳修一挥而就，针对当时朝野弥漫的奢靡之风，勇敢地写下"上苟贱于所好，下岂求于难得"③。他直言统治者的好恶会影响社会风气，文辞犀利，已经初露日后謇谔于朝、直言敢谏的锋芒。殿试结束后，大家都以为欧阳修已经胜券在握，公

---

① [宋] 王铚：《默记》，汤勤福、白雪松整理，大象出版社，2019 年 5 月，第 270 页。
② [宋] 欧阳修：《欧阳修全集》卷一四九《与梅圣俞四十六通·三十》，第 2459 页。
③ [宋] 欧阳修：《欧阳修全集》卷五九《殿试藏珠于渊赋》，第 852 页。

布名次的前一晚，同年王拱辰特意把欧阳修为殿试唱名准备的新衣服穿了出来，开玩笑道："这就是状元穿的衣服啊！"谁想到第二天结果出来，王拱辰成为当届状元，欧阳修则屈居十四名。但无论如何，成为进士总是敲开了朝廷的大门，可以受官了。欧阳修随后被任命为西京留守推官，即将带着母亲到繁花似锦的洛阳赴任，开启自己人生的新篇章。

回顾北宋前期的历史，像欧阳修这样通过科举改变命运的平民子弟并不在少数。比如太平兴国二年（977）参加科举的吕蒙正，年轻时颇为穷困，曾经捡拾别人丢在地上的烂瓜，考中状元后，只用十年就做到了宰相。还有后来对欧阳修影响很深的前辈范仲淹，他也是幼年丧父，母亲带他改嫁到朱家，范仲淹得知身世后，不愿再受继父家的恩惠，于是孤身在外求学。因为家贫，他每天只煮一锅粥，经过一晚上的凝固后，用刀把粥切成四块，早晚各取两块，就着一点腌菜吃掉。通过五年昼夜不息的苦读，范仲淹考中进士，后来在北宋爆发边疆危机时力挽狂澜，又发起"庆历新政"改革，官至副宰相，死后谥号文正，得到了对文臣最高的褒奖。"朝为田舍郎，暮登天子堂"[1]是切切实实发生在这代人身上的故事。

开放的政府、光明的未来，激励着像范仲淹、欧阳修这样在北宋王朝成长起来的新一代年轻人，使他们信奉"宁鸣而死，不默而生"[2]，"开口揽时事，论议争煌煌"[3]。他们凭借努力，通过科举改变了自身境遇，于是坚信凭借自己的努力，能够主宰大宋王朝的命运，让这艘巨轮驶向更辉煌的远方。他们在一些领域成功了，比如复兴儒学；在一些领域失败了，比如政治改革。历史记住了他们，也永远记住了北宋最好的风貌，记住了历史上最为扬眉吐气的一代知识分子那种以天下为己任的担当，那种斗志昂扬的文化自信，那

---

[1] ［宋］刘黻：《庆元府事劝农文》，曾枣庄、刘琳主编《全宋文》第三五二册·卷八一五七，第406页。
[2] ［宋］范仲淹：《范仲淹全集》文集卷一《灵乌赋》，李勇先等点校，中华书局，2020年5月，第8页。
[3] ［宋］欧阳修：《欧阳修全集》卷二《镇阳读书》，第35页。

种蓬勃的、充满希望的创造力和生命力。

二、欧阳修的经学成就

宋代是儒家学说一个重要的转型期和突破期。广义的儒家学术研究涵盖经学、史学、文学等诸多领域,其中古代儒家经典及相关研究著作一般被统称为经学,是儒学研究的核心。欧阳修在宋代新儒学的形成中起到重要的先锋作用,更是一位公认的经学大家。[1]

清代的儒家学者把中国古代的经学研究分为两大流派:汉学和宋学。汉代儒家学者对经义的研究主要集中在文本评论和解读方面,注重名物制度的考据和章句训诂,由此衍生出大量的注、疏、正义、补注等成果,这种研究路径一直延续至宋初,被称为"汉学"。唐代以来的科举考试则使用"官方指定版本",即唐代整理确定的儒家经典版本和官方注解《九经正义》,士子不需要对经典有自己独到的见解,照本宣科即可。然而安史之乱后,唐朝由盛转衰,在日益加剧的统治危机面前,主流学术与社会现实脱节的弊端逐渐显露,"一些儒者希望从儒经中找到治国治民之法,并不遵循定于一尊的'正义'"[2],因而兴起了一股"疑经"思潮,这被认为是唐宋儒学复兴运动的起点。

到了宋代,一方面,北宋的统治者为了结束五代乱世,"事为之防,曲为之制"[3],固守"祖宗家法",逐渐形成了因循苟且、不知变化的守旧风气,造成北宋中期危机四起、内外交困的局面,迫使有识之士谋求变法,试图从儒家经典中寻找依据;另一方面,随着经济、教育的发展和印刷术的普及,各类儒家经典广泛流传,宋代学者通过对比,更容易发现儒家经典官

---

[1] 漆侠:《欧阳修在宋学形成中的先锋作用》,《宋史研究论丛》2001年,第1—28页。
[2] 刘复生:《北宋儒学复兴要"复兴"什么》,《河北大学学报(哲学社会科学版)》2019年第5期,第2页。
[3] [宋]李焘:《续资治通鉴长编》卷一七"开宝九年十月乙卯"条,上海师范大学古籍整理研究所、华东师范大学古籍整理研究所点校,中华书局,2004年9月,第382页。

方版本中存在的明显缺陷，进而质疑前人的解读是否触及了经典真正的含义，于是掀起了一场比中唐时期更为猛烈、范围更广、影响更大的疑经惑传风潮。①

北宋中期，包括欧阳修在内的许多宋代学者，对庞杂的经学体系进行了系统梳理，抨击传统的义疏章句之学，不再迷信传注，甚至大胆怀疑流传的经文是否为"真经"，否定其中很多牵强附会的文本，并对儒家经典进行重新解读。"诸儒争发儒经大义即所谓义理，都企图以自己的主观认识来把握住'圣人'精神，创新解，立新义，与汉唐经生风格迥异"②，汇聚成北宋中期儒学复兴运动的洪流，由此形成的新儒家学派被称为"宋学"，亦称"新儒学"，因为直追儒经的义理，又被称为"义理之学"。

在这场影响深远的思想解放运动中，欧阳修被誉为"宋代疑经的第一人"，"对宋学建立起了重要作用"。③他曾经上奏《论删去九经正义中谶纬劄子》，公然对唐宋沿用的官方注解《九经正义》发起挑战：

> 臣愚以谓士之所本，在乎六经。而自暴秦焚书，圣道中绝。……至唐太宗时，始诏名儒撰定九经之疏，号为正义，凡数百篇。自尔以来，著为定论，凡不本正义者谓之异端，则学者之宗师，百世之取信也。然其所载既博，所择不精，多引谶纬之书，以相杂乱，怪奇诡僻，所谓非圣之书，异乎正义之名也。臣欲乞特诏名儒学官，悉取九经之疏，删去谶纬之文，使学者不为怪异之言惑乱，然后经义纯一，无所驳杂。④

欧阳修"要求恢复《九经》本来面目，去其'诡异驳杂'，使'经义纯

---

① 刘子健著，刘云军、李思、王金焕译：《欧阳修：十一世纪的新儒家》，重庆出版社，2022年4月，第125页。刘复生：《北宋儒学复兴要"复兴"什么》，第5页。
② 刘复生：《北宋中期儒学复兴运动的兴起及其特点》，《四川大学学报（哲学社会科学版）》1991年第3期，第85页。
③ 漆侠：《欧阳修在宋学形成中的先锋作用》，第12页。
④ ［宋］欧阳修：《欧阳修全集》卷一一二《论删去九经正义中谶纬劄子》，第1707页。

第一章
南唐旧土，人杰地灵：江西学术环境与欧阳修的治学路径

一',要求对旧经学进行彻底的清算,这是疑经思潮中最富代表性的文字之一"[1]。这种敢于质疑的精神,从欧阳修在两次科举考试中的表现就能看出。谈到治经方法时,他大胆宣称自己"少无师传,而学出己见"[2],主张直接研究"圣人之经",以经为师,通过仔细研究经文,理解其中的含义,根据自己的认识来阐发经学义理,避免受到前人传注的干扰,所谓"经不待传而通者十七八,因传而惑者十五六"[3]。

对于前人具有垄断性的权威传注,欧阳修大胆批判,开风气之先。《易经》最早的注本《周易大传》又称《十翼》,共七种十篇,相传为孔子本人所作,欧阳修撰《易童子问卷三》,认为《系辞》而下"皆非圣人之作"[4],一口气把《十翼》中的六篇给否定了,可谓石破天惊。《诗经》传注中影响最大的是西汉毛亨、毛苌所传《毛诗》以及东汉郑玄的《毛诗传笺》,欧阳修作《毛诗本义》,批评毛、郑之学有不少"不合于经者","或失于疏略,或失于谬妄"[5]。四库馆臣称:"自唐以来,说诗者未敢议毛、郑,虽老师宿儒亦谨守小序,至宋而新义日增,旧说弃废。推原断始,实发于修。"[6]可见,欧阳修引领了《诗》学的解放。[7]

欧阳修否定旧有的章句注疏之学,主张经学研究的重点在于懂得经的宏旨大义,所谓"大儒君子之于学也,理达而已矣"[8]。他认为圣人的道理"易知而可法",六经的文字"易明而可行",都具有简单平易的社会指导价值和

---

[1] 刘复生：《北宋儒学复兴要"复兴"什么》，第4页。
[2] ［宋］欧阳修：《欧阳修全集》卷六八《回丁判官书》，第995页。
[3] ［宋］欧阳修：《欧阳修全集》卷一八《春秋或问》，第311页。
[4] ［宋］欧阳修：《欧阳修全集》卷七八《易童子问卷三》，第1119页。
[5] ［宋］欧阳修：《欧阳修全集》卷六一《诗解统序》，第884页。
[6] ［清］永瑢等：《四库全书总目》卷一五《毛诗本义十六卷》，中华书局，1965年6月，第121页。
[7] 刘复生：《北宋儒学复兴要"复兴"什么》，第3—4页。
[8] ［宋］欧阳修：《欧阳修全集》卷一八《易或问三首·其一》，第302页。

可操作性。[1]在欧阳修看来，《易经》六十四卦讲的是"动静得失吉凶之常理"；《春秋》二百四十二年的历史是"善恶是非之实录"；《诗经》三百零五篇是"政教兴衰之美刺"；《尚书》五十九篇记载的是"尧、舜、三代之治乱"；《礼》《乐》之书虽已不全，但可见其大要是"治国修身之法"。总而言之，儒家六经详细记载的都是"人事之切于世者"。[2]

基于以上理解，欧阳修的经学研究充满着"经世致用"的思想，首重"人事"。

以他对《易经》和《春秋》的研究为例：反对《易经》是用来占卜的迷信说法，认为"《易》著圣人之用"[3]，是用来指导君子如何处世的行为准则，蕴含着天地万物、君臣父子、夫妇人伦等关系，其卦象象征着世间的君子、小人、进退、动静、刚柔等不同现象，富含治乱、盛衰、得失、吉凶的规律。欧阳修将《易经》与儒家倡导的礼义伦理联系起来加以探讨，并希望北宋的治理能遵循这些规律而变得更好。

与现实联系更紧密的是他对《春秋》的研究。《春秋》是孔子删定的鲁国国史，"以史为鉴"则是中国源远流长的传统认识。西汉司马迁就曾评价："夫《春秋》，上明三王之道，下辨人事之纪，别嫌疑，明是非，定犹豫，善善恶恶，贤贤贱不肖，存亡国，继绝世，补敝起废，王道之大者也。"[4]随着经学从训诂之学转向义理之学，《春秋》中所蕴含的人伦哲理愈发为人重视。欧阳修极为推崇《春秋》，他和司马迁一样，认为《春秋》中蕴含着王道，即通过明辨是非，重申"君臣父子，仁义礼乐"等儒家共同遵循而不可动摇的伦理原则，以此来规范朝廷治理天下的行为路径。欧阳修主张"舍传求经"，专注于对《春秋》本义的理解，并把自己的理解付诸实践，仿照《春

---

[1] ［宋］欧阳修：《欧阳修全集》卷六七《与张秀才棐第二书》，第978页。
[2] ［宋］欧阳修：《欧阳修全集》卷四七《答李诩第二书》，第669页。
[3] ［宋］欧阳修：《欧阳修全集》卷四四《送王陶序》，第633页。
[4] ［汉］司马迁撰，［南朝宋］裴骃集解，［唐］司马贞索隐，［唐］张守节正义：《史记》卷一三〇《太史公自序第七十》，中华书局，1982年11月，第3297页。

第一章
南唐旧土，人杰地灵：江西学术环境与欧阳修的治学路径

秋》义法编撰史书《新唐书》和《新五代史》，希望重述唐朝和五代的历史，给宋朝统治者提供参考和鉴戒。

通经致用不仅是欧阳修的个人倾向，也是宋代儒家普遍的呼声和追求的目标。汉唐的儒生并没有把儒家经典和当时的政治、社会、人生各方面的现实问题结合起来，只专注于书本文字，宋代士大夫却对国家处境和现实危机极为敏感，忧患意识和责任感迫使他们要求儒学有所作为，"以儒家所谓的三代社会'王道'政治为理想，以《六经》义理为指导来治理和改造社会现实。……范仲淹的'庆历新政'和王安石的"变法"运动，都是通经致用的突出事例"[1]。这种挑战权威、以我为主、为我所用的学术精神，不仅使宋代的经学研究百花齐放，而且影响遍及史学、文学、哲学、政治、教育等诸多领域，形成了具有蓬勃生命力的宋代新儒学。

作为新儒学的领军人物，欧阳修不仅自身学养深厚，而且热衷于提携后进，宋人称他"喜士为天下第一"[2]，"天下翕然师尊之"[3]。曾巩、王安石、苏洵、苏轼、苏辙、刘敞、张巨、陈舜俞、陈师道、吕希哲、吕希纯等人，都曾受到欧阳修的指点提携。于是以欧阳修为核心，形成了庐陵学派。该学派重视人事，大力倡导儒家学说和礼义教化，从疑古的角度对经书及传注进行重新阐释，批判佛道和迷信，在当时影响很大。后来从这些人中，产生了王安石的"荆公新学"、吕希哲的"荥阳学派"、苏洵父子的"苏氏蜀学"，一时群星璀璨，学统四起，使宋代新儒学的发展达到了一个高潮。

---

[1] 刘复生：《北宋儒学复兴要"复兴"什么》，第6页。
[2] ［宋］惠洪：《冷斋夜话》卷二《韩欧范苏嗜诗》，陈新点校，中华书局，1988年7月，第19页。
[3] ［元］脱脱等：《宋史》卷三一九《欧阳修传》，第10381页。

第二章

法严词约，祖述春秋：欧阳修与《新五代史》

中国是四大文明古国中唯一不曾断绝传承的国家，这与中国源远流长的记史传统有关。不少史学家认为，宋代是中国史学最盛的时代。而在宋代史学界这片群星璀璨的夜空中，欧阳修绝对算得上是非常耀眼的明星。

本章所介绍的《新五代史》，大体由欧阳修利用自己的闲暇时间编撰而成，原名《五代史记》，为与宋初薛居正等人编纂的《五代史》区分，后人遂按成书先后顺序，称薛史为《旧五代史》，称欧史为《新五代史》。《新五代史》是宋代以后唯一被列入正史的私修史书，作为私人史著，不仅与官修的《旧五代史》同列"二十四史"，更在元明以降完全取代了《旧五代史》的官学地位，后者因而逐渐散佚。

那么，《新五代史》是在怎样的时代背景下问世的？欧阳修为什么要在已有《旧五代史》的情况下，耗费大量时间精力再私修一部断代史？这部伟大的史学著作究竟包含哪些内容？具有哪些特点？其中体现了欧阳修怎样的政治诉求和学术思想？它在中国学术史上具有怎样的地位？以上是本章要回答的主要问题。

第一节 《新五代史》的编撰

北宋文学家张舜民年轻的时候，曾经到京城四处拜访名家。当时，欧阳

第二章
法严词约，祖述春秋：欧阳修与《新五代史》

修、司马光、王安石都在开封，为学者所共趋之。张舜民发现，司马光和王安石都爱与后生谈论德行道义、文章史才等，唯独欧阳修每每谈及如何处理政务。有一次，他忍不住问欧阳修："您以道德文章名重当世，学者来拜访您，也大多是想听您指点这些，为什么您要教大家如何做官理政呢？"欧阳修回答："我当年被贬官到夷陵，那里条件简陋，连《史记》《汉书》都找不到。我没有书读，就去翻官府的陈年公案，没想到看到了许多冤假错案，违法徇情，灭亲害义，无所不至。夷陵这样偏远的小县尚且如此，天下的状况可想而知。因此我发誓，从此以后要认真做事。"最后，欧阳修感慨道："大抵文学只能修身养性，政事却可以惠及百姓啊！"[1]

作为历史上著名的政治家、文学家、经学家、史学家、金石学家……如果要欧阳修自己选择，政治家应该是他最看重的身份。那么，信奉"文学止于润身"的欧阳修，北宋政坛的风云人物，为什么要花费十七年的时间编撰一部《新五代史》？这部私修史书的背后，隐藏着怎样的历史波折？寄托着作者怎样的家国情怀和良苦用心呢？

一、编撰的背景

影响史学发展的因素有很多。忧患的时代，往往是史学的黄金时代，盖因对现实的忧虑会迫使人们将视线投向浩渺的历史，在过去的经验中找寻能照亮现实的智慧，此所谓"史学值衰世而盛"。然而飘零的乱世，文献凋敝，人才沦胥，又会禁锢史学的发展。因而，一个与忧患相始终，偏又有喘息之机的安定环境，政治开明，崇尚文治，社会富庶，人才济济的时代，就无疑会成为史学蓬勃发展的时代。宋代恰好就是这样一个时代，《新五代史》就是在这样的时代诞生的。[2]

在上一章，我们已经介绍过欧阳修成长的历史环境——北宋开国皇帝宋

---

[1]［宋］洪迈：《容斋随笔》卷四"张浮休书"条，第45页。
[2] 杜维运：《中国史学史》第三册，商务印书馆，2010年7月，第553、581页。

太祖"以神武之略荡定天下",继任者宋太宗"以圣文之德抚育中区"①,完成局部统一的同时大力发展文治,极大地促进了教育与学术的发展。现在,让我们把视线拉回到宋太祖登基后第十三年。对宋太祖而言,当上皇帝只是他万般忧虑的开始——如何使大宋王朝不成为五代之后第六个短命的朝代,终结唐末五代以来动辄兵变政移的乱象,"革故鼎新,变家为国",是比通过"黄袍加身"获取皇位更大的挑战。为走出五代乱世,宋太祖做了很多努力,除在政治上加强中央集权,设法防止武将夺权、地方反叛外,还着重从思想上整顿伦理纲常,重建有利于大宋长治久安的统治秩序。这方面,最主要的做法是确立儒家政治思想的基本统治地位,使其成为"教化之本""治乱之源"②,同时也要梳理五代纷乱的历史,从史学角度证明北宋政权的正统性。③

《旧五代史》就是在这样的背景下诞生的。据《宋史》记载,宋太祖开宝六年(973)四月,诏修《五代史》,监修者为薛居正,同修者有卢多逊、扈蒙、张澹、李昉、刘兼、李穆、李九龄等。一年零七个月后,书成,共一百五十卷。《旧五代史》最主要的编修目的,是践行自隋唐以来新朝为前朝修史的传统,证明本朝政权的合法性。所以宋朝才会在建国刚十三年,十国尚未平定,本朝百废待兴之际,匆忙启动修史工程。《旧五代史》把中原的五个王朝列为正统,分别作《梁书》《唐书》《晋书》《汉书》《周书》,把十国等其他割据政权的历史放入《杂传》,显然是为政治目的服务,因为北宋政权源自后周,与五代有直接的承继关系,所以承认五代的正统地位,也就是证明了北宋的正统。

编修《旧五代史》的第二个目的,是整饬道德、重振五代以来沦丧的世

---

① [宋]田锡:《咸平集》卷二二《私试策第一道》,罗国威校点,巴蜀书社,2008年4月,第220页。
② 李华瑞:《宋初统治思想略论》,《西北师大学报》1996年第6期,第74页。
③ 曹家齐:《欧阳修私撰〈新五代史〉新论》,《漳州师院学报(哲学社会科学版)》1998年第4期,第3—4页。

第二章
法严词约，祖述春秋：欧阳修与《新五代史》

风。① 五代作为极乱之世，"人伦关系全面倾覆，道德调控几近崩溃，社会成员道德底线失守，社会道德评价几近失语"②，造成的恶劣社会影响至北宋中期仍有余波。因此，《旧五代史》中也有对忠君爱国、礼义廉耻等儒家道德底线的召唤。然而受制于肯定五代的政治需要和宋太祖本人"陈桥兵变"篡取后周政权的不光彩手段，以及宋初臣子大多是五代旧人，编纂者难免在很多地方都有曲笔。再加上《旧五代史》成书极为仓促，依据的资料主要是五代留下的各朝实录，"不复参考事之真伪"③，没有很好地挖掘和组织史料，以致文字烦冗，内容上也颇有疏漏之处。所以到宋仁宗时，宋庠就曾批评《旧五代史》："虽粗成卷帙，而实多漏略。义例无次，首末相违。……五代帝纪，则殆是全写实录，别传则更同铭志。"他希望能够利用秘府所藏丰富的五代史料，"补辑散亡，勒成新书，或矫前病"，重修一部五代史。④

除了《旧五代史》本身的质量问题外，重修五代史的需要还来自北宋中期政治形势的变化。宋庠建言是在庆历年间（1041—1048），北宋立国殆八十年，王朝内忧外患，积弊丛生，社会矛盾日益尖锐，陷入了严重的统治危机。当时的"内忧"主要是各地层出不穷的农民起义和士兵暴动，"外患"则是北方的契丹政权与西北的西夏政权对北宋构成的严重军事威胁。虽然在宋真宗时，辽宋两国签订了"澶渊之盟"，维持了长达一百二十年的和平，但实际上，边境小规模的军事摩擦并不能完全禁止，辽宋间的政治较量也从未停歇。宋仁宗宝元元年（1038），割据五州的元昊建立西夏政权，北宋不仅对西夏三战三败，还要应付辽国趁机讹诈，承受的军事压力陡增。内忧外患

---

① 曹家齐：《欧阳修私撰〈新五代史〉新论》，第 4 页。
② 关健英：《冯道现象与五代之乱的道德伤痛》，《学术交流》2011 年第 6 期，第 26 页。
③ ［清］赵翼著，王树民校证：《廿二史劄记校证》卷二一"薛史失检处"条，中华书局，2013 年 3 月，第 457 页。
④ ［宋］宋庠：《宋庠乞删修唐书及五代史疏》，曾枣庄、刘琳主编《全宋文》第二〇册·卷四二九，第 407 页。

导致了军费开支日益庞大，财政入不敷出。再加上北宋立国以来，政府部门重床叠架，机构臃肿，事尚因循，行政效率低下，官员恩荫泛滥等积弊，最终形成了冗官、冗兵、冗费的"三冗"问题。当时，朝野上下的有识之士大都认识到形势之严峻，已到了不得不求变的地步。

庆历二年（1042）五月，仁宗皇帝下诏让三馆臣僚上封言事，时任集贤校理的欧阳修面对"中外骚然"的局面，满怀忧虑地指出："从来所患者夷狄，今夷狄叛矣；所恶者盗贼，今盗贼起矣；所忧者水旱，今水旱作矣；所赖者民力，今民力困矣；所须者财用，今财用乏矣。"[①]为此，他力谏宋仁宗"慎号令""明赏罚""责功实"，三条建议都指向同一个核心问题，即人事问题。第二年，欧阳修调任谏官，积极投身于"庆历新政"，新政的改革主张就是要以整顿吏治为中心，革除官场上"不问贤愚，不较能否""人人因循，不复奋励"的积弊。[②]

士大夫们会养成这种因循苟且、唯唯诺诺、不求有功但求无过的庸人习气，是唐末五代重武轻文、道德沦丧、士气衰颓的历史遗留问题。五代政权更迭频繁，弑君篡位的武人往往对臣属满怀戒心，士人的心中也充满一种朝不保夕的恐惧感，只能随波逐流，但求自保，庸碌度日，忠义之气消磨殆尽。[③]进入北宋以来，虽经过宋太祖、宋太宗两朝努力，忠义之风仍未复振。直到宋真宗、宋仁宗之世，先后有田锡、王禹偁、范仲淹、欧阳修、唐介等名臣相继"以直言谠论倡于朝"，才逐渐使得"中外搢绅知以名节相高，廉耻相尚，尽去五季之陋矣"。[④]在鼓励名节、重建忠孝节义等社会伦理方面，欧阳修功不可没。他不仅身体力行，敢于针砭时弊、建言献策、冲在改革任事的最前线，而且在最失意的贬谪期间，也始终坚持以天下为己任，于困境

---

① [宋]欧阳修：《欧阳修全集》卷四六《准诏言事上书》，第646页。
② [宋]范仲淹：《范仲淹全集》政府奏议卷上《答手诏条陈十事》，第463、468页。
③ 卢冰：《冯道的评价问题与宋代君臣纲常的重建》，《理论观察》2018年第10期，第82页。
④ [元]脱脱等：《宋史》卷四四六《忠义传序》，第13149页。

第二章
法严词约，祖述春秋：欧阳修与《新五代史》

中著文修史，以期正本溯源，扶振斯文，拯救世道人心。

北宋中期新儒学的发展，为欧阳修撰史提供了更多的可能。经世致用的治学理念和对《春秋》的深入研究，使欧阳修在对现实感到忧虑，希望找到一种方法重塑儒家的伦理道德时，自然想到了遵循《春秋》义法撰写一部史书，效仿孔子"正名以定分，求情而责实，别是非，明善恶"[①]。刚刚过去的五代时期是一个"礼乐崩坏，三纲五常之道绝"的"干戈贼乱之世"。[②]欧阳修希望通过重新梳理五代史，褒贬是非，惩恶劝善，矫正五代遗留的风气，同时借古鉴今，试图从历史当中寻找解决北宋面临的诸多现实问题的启示和途径，思考历史的来路以审视国家的去路，对自己生活的时代有所裨益。

还值得注意的是，北宋前期在把儒家思想确立为统治思想的同时，为了稳定社会秩序，也崇道教、兴佛法。但随着佛、道两教的社会影响力不断增强，其超脱世俗的教义动摇了一些信徒对于传统君臣、父子、夫妻等伦理纲常的信仰。第三任皇帝宋真宗公然宣称"道释二门，有助世教"，"三教之设，其旨一也"[③]，大搞"天书"降临的神化闹剧，使佛老势力臻至极盛，威胁到儒学的正统地位，更加激起了士大夫们复兴儒家、反对佛道的强烈信念。作为北宋中期儒学复兴运动的主将，欧阳修从思想统一的角度，主张通过潜移默化的教育熏陶，大力弘扬儒家的礼义学说，消除佛道的不良影响。因此在编撰《新五代史》时，欧阳修引经入史，高举忠孝节义的大旗，也有借这部史书昌明儒家、恢复儒学独尊地位的意图。[④]

---

① ［宋］欧阳修：《欧阳修全集》卷一八《春秋论中》，第 307 页。
② ［宋］欧阳修撰，［宋］徐无党注：《新五代史》卷一七《晋家人传论》，第 188 页。
③ ［宋］李焘：《续资治通鉴长编》卷六三"景德三年八月乙酉"条，第 1419 页；卷八一"大中祥符六年十一月庚戌"条，第 1853 页。
④ 曹家齐：《欧阳修私撰〈新五代史〉新论》，第 5—6 页。

二、编撰的过程

1.开始编撰的契机

创作诗文、著书立说,尤其是撰写史书,是一项项艰巨的学术任务,在中国帝制时代的政治文化环境中,往往需要付出巨大的代价。一代史学巨擘司马迁,在谈及自己为何要撰写《史记》时,曾有过这样一番悲愤的论述:

> 文王拘而演《周易》;仲尼厄而作《春秋》;屈原放逐,乃赋《离骚》;左丘失明,厥有《国语》;孙子膑脚,《兵法》修列;不韦迁蜀,世传《吕览》;韩非囚秦,《说难》《孤愤》;《诗》三百篇,大抵圣贤发愤之所为作也。①

司马迁出身史学世家,年轻时博览群书、游历天下,二十八岁继任太史令,本想做出一番事业,"究天人之际,通古今之变,成一家之言",没想到竟因为替投降匈奴的李陵说话而被判处死刑。想到自己尚未完成《史记》,他毅然选择以腐刑赎身死,忍受着莫大的屈辱和痛苦,最终完成了这部被誉为"史家之绝唱,无韵之《离骚》"的伟大史著。

无独有偶,一千多年后的史学家欧阳修,也曾有过类似的感慨:

> 盖世所传诗者,多出于古穷人之辞也。凡士之蕴其所有而不得施于世者,多喜自放于山巅水涯。外见虫鱼草木风云鸟兽之状类,往往探其奇怪。内有忧思感愤之郁积,其兴于怨刺,以道羁臣、寡妇之所叹,而写人情之难言,盖愈穷则愈工。然则非诗之能穷人,殆穷者而后工也。②

---

① [汉]司马迁:《报任安书》,[清]严可均编《全上古三代秦汉三国六朝文》卷二六,中华书局,1958年12月,第272页。
② [宋]欧阳修:《欧阳修全集》卷四三《梅圣俞诗集序》,第612页。

第二章

法严词约，祖述春秋：欧阳修与《新五代史》

这段话出自欧阳修的《梅圣俞诗集序》。梅圣俞（尧臣）是欧阳修一生的挚友，学贯古今，诗歌冠绝当世，曾被宰相王曙击节赞叹："两百年来无此作！"[①]但和欧阳修在政坛风口浪尖上的大起大落不同，梅圣俞长期沉沦下僚，怀才不遇。因为同情梅尧臣的遭遇，欧阳修写下了这篇充满感情的序言，提出"诗穷而后工"的著名论点，阐述了作者生平遭际与文学创作的关系。其实，欧阳修自己的经历也能佐证这一论点，比如大名鼎鼎的《醉翁亭记》就创作于欧阳修遭遇贬谪之时。同样写于人生低谷期间的，还有历时十七年才终成初稿的《新五代史》。

一般认为，欧阳修决心编撰《新五代史》的时间当在景祐三年（1036）以前。景祐四年（1037），欧阳修写信给自己的知己尹洙，提到了之前两人商议要合著一部五代史的事，并就撰写事宜进行安排。这封信件的信息量很大，今部分抄录于下：

> 开正以来，始似无事，治旧史。前岁所作《十国志》，盖是进本，务要卷多。今若便为正史，尽宜删削，存其大要……师鲁所撰，在京师时不曾细看，路中昨来细读，乃大好。师鲁素以史笔自负，果然。河东一传大妙，修本所取法此传，为此外亦有繁简未中，愿师鲁亦删之，则尽妙也。正史更不分五史，而通为纪传，今欲将《梁纪》并汉、周，修且试撰次，唐、晋师鲁为之，如前岁之议。其他列传约略，且将逐代功臣随纪各自撰传，待续次尽，将五代列传姓名写出，分而为二，分手作传，不知如此于师鲁意如何？吾等弃于时，聊欲因此粗申其心，少希后世之名。如修者幸与师鲁相依，若成此书，亦是荣事。[②]

尹洙字师鲁。欧阳修的这封信说明，他最初撰写《新五代史》的计划，是要与尹洙合作。景祐元年（1034），欧阳修与尹洙同时担任馆阁校勘，合

[①] 王水照、崔铭：《欧阳修传》，第215页。
[②] ［宋］欧阳修：《欧阳修全集》卷六九《与尹师鲁第二书》，第1000页。

作撰写过一部《十国志》。前作完成后，两人又约定要在《十国志》的基础上，再合写一部五代史。

景祐三年，欧阳修与尹洙都被卷入了政治的旋涡，在景祐党争中双双被贬，各奔东西。欧阳修被贬至夷陵，距离京师水路五千五百余里，路上漂泊五个月，虽然心中失意，但毕竟暂时摆脱了政局的纷扰，终于有闲暇思考编撰五代史的计划，细读尹洙所撰《十国志》的部分并大加赞赏。转过年来，欧阳修在夷陵缠绵的春雨中，写信和尹洙商议撰史的分工：由他撰写后梁、后汉与后周部分的本纪，后唐、后晋的本纪则由尹洙撰写，先为本纪涉及的五代人物简单作传，之后二人再分工写作传记部分。

值得注意的是，欧阳修提出把五代合并，打通来写纪传，而且从分工看，预期完成的这部五代史应该是由欧、尹二人合撰。此外，对于这次私家修史的目的，欧阳修也在信中毫不讳言："你我二人皆是被排挤出朝堂的失意之人，希望能通过这部史书表达自己的志向，留下后世声名。"

欧阳修的这番话，需要结合景祐三年的党争风波来理解。这一年，素来以"言事无所避"[①]著称的范仲淹在权知开封府的职位上再次开炮，公然指责宰相吕夷简任用私人，给仁宗皇帝呈上一份"百官图"，详列朝廷各职能部门的主要长官名单，指出哪些是由宰相出于私心越级提拔的，提醒皇帝在选拔近臣时要留心，不能全交给宰相处理。此时，宰相吕夷简执掌朝政已有十余年，深受仁宗信赖，朝中受到重用和提拔的官员大都是他的追随者，范仲淹的这份指控可谓诛心。吕夷简当即激烈反击，弹劾范仲淹越职言事，荐引朋党，离间君臣。范仲淹也不甘示弱，"交章对诉"，双方矛盾不断激化。最终，吕夷简以辞职相要挟，仁宗权衡再三，罢免了范仲淹在京的职务，外放饶州。侍御史韩渎为逢迎吕夷简，站出来要求将范仲淹的同党张榜朝堂，警告百官不得越职言事，得到批准。

禁令一出，朝野噤若寒蝉。士大夫们畏惧宰相，怕被指为朋党，连为离

---

① ［宋］李焘：《续资治通鉴长编》卷一一八"景祐三年丙戌"条，第2783页。

第二章
法严词约，祖述春秋：欧阳修与《新五代史》

京的范仲淹饯行都不敢，只有天章阁待制李纮、集贤校理王质前去送别。面对这种局面，时任馆阁校勘的尹洙主动站出来为范仲淹仗义执言，"检举"自己与范仲淹亦师亦友，还曾受到范仲淹举荐，甘愿受连坐处罚。最终，尹洙与替范仲淹说话的余靖一同被贬，而负责规谏朝政得失的台谏官们为求自保，对此一言不发，令欧阳修极为不满。

欧阳修自踏入仕途起，就以天下为己任，敢于对时弊发声。早在明道二年（1033），欧阳修就曾写信给素不相识的范仲淹，批评他担任谏官一个月以来，未曾履行自己的职责对朝政发表意见，希望他能对得起天子的信任，勇于言事。这封《上范司谏书》也成为欧阳修与范仲淹相识相知的开端。现在几年过去，范仲淹黯然离京，余靖、尹洙二人因言事被贬，现任谏官不仅袖手旁观，还落井下石，左司谏高若讷甚至在某次宴会上高调非议范仲淹罪有应得，这令欧阳修义愤填膺，无法容忍。于是他再次以笔为刀，写下措辞激烈的《与高司谏书》，怒责高若讷颠倒黑白，在谏官之位上欺世盗名，"是足下不复知人间有羞耻事尔！"①

这件事的结果是高若讷把这封信件上交朝廷，声称欧阳修是在攻击皇帝因为自己的喜恶而驱逐贤人，惑乱众听。仁宗皇帝于是将欧阳修贬逐出京，任夷陵县令。这是欧阳修人生中遭遇的第一次贬谪，虽然是自己求仁得仁，但心中的失落愤懑可想而知。就是在这样的境遇里，他与既志同道合又同病相怜的尹洙书信往来，彼此鼓励，约定到达贬所后，一定要认真工作，忠于职守，即使仕途失意也绝不放浪形骸，作戚戚怨嗟之态。

欧阳修提议编撰五代史，显然也与这段经历有关。他在给尹洙的信中感慨：

> 五六十年来，天生此辈，沈默畏慎，布在世间，相师成风。忽见吾辈作此事，下至灶间老婢，亦相惊怪，交口议之。不知此事古人日日有

---

① ［宋］欧阳修：《欧阳修全集》卷六八《与高司谏书》，第990页。

也，但问所言当否而已。又有深相赏叹者，此亦是不惯见事人也。可嗟世人不见如往时事久矣！往时砧斧鼎镬，皆是烹斩人之物，然士有死不失义，则趋而就之，与几席枕藉之无异。有义君子在傍，见有就死，知其当然，亦不甚叹赏也。史册所以书之者，盖特欲警后世愚懦者，使知事有当然而不得避尔，非以为奇事而诧人也。①

欧阳修认为，本朝进入承平时期后，五六十年来，士大夫沉默畏慎，只顾个人利益得失而不敢为忠义发声的风气蔓延，以致突然看到敢于仗义执言的人，都感到惊诧稀罕，议论纷纷。哪知道古人多有这样的品行，不足为奇！史书之所以要记载古人的忠义之行，就是为了警醒后世愚昧懦弱的人，让他们知道有些事不能回避，迎难而上是理所当然的，不至于以此为奇。这正是欧阳修"知古明道"②的史学思想的体现。

东方不亮西方亮，饱尝世态炎凉的贬谪经历，反而为潜心学术、著书论史提供了时间和情感上的充分准备。人生的际遇固然离奇，但内心坚定不自弃的理想与抱负，大抵才是成就一番事业的关键。

2.编撰的过程与思考

宝元元年（1038），欧阳修从偏远的夷陵县移到距离京城较近的乾德（治今湖北老河口）做县令。在这里，他初步完成了《新五代史》纪传部分的写作。这一年，欧阳修在给翰林学士李淑的信中，回答了对方所关切的写史进度：贬谪三年以来，在工作生活之余，他利用闲暇时间笔耕不辍，终于将纪传部分"收拾缀缉，粗若有成"。但整部史书的义例尚未确定，对这部分内容的排列还需要斟酌，对史事进行论议褒贬也并不容易，"故虽编撦甫就，而首尾颠倒，未有卷第"，只是粗成草稿，尚未编纂成书。因此，欧阳修在信的末尾还就修史一事向李淑请教。③

---

① ［宋］欧阳修：《欧阳修全集》卷六九《与尹师鲁第一书》，第998页。
② ［宋］欧阳修：《欧阳修全集》卷六七《与张秀才棐第二书》，第978页。
③ ［宋］欧阳修：《欧阳修全集》卷六九《答李淑内翰书》，第1004页。

第二章

法严词约，祖述春秋：欧阳修与《新五代史》

康定元年（1040），朝廷形势发生重大转折，打破了这份撰史的平静。西夏称帝的元昊不断向北宋发起进攻，西部边境战火频燃。为挽救败局，宋仁宗在韩琦的推荐下，再次重用范仲淹，委任他襄理边务。景祐党争的政治阴云被驱散，欧阳修的境遇也随之好转。他婉拒了范仲淹举荐他担任经略掌书记的邀请后，再次以馆阁校勘的身份回到了汴京城，参与编修《崇文总目》。在此期间，他一边投身思想文化研究，一边持续关注西北战局的发展。

建立西夏的党项族首领元昊，原本是北宋的臣属，如今公然称帝，还在对宋战争中屡屡获胜，迫使向来自诩正统、号称"海内混一"的北宋知识分子重新思考起中原王朝与少数民族政权之间的关系。出于这种忧思，欧阳修接连写了七篇文章，即《原正统论》《明正统论》《秦论》《魏论》《东晋论》《后魏论》《梁论》，讨论历代王朝的"正统"问题，"这些文章虽然是对过往历史的论述，所表达的却是一种深切的现实关怀：崇尚正统，辨别华夷"，为军事上频频受挫的北宋政权寻找政治上的合法性和权威性，"使本朝的存在神圣化"，"从而维护和巩固中央集权制度"。[①] 欧阳修的正统论影响很大，而这种思想倾向也鲜明地体现在《新五代史》的编撰之中。

庆历二年（1042），为寻求拯救危局的办法，宋仁宗命三馆官员上书言事。欧阳修接连撰写《准诏言事上书》《本论》《为君难》等文章，全面分析北宋官僚政治危机的症结所在，提出自己的改革主张。在《本论》上篇中，欧阳修指出当前朝政存在五大弊端，朝廷需要均财、节兵、立法、任人，其中任人是求治的关键。他认为，当今世道并非没有人才，而是缺乏一种崇尚名节、振奋士气、人人敢于担当任事的社会风气。也许是联想到了高若讷诋毁范仲淹的事情，欧阳修沉痛地指出，正是由于世人面对他人的美好声誉，非但不推崇效仿，反而极尽嫉妒中伤之能事，以致人人"以贤为耻，以愚为荣"，没有节操，没有底线，才阻塞了言路，败坏了风气，

---

① 王水照、崔铭：《欧阳修传》，第135页。

使有才之人不敢挺身而出，挽狂澜于既倒。①"此不尚名之弊者，天下之最大患也。"②基于这种看法，对名节的称颂在欧阳修编撰的《新五代史》中表现得尤为突出。

同样是这一年，欧阳修因为家贫，无法支撑京城的高昂生活费用，主动请求外调，担任滑州（治今河南滑县）通判。在滑州，欧阳修多方查找史料，继续撰写《新五代史》。《王彦章画像记》为我们保留了欧阳修访求遗迹、搜集史料的一个鲜活细节。

王彦章是五代后梁的武将，以智勇闻名，在后梁与后晋的频繁征战中，立有赫赫战功。后梁统治末期，小人当道，人心丧失，大势已去，很多将领观望局势，不肯再为后梁死战，唯独王彦章依旧尽忠报国，最终在与晋王李克用交战时受伤被俘，不屈而死。五代时期政权更替频繁，五十余年间换了八姓十三君，身处其中的士人大多身事数姓，几易其主，"能不污其身得全其节者鲜矣"③。而王彦章作为一个武将，没有受过什么儒家经典的熏陶，却能说出"豹死留皮，人死留名"这样正气浩然的朴实话语，最终用生命保全了名节。由此欧阳修感慨，王彦章的义勇忠信，完全是出于天性。

然而这样值得称颂的忠义之士，由于史料寥落，《旧五代史》中的记载却极为简略，每每令欧阳修扼腕叹息。王彦章曾经在滑州做官，其后人亦定居滑州，所以康定元年（1040）欧阳修在任武成军节度判官时④，就曾来到滑州，于民间求访王彦章后人，找到了其孙子王睿所录家传，搜集到许多旧史里没有的信息。这一次来到滑州任通判，欧阳修又发现了一座当地人用以祭祀王彦章的铁枪寺。王彦章擅长用枪，当时号称"王铁枪"，虽然过去了百余年，当地百姓仍以铁枪命名庙宇，连路边的牧童小儿也都知道王铁枪是一员良将。此外，寺中还发现了王彦章的画像，只是因为年深岁

---

① 王水照、崔铭：《欧阳修传》，第147—149页。
② ［宋］欧阳修：《欧阳修全集》卷六〇《本论上》，第862页。
③ ［宋］欧阳修：《欧阳修全集》卷三九《王彦章画像记》，第570页。
④ 按：康定元年（1040），欧阳修于乾德县令和馆阁校勘之间，曾担任武成军节度判官。

第二章

法严词约，祖述春秋：欧阳修与《新五代史》

久磨损严重，依稀可见人影。欧阳修遂命人修复，将画像妥善收藏，属文以记之。

这些在滑州搜集到的珍贵史料，后来都被欧阳修详细地写进了《新五代史·王彦章传》中。在这篇《王彦章画像记》末尾，欧阳修再次感慨："一枪之勇，同时岂无？而公独不朽者，岂其忠义之节使然欤？"对五代忠义之士的热情讴歌，体现了欧阳修对自身的期许和对现实的忧虑。

庆历三年（1043）十月，"庆历新政"拉开了序幕。欧阳修被调回京师，受到重用，担任谏官和知制诰。作为新政重要的笔杆子、发言人，他积极地投身于这场留名青史的政治改革运动之中。然而，新政以整顿吏治为中心，触犯了太多人的利益，反对者在宋仁宗耳边不断地攻击范仲淹等人为朋党，危言耸听，说改革派整顿人事，是以国家爵禄为私惠，暗中发展自己的势力，已经对皇权产生威胁，使宋仁宗产生了动摇。在犹疑之中，宋仁宗曾问范仲淹："从来只听说小人结党营私，君子也有党吗？"耿直的范仲淹坦然回答："物以类聚，人以群分。自古以来，朝堂上的君子和小人都是各为一党的，关键在于君主能否辨别正邪。如果君子相朋为善，对国家没什么坏处，朝廷不应禁止。"

朋党之说一直是北宋政坛的忌讳。景祐三年（1036），欧阳修、尹洙等人因为支持范仲淹而被指为朋党，遭遇贬谪，正是殷鉴不远。对于范仲淹的回答，欧阳修深感不安，提笔写下了著名的《朋党论》，试图打消"朋党"的污名化，提出君子结党是为了公义，而小人结党是为了私利的论点，从理论上公开阐明了士大夫结党的正当性和必要性。然而，欧阳修的《朋党论》不仅没能打消皇帝的猜忌，反而引发了朝堂上旷日持久的"君子小人之辨"，激化了矛盾。庆历四年（1044）以后，政治形势不断恶化，庆历新政最终还是因为"朋党"宣告失败。欧阳修编撰的《新五代史》也体现了他对"朋党"的思考。不过这两年，因为全情投入于"庆历新政"，修史工作被他暂时搁置。

庆历五年（1045），欧阳修在与尹洙的信件中，再次提到了《新五代史》

的写作进度：尹洙自景祐三年被贬谪后，一直辗转各地做地方官，因此欧阳修请他按照之前的写作计划，将五代本纪中涉及的列传人名罗列出来，以"著功一代多者"的原则随五代划分，还按照两人之前作本纪时的分工各自撰写。① 考虑到欧阳修早在宝元元年（1038）与李淑的信中就提及自己基本完成了对本纪部分的写作，至今已过数年，才说到对列传的分工，可知这期间动笔者寥寥。

关于尹洙的回信及他所撰部分的完成状况，今已不得而知。两年后，尹洙因病逝世，年仅四十六岁。欧阳修在为他撰写的墓志铭中，并没有提到《新五代史》的写作，只夸赞他"长于《春秋》"②。从欧阳修的治学风格来看，如果他已经看到尹洙的部分成稿，即使那时《新五代史》尚未完成，也不可能避而不谈。今天从《新五代史》各纪传的内容、文笔来看，也无法找出尹洙写作的痕迹。因此，对于尹洙究竟在多大程度上参与了这部史书的编撰，后人虽有不同的看法③，但可以确认的是，最终定稿的《新五代史》已经深深打上了欧阳修的思想烙印，成为他展示史才与史识的舞台。而在失去了可以商讨交流的朋友尹洙之后，接下来的编撰工作，就要全部由欧阳修独立完成了。

3. 编撰基本完成

庆历五年（1045）下半年，欧阳修被卷入一桩桃色丑闻，遭遇了人生中的第二次贬谪。当时，欧阳修被指控与自己没有血缘关系的外甥女兼堂侄媳妇张氏在其出嫁前有私。指控一出，满朝哗然。仁宗亲自派人审案，最终证明查无此事，完全是庆历新政的反对派造谣诋毁，对欧阳修实施打击报复。但此事对欧阳修的名誉造成了极大损害，朝廷也因此将欧阳修贬为滁州（治今安徽滁州）知州。

---

① ［宋］欧阳修：《欧阳修全集》卷六九《与尹师鲁第四书》，第1002页。
② ［宋］欧阳修：《欧阳修全集》卷二八《尹师鲁墓志铭》，第432页。
③ 许庆江：《欧阳修与尹洙合撰〈五代史〉本末考》，《兰台世界》2012年第18期，第3—4页。仓修良：《〈新五代史〉编修献疑》，《山西大学学报》1985年第3期，第84—93页。

第二章
法严词约，祖述春秋：欧阳修与《新五代史》

外放滁州，欧阳修对人心险恶、世风不古有了更深刻的体会。他痛定思痛，"以负罪谪官，闲僻无事"①，继续编撰《新五代史》。皇祐元年（1049），欧阳修移知颍州（治今安徽阜阳）。颍州风景秀丽，物产丰饶，欧阳修在这里度过了一段清闲的时光，得以专心著述，《新五代史》的编撰进展迅速。在写作过程中，欧阳修经常与在当地守孝的青年学者刘敞讨论，写成的书稿也让刘敞先睹为快。欧阳修曾在写给刘敞的诗中这样表述：

严严《春秋》经，大法谁敢觊。三才失纲纪，五代极昏垫。盗窃恣胠箧，英雄争奋剑。兴亡两仓卒，事迹多遗欠。才能纪成败，岂暇诛奸僭。闻见患孤寡，是非谁证验。尝欣同好恶，遂乞指瑕玷。②

欧阳修希望自己的史书能够像《春秋》那样，对历史上的善恶功过直书不隐。然而五代是个充满战乱、动荡不安的时代，兴亡仓促间，很多文物资料都已遗失，历史事迹难以考证，光是记录成败就已经纷繁复杂，何况再行褒贬呢？编写刚刚过去几十年的前朝历史，而且是北宋以"惩弊"为前提的乱世历史，无疑是一件难度极大之事，需要超人的学识和胆略。他希望刘敞能够提出修改意见。刘敞在给欧阳修的回信中，盛赞他的《新五代史》"是非原正始，简古斥辞费""处心必至公，拨乱岂多讳"，做到了叙事客观，议论公正，语言准确简练，有《春秋》笔削之风，给予了极高的评价。③

皇祐四年（1052），欧阳修的母亲郑夫人去世。欧阳修悲痛之余，料理好母亲的丧事，于次年回到他所留恋的颍州居家守孝。这是自天圣九年（1031）欧阳修踏入仕途起，二十多年来他第一次能够完全摆脱政务的纷扰和朝堂的风波，潜心避世进行学术研究。在此期间，他集中精力编修《新五

---

① ［宋］欧阳修：《欧阳修全集》卷一一二《免进五代史状》，第1706页。
② ［宋］欧阳修：《欧阳修全集》卷五《答原父》，第77页。
③ ［宋］刘敞：《观永叔五代史》，［清］厉鹗撰，陈昌强、顾圣琴点校，《宋诗纪事》卷一六，浙江古籍出版社，2019年12月，第593页。

代史》，对历年所撰写的书稿进行了一番整理、修改，分成七十四卷，最终完成了这部伟大的史学巨著。这时距离他开始写作《新五代史》，已经过去了十七年之久！

初稿完成以后，欧阳修将书稿寄给梅尧臣、曾巩、徐无党等人，希望他们提出修改意见。在给挚友梅尧臣的信中，欧阳修谨慎地表示，自己这部书稿"不敢多令人知"，对于其中的某些褒贬议论，他并没有信心得到多数人的认同，也担心会因此招致政治上的迫害，甚至在信中强调"此小简立焚，勿漏史成之语"。但同时，他也自评"此书不可使俗人见，不可使好人不见"，满意之情溢于言表。① 在收到学生曾巩寄来的修改建议后，欧阳修又立刻投入到对书稿精益求精的修改之中。他对另一位学生徐无党感叹："今却重头改换，未有了期。"②

徐无党是浙江永康人，曾在很长一段时间里跟随欧阳修学习古文和诗词，中过进士。徐无党为欧阳修的《新五代史》作注，被黄宗羲称赞为"妙得良史笔意"③。据说，徐无党之所以没有其他文字传世，是因为他觉得自己的文章已经通过老师的《新五代史》以注文的形式流传后世，就不需要赘笔了，于是他把自己其他文章全部扔掉。这固然只是聊备一说，但足以体现徐无党对欧阳修才学的钦佩。在为《新五代史》作注时，徐无党对五代历史的看法也基本与欧阳修一致，对正文奉若经典，"把欧阳修经常使用的、带有规律性的叙事文字即术语上升到理性高度加以概括和说明"④，是今天研究《新五代史》必不可少的参考资料。

嘉祐五年（1060），欧阳修主持编修的官方正史《新唐书》告成，知制

---

① ［宋］欧阳修：《欧阳修全集》卷一四九《与梅圣俞四十六通·二十三》，第2455页。
② ［宋］欧阳修：《欧阳修全集》卷一五〇《与渑池徐宰六通·二》，第2473页。
③ ［清］黄宗羲原撰，［清］全祖望补修：《宋元学案》卷四《庐陵学案》，陈金生、梁运华点校，中华书局，1986年12月，第213页。
④ 张明华：《徐无党辩诬与〈新五代史〉的重新定位研究初探》，《赣南师范学院学报》2007年第5期，第43页。

第二章
法严词约，祖述春秋：欧阳修与《新五代史》

诰范镇等人上奏朝廷，希望将欧阳修编撰的五代史草稿也通过唐书局缮写上进，正式出版。欧阳修婉言谢绝，提出自己所作尚未完成，还要等到日后"渐次整缉成书，仍复精加考定"①才敢进上。由此可见，欧阳修对于《新五代史》这部完全任其挥洒、最能体现其史学思想的私人史著，有着一种非比寻常的珍重和审慎。直到宋神宗熙宁五年（1072）欧阳修去世，这部史书才算最终定稿，并由欧阳修的儿子奉诏进上。

第二节 《新五代史》的特点

清代史学家赵翼在《廿二史劄记》中，给予了《新五代史》极高的评价：

> 不阅《旧唐书》，不知《新唐书》之综核也。不阅薛史，不知欧史之简严也。欧史不惟文笔洁净，直追《史记》，而以《春秋》书法寓褒贬于纪传之中，则虽《史记》亦不及也。②

在上一节，我们已经了解了欧阳修编撰《新五代史》的背景和过程。那么，陪伴着欧阳修宦海沉浮，历时十七年才完成初稿的《新五代史》，究竟是一部怎样的史学著作？它具有哪些内容和特点？欧阳修作《新五代史》，最主要的目的是借历史褒贬善恶，"以治法而正乱君"③，为北宋当时的社会危机提供药方。那么，他在《新五代史》中要如何做到这一点呢？

"欧阳修作《新五代史》，既学《史记》，又仿《春秋》，学《史记》是指编纂方法，仿《春秋》是指微言大义。"④后人评价《新五代史》，大抵离不开与《春秋》《史记》《旧五代史》这三部史书相比较。具体而言，《新五

---

① ［宋］欧阳修：《欧阳修全集》卷一一二《免进五代史状》，第1706页。
② ［清］赵翼著，王树民校证：《廿二史劄记校证》卷二一"欧史书法严谨"条，第460页。
③ ［宋］欧阳发等：《先公事迹》，《欧阳修全集》附录卷二，第2628页。
④ 柴德赓：《史籍举要》，商务印书馆，2015年，第164页。

代史》在体例上采用司马迁开创的纪传体,在语言和记述风格上也明显靠拢《史记》。而在思想内核上,欧阳修极为推崇孔子笔削《春秋》,以道德行褒贬的做法,竖起了义理化史学的旗帜。至于与《旧五代史》比较,欧阳修在"法严词约"上明显胜出,"而事实则不甚经意"[①],一般被认为在史料价值上略逊于薛史。但瑕不掩瑜,《新五代史》更大的价值在于其是新儒学形成时期的一项重要成果,在北宋整个学术文化发展过程中,具有开创性的地位。

一、《新五代史》的义例

1.义例概述

"夫史之有例,犹国之有法。国无法,则上下靡定;史无例,则是非莫准。"[②] 所谓义例,就是史书编纂的主旨和体例。其中"义"是史家的著述宗旨,"例"则是具体的编纂形式。

"中国古代正统史家治史宗旨,大致可划分为两大类,一类注重以史学鉴政事,一类注重以史学正人心。在北宋时,前者以司马光为代表,代表作是《资治通鉴》;后者以欧阳修为代表,代表作是《新五代史》。欧阳修总结晚唐五代的历史教训,立志改革北宋弊政,借史学整饬人伦道德,挽救颓败世风,《新五代史》便是实践这一志向的产物。"[③]

至于体例,孔子作《春秋》,为编年体发凡起例,司马迁作《史记》,独树一帜创纪传体,此后历代史家著史的体例选择,不外乎编年或者纪传,鲜少有例外。欧阳修在景祐四年(1037)与尹洙商议撰史分工的时候,就明确了《新五代史》要使用帝王本纪与人物列传为主的纪传体,这也是历代正史一致的选择。但是,这段历史的特点在于政权更迭频繁,中原之外又有十

---

① [清]永瑢等:《四库全书总目》卷四六《新五代史记七十五卷》,第411页。
② [唐]刘知幾,[清]浦起龙通释,王煦华整理:《史通通释》内篇《序例第十》,上海古籍出版社,2009年12月,第81页。
③ 曹家齐:《欧阳修私撰〈新五代史〉新论》,第2页。

第二章
法严词约，祖述春秋：欧阳修与《新五代史》

国、契丹等政权林立，臣子更是"历仕数朝者众，专仕一朝者寡"①，如何妥善地编排记述顺序，将纷乱复杂的人物与事件合理地归入纪、传，让体例为自己的褒贬服务，实际操作起来极为困难。欧阳修虽然很早就已经将纪传部分的史实"收拾缀缉，粗若有成"，却迟迟无法编纂成书，就是因为"其铨次去取，须有义例；论议褒贬，此岂易当？"②义例的确定，一度困扰了他很长时间。

最终，欧阳修攻克了这一难关，成功地将史实与褒贬统一于义例，奠定了《新五代史》在史学殿堂中的不朽名位。《新五代史》凡七十四卷：梁、唐、晋、汉、周，五代本纪共十二卷；列传共四十五卷，名目有《家人传》《一臣传》《死节传》《死事传》《一行传》《唐六臣传》《义儿传》《伶官传》《宦者传》《杂传》等十种；《司天考》《职方考》，共三卷；《吴世家》《南唐世家》《前蜀世家》《后蜀世家》《南汉世家》《楚世家》《吴越世家》《闽世家》《南平世家》《东汉世家》《十国世家年谱》，共十一卷；《四夷附录》三卷。

值得注意的是，《新五代史》还有十五篇序文，分别在《梁家人传》《梁臣传》《死节传》《死事传》《一行传》《唐六臣传》《义儿传》《伶官传》《宦者传》《司天考第一》《司天考第二》《职方考》《吴世家》《十国世家年谱》《四夷附录》之前发论，阐明了如此安排体例的含义和目的。

2.本纪

本纪"列天子行事"，在纪传体史书中具有纲领性地位。刘知幾在史学理论著作《史通》中，认为本纪要"以编年为主，唯叙天子一人。有大事可书者，则见之于年月；其书事委曲，付之列传"，即巧妙地利用中国古代自秦汉以降传承有序的皇帝制度，以皇帝为标尺，搭建历史叙事的时间骨架。因此，本纪的创作应该提纲挈领，尽量简明扼要。③

---

① 张明华：《〈新五代史〉研究》，浙江大学 2005 年博士论文，第 49 页。
② ［宋］欧阳修：《欧阳修全集》卷六九《答李淑内翰书》，第 1004 页。
③ ［唐］刘知幾，［清］浦起龙通释，王煦华整理：《史通通释》内篇《本纪第四》，第 33、35 页。

徐无党在注释里，总结了欧阳修在《新五代史》本纪中的做法：

> 即位以前，其事详，原本其所自来，故曲而备之，见其起之有渐有暴也。即位以后，其事略，居尊任重，所责者大，故所书者简，惟简乃可立法。①

由于五代的特殊性，《新五代史》记载于本纪的十三个皇帝中，开国君主加上亡国之君就占十个，还有三个是收养来的继承人，所以皇帝们上位的奋斗史就非常重要，能说明很多问题，必须记载详细。至于即位以后，则千万不能像《旧唐书》那样抄录政府诏令，乃至于官员任免，自宰相至刺史，皆书于本纪，"几同腐烂朝报"②，而是只记重要的事：

> 自即位以后，大事则书，变古则书，非常则书，意有所示则书，后有所因则书。非此五者，则否。③

基于以上原则，《新五代史》本纪的卷数仅为《旧五代史》的五分之一，其笔法严谨、叙事洁净，素来为人称道。

3. 列传

在列传的编纂组织方面，欧阳修摒弃了《旧五代史》将入传人物的卒年作为归入某朝的唯一标准这种简单粗暴的做法，别出心裁地对人物列传采取了类传的处理方法，按照人物主要活动的朝代以及事迹特点分为十类，其中的许多名目为前史所未有，是欧阳修原创。《新五代史》还改变了《旧五代史》一朝一史的编排方法，在本纪全部写完之后，再将五朝的列传综合在一起，先按类别编排，再在每一类中按朝代先后的顺序编排，使整部史书的结构更加简明流畅，突显了五代一系的正统思想，也更容易在列传中体现自己

---

① [宋]欧阳修撰，[宋]徐无党注：《新五代史》卷一《梁太祖本纪》，第1页。
② [清]赵翼著，王树民校证：《廿二史劄记校证》卷二一"薛欧二史体例不同"条，第459页。
③ [宋]欧阳修撰，[宋]徐无党注：《新五代史》卷二《梁太祖本纪》，第13页。

第二章
法严词约，祖述春秋：欧阳修与《新五代史》

的褒贬。

具体而言，五代《家人传》紧随本纪之后，记载内容包括五朝的后妃和宗室，相当于以往的《后妃传》和《宗室传》，既显示了他们与帝王的血缘和亲疏关系，也因为集中呈现，更充分地表达了欧阳修"乃知女色之能败人""至于唐、晋以后，亲疏嫡庶乱矣"[①]的观点。

《一臣传》入传的标准是"其仕不及于二代者"[②]，也就是终身只效忠过一个朝代，分别作梁、唐、晋、汉、周臣传。至于效忠了不止一个朝代的臣子，欧阳修将他们统一归入《杂传》。这种分法显然不是为了容易归类，而是要表达对"忠臣不事二主"的褒扬和提倡。欧阳修认为，被列入《杂传》应当是君子的羞耻，而即使被归入《一臣传》也不代表都是可贵之臣，还需要仔细辨别善恶。

《死节传》歌颂的是从一而终、效死全节的大臣；《死事传》记述的是"其初无卓然之节，而终以死人之事者"[③]；《一行传》是欧阳修对于身处五代乱极之世，还能坚持不与满朝寡廉鲜耻之臣同流合污，"负材能，修节义"[④]，或归隐山林，或以忠获罪，或孝悌出众的洁身自好之人的表彰。

歌颂之后是批判。《唐六臣传》专为六个帮助朱温完成篡唐仪式的唐朝臣子作传，目的是抨击这些懦弱阴险、趋利卖国的小人，弘扬忠君爱国的思想，并且述及朱温在篡唐前夕借朋党之名将唐朝忠臣一网打尽之事，讽喻朝廷中的君子、小人之争。

《义儿传》《伶官传》《宦者传》聚焦五代政治舞台上的三类特殊人群。《义儿传》揭露了五代时期"干戈起于骨肉，异类合为父子"[⑤]的人伦异象，抨击当时的枭雄广收义子，借此建立功业，又屡屡父子相残，导致政治动

---

① [宋]欧阳修撰，[宋]徐无党注：《新五代史》卷一三《梁家人传序》，第127页。
② [宋]欧阳修撰，[宋]徐无党注：《新五代史》卷二一《梁臣传序》，第207页。
③ [宋]欧阳修撰，[宋]徐无党注：《新五代史》卷三三《死事传序》，第355页。
④ [宋]欧阳修撰，[宋]徐无党注：《新五代史》卷三四《一行传序》，第369页。
⑤ [宋]欧阳修撰，[宋]徐无党注：《新五代史》卷三六《义儿传序》，第385页。

荡。《伶官传》通过记载唐庄宗宠幸伶官以致亡国的历史，突出了欧阳修"盛衰之理，虽曰天命，岂非人事哉"[1]的政治哲学思想，告诫统治者不能耽于享乐，要居安思危，防微杜渐。《宦者传》则旨在提醒统治者警惕身边的"宦、女之祸"[2]，亲贤臣，远小人，以免祸起萧墙。

传记部分最后，是篇幅最大的《杂传》，共十九卷，记载一百四十四人。欧阳修设立《杂传》的目的，"主要是抨击在政权更迭之际不能死节、死事、隐逸、保持气节操守的随波逐流者，冯道（882—954）是此类人物的典型，欧阳修在《冯道传》序文中指责此类人'可谓无廉耻者矣'"[3]。

4. 司天、职方考

欧阳修在《新五代史》中，舍弃了纪传体中记载典章制度的志，以考代志。对此，欧阳修的解释是，五代的礼乐文章没有可取之处，因此不必详加记述，只是选取后人可能需要知道的部分，撰写《司天考》两卷、《职方考》一卷，分别记载天文历法和地理沿革。在《司天考》中，欧阳修还表达了自己"书人而不书天"[4]的哲学观点。

5. 世家及年谱

世家十卷，分别记载了吴、南唐、前蜀、后蜀、南汉、楚、吴越、闽、南平、东汉即北汉十个割据政权，占据了全书七分之一的篇幅。五代十国中的"十国"之称就出自这里，这是欧阳修《新五代史》的一大史学贡献。《新五代史》对十国的记载，在内容上比《旧五代史》更加完整。从欧阳修把中原政权载入本纪、将十国政权归入世家的体例可以看出，他对割据政权正统性持否定态度。此外，由于欧阳修出身江西，欧阳氏祖上与杨吴、南唐政权有渊源，再加上南唐以恢复唐之法统立国，非常符合儒家的道德

---

[1] ［宋］欧阳修撰，［宋］徐无党注：《新五代史》卷三七《伶官传序》，第397页。
[2] ［宋］欧阳修撰，［宋］徐无党注：《新五代史》卷三八《宦者传序》，第403页。
[3] 张明华：《〈新五代史〉研究》，第51页。
[4] ［宋］欧阳修撰，［宋］徐无党注：《新五代史》卷五九《司天考第二序》，第705页。

第二章
法严词约，祖述春秋：欧阳修与《新五代史》

价值观念，所以欧阳修在《新五代史》中把《吴世家》列为第一，《南唐世家》列为第二，而且对南唐人物褒奖颇多，反之对南唐的世仇吴越则颇有贬低之语。①

世家之后还有《十国世家年谱》一卷，以中原政权年号为基准，对照显示了中原政权与十国政权的并存及更迭。在《十国世家年谱》的序文中，欧阳修以自问自答的方式讨论了十国与五代、四夷之间的分别，既承认十国的地位高于夷狄，五代君主不可以夷狄视之，也表达了对十国政权"自绝于中国"的鄙夷。②

6. 四夷附录

《四夷附录》共三卷，其中两卷记载契丹，一卷记载五代时期周边其他少数民族和外国政权。将四夷单独以"附录"命名，不入列传和世家，并且把与宋朝约为兄弟的契丹也归入"四夷"，突出体现了欧阳修"尊王攘夷"的政治理念。这种在史书体例设置上的刻意贬抑，折射出了欧阳修对现实的强烈忧思。

总而言之，从《新五代史》对本纪、列传、考、世家、年谱、四夷附录等各部分内容的分类、排序、表述中，都可以看出欧阳修"尊王大一统"和"善善恶恶"的褒贬用意。《新五代史》的义例设置，在纪传体的基础上加以大胆创新，成功地呈现出了五代时期"君不君，臣不臣，父不父，子不子，至于兄弟、夫妇人伦之际，无不大坏，而天理几乎其灭矣"③的时代特征，在记述历史的同时，也为欧阳修实现其整饬道德、标举名节的政治目的服务，充分发挥了私家撰史的自由性，集中体现了欧阳修卓越的史学才华。

---

① 张明华：《〈新五代史〉研究》，第53页。
② ［宋］欧阳修撰，［宋］徐无党注：《新五代史》卷七一《十国世家年谱序》，第881页。
③ ［宋］欧阳修撰，［宋］徐无党注：《新五代史》卷三四《一行传序》，第370页。

二、《新五代史》的文法

1.春秋笔法，一字褒贬

欧阳修曾自言，昔年孔子作《春秋》，是"因乱世而立治法"，而他著史，是要"以治法而正乱君"①，明确表达了自己以孔子为榜样，以《春秋》为范本的志向。世人也大都肯定欧阳修的《新五代史》"法严词约，多取《春秋》遗旨"②，"文约而事详，褒贬去取，得《春秋》之法"③。

距离欧阳修一千五百多年以前，"文圣"孔子编著了中国第一部编年体史书《春秋》，这是史学界开天辟地的大事。孔子生活的时代正值春秋末期，周王室衰微，诸侯争霸，各个诸侯国都有自己的国史，记载芜杂、立场不一。孔子在鲁国国史基础上，参校他国史书，删修撰写了《春秋》。作为垂范后世的史书，《春秋》在记述上极为简约精准，记载了从鲁隐公元年（前722）到鲁哀公十四年（前481）共计两百四十二年的史事，内容涉及祭祀、战争、朝聘、盟会、政治、灾异等诸多领域，却通篇只用了一万八千余字，而且"属辞比事而不乱"④，遣词造句极为精当，排比史事纹丝不乱。不仅如此，孔子还在《春秋》中运用笔削的艺术，在叙事的同时表达自己的褒贬。孔子作《春秋》的深意，大致可概括为："惩恶而劝善"⑤"拨乱世，反诸正"⑥"内诸夏

---

① ［宋］欧阳发等：《先公事迹》，《欧阳修全集》附录卷二，第 2628 页。
② ［元］脱脱等：《宋史》卷三一九《欧阳修传》，第 10381 页。
③ ［宋］王辟之：《渑水燕谈录》卷六《文儒》，吕友仁点校，中华书局，1981 年 3 月，第 70 页。
④ ［清］阮元校刻：《十三经注疏》清嘉庆刊本《礼记正义》卷五〇《经解》，第 3493 页。
⑤ ［清］阮元校刻：《十三经注疏》清嘉庆刊本《春秋左传正义》卷二七《成公十四年》，第 4154 页。
⑥ ［清］阮元校刻：《十三经注疏》清嘉庆刊本《春秋公羊传注疏》卷二八《哀公十四年》，第 5115 页。

第二章
法严词约，祖述春秋：欧阳修与《新五代史》

而外夷狄"①"为尊者讳，为亲者讳，为贤者讳"②。这是因为孔子所处的春秋时期礼崩乐坏，诸侯纷争，外族交侵，所谓"世衰道微，邪说暴行有作，臣弑其君者有之，子弑其父者有之"③，"南夷与北狄交，中国不绝若线"④。孔子对这种危急局面深感忧惧，于是作《春秋》，其中蕴含"礼义之大宗"⑤，期望能以此教化天下，使王道复振。⑥

为了更清晰地表明褒贬态度，孔子在《春秋》中，往往对相似的事件采用不同的写法："同是记战争，有伐、侵、战、围、入、灭等不同的写法。声罪致讨曰伐，潜师掠境曰侵，两军相接曰战，环其城邑曰围，造其国都曰入，毁其社稷曰灭。同是记杀人，有杀、诛、弑、歼等不同的写法。无罪见杀曰杀，有罪当杀曰诛，以下杀上曰弑，不留孑遗曰歼。"⑦这套褒贬笔法，被后世称为春秋笔法、微言大义。

关于春秋笔法，有一个著名的例子。在《春秋》开篇的鲁隐公元年（前722），孔子记载了这样一件事："夏五月，郑伯克段于鄢。"⑧郑伯指郑庄公，段是郑庄公的同母弟弟，这件事其实是郑国的内乱，里面包含了中国历史上经典的"捧杀"案例。郑庄公和段两兄弟的母亲武姜因为郑庄公出生时脚先出来，十分厌恶这个儿子，试图废长立幼，失败后，又一味宠爱幼子，养大

---

① ［清］阮元校刻：《十三经注疏》清嘉庆刊本《春秋公羊传注疏》卷一八《成公十五年》，第4988页。
② ［清］阮元校刻：《十三经注疏》清嘉庆刊本《春秋公羊传注疏》卷九《闵公元年》，第4871页。
③ ［清］阮元校刻：《十三经注疏》清嘉庆刊本《孟子注疏》卷六下《滕文公章句下》，第5903页。
④ ［清］阮元校刻：《十三经注疏》清嘉庆刊本《春秋公羊传注疏》卷十《僖公四年》，第4883页。
⑤ ［汉］司马迁撰，［南朝宋］裴骃集解，［唐］司马贞索隐，［唐］张守节正义：《史记》卷一三〇《太史公自序第七十》，第3298页。
⑥ 杜维运：《中国史学史》第一册，第77—81页。
⑦ 杜维运：《中国史学史》第一册，第76—77页。
⑧ ［清］阮元校刻：《十三经注疏》清嘉庆刊本《春秋左传正义》卷二《隐公元年》，第3721页。

了段的野心。段先是索取了过大的封地京邑（治今河南荥阳），继而在封地上不断扩张自己的势力。对此，郑庄公不顾谋士的劝阻，一味坐视，还说了句名言："多行不义必自毙，等着瞧吧。"直到段终于备齐车马，准备发动叛乱，郑庄公才说"时机成熟了"，率军讨伐京邑，追到鄢城（治今河南鄢陵），一举击溃了段。段出奔共国，史称共叔段。

对于这样一个曲折的故事，《春秋》只用短短六个字就完全概括了，而这六个字中，又鲜明地表达了孔子的态度。《左传》对此的解读是："段不弟，故不言弟；如二君，故曰克；称郑伯，讥失教也：谓之郑志。不言出奔，难之也。"① 这是说段不悌，没尽到做弟弟的本分，因此不说他是郑庄公的弟弟；郑庄公放任段做大，使国家濒临分裂，如有二君，所以用形容两国交战时"克敌制胜"的"克"字；不称"郑庄公"而称"郑伯"，是讥讽郑庄公没有尽到兄长教育弟弟的责任；最后只说到战败，不提段逃亡，是点明了这一切都是郑庄公蓄谋已久，表达对他的责难。孔子的微言大义，由此可见一斑。

微言大义的春秋笔法，使褒贬史学横空出世。史学从此具有了"别嫌疑，明是非，定犹豫，善善恶恶，贤贤贱不肖，存亡国，继绝世"② 的重要功能，肩负起延续人类文明的使命。因此古人说，"孔子成《春秋》，而乱臣贼子惧"③。

欧阳修对《春秋》极为推崇。他在阐释《春秋》的文章中，盛赞《春秋》"辞有同异，尤谨严而简约"④ 的笔法，认为这种"以名字、氏族、予夺为轻重"的一字褒贬"使为恶者不得幸免，疑似者有所辨明"⑤，彰显了是非

---

① ［清］阮元校刻：《十三经注疏》清嘉庆刊本《春秋左传正义》卷二《隐公元年》，第3721页。
② ［汉］司马迁撰，［南朝宋］裴骃集解，［唐］司马贞索隐，［唐］张守节正义：《史记》卷一三〇《太史公自序第七十》，第3297页。
③ ［清］阮元校刻：《十三经注疏》清嘉庆刊本《孟子注疏》卷六下《滕文公章句下》，第5904页。
④ ［宋］欧阳修：《欧阳修全集》卷一八《春秋论中》，第307页。
⑤ ［宋］欧阳修：《欧阳修全集》卷一八《春秋论下》，第308—309页。

第二章
法严词约，祖述春秋：欧阳修与《新五代史》

公道，可谓"谨一言而信万世者也"①。

因此，欧阳修在《新五代史》中，也力求用词准确，行一字褒贬。具体原则如徐无党在注释中总结的那样：

> 我败曰败绩，彼败曰败之。
>
> 幸，已至也。如，往而未至之辞。
>
> 用兵之名有四：两相攻曰攻，以大加小曰伐，加有罪曰讨，天子自往曰征。
>
> 当杀曰伏诛，不当杀者，以两相杀为文。
>
> 易得曰取，难得曰克。
>
> 以身归曰降，以地归曰附。
>
> 叛者，背此而附彼，犹臣于人也。反，自下谋上，恶逆之大者也。②

这里举《新五代史·梁太祖本纪》中对后梁开国皇帝朱温的记载为例。朱温是宋州砀山（治今安徽砀山）人，《旧五代史》将朱温的祖先一直追溯到舜的司徒，而《新五代史》只从朱温的父亲——一个贫寒的教书先生朱诚说起，摒弃了诸如朱温出生时房屋上有红烟升起，其母曾目睹他化身红蛇等祥瑞之说，只强调他勇武有力，在三兄弟中尤其凶悍。寥寥数语，欧阳修毫不避讳地揭露了朱温试图粉饰的草莽出身。

唐僖宗乾符四年（877），朱温和哥哥朱存"亡入贼中"，参加了黄巢起义。"亡"与"贼"两个字，体现了欧阳修作为北宋统治集团的一分子，对农民起义持否定态度。加入起义军后，朱温数次败给河中节度使王重荣，经由手下劝说，决定背叛黄巢，于是杀掉监军，"自归于河中，因王重荣以降"。"归"字表明在欧阳修看来，朱温此举是弃暗投明；因为不是带着地盘投降，所以用"降"字。降唐后，唐僖宗给朱温赐名朱全忠，此后行文遂改用"全

---

① ［宋］欧阳修：《欧阳修全集》卷一八《春秋或问》，第311页。
② ［宋］欧阳修撰，［宋］徐无党注：《新五代史》卷二《梁太祖本纪》，第14—17，21页。

忠"称呼朱温。朱全忠镇压黄巢起义屡建战功，一路高升，先是被封为沛郡侯，继而于光启二年（886）三月进封王爵，此后本纪中不再直呼其名而改称"王"。徐无党注释："始而称名，既而称爵，既而称帝，渐也。爵至王而后称，著其逼者。"① 他解释了这样渐次改变称谓是为了体现其权势日大，步步进逼。

朱全忠进封梁王后，强令唐昭宗迁都洛阳，剪除皇帝身边亲信，指控枢密使蒋玄晖与何太后私通，"杀玄晖而焚之，遂弑太后于积善宫"②。"杀"字表示原不当杀，"弑"字批判朱温以下犯上。开平元年（907）四月，朱全忠改名为朱晃，昭显了自己的不忠之心。两天后，朱晃篡唐称帝。对此，欧阳修记载极为简略："甲子，皇帝即位。"③ 又过四天，"大赦，改元，国号梁。封唐主为济阴王"④。这里原本该是"大赦天下"，欧史却只写"大赦"，不书"天下"。对此，徐无党代为解释：写"大赦"，形容朱温志向远大，欲及天下；不写"天下"，是因为后梁势力"实有所不及也"⑤。欧阳修以这种含蓄细腻的笔法，表达了对篡位者的讥讽和鄙夷。至于将唐天子改称"唐主"，则是还原当时话语。开平二年（908）正月，"弑济阴王"⑥。虽然那时唐朝的末代皇帝李柷已降格为济阴王，但后梁皇帝朱温将他毒死，仍被冠以"弑君"的"弑"字，可见史笔如刀，将乱臣贼子永远钉在历史的耻辱柱上。

类似的褒贬笔法在《新五代史》中随处可见，欧阳修字斟句酌，为法精密，深得《春秋》三昧，故而四库馆臣称赞这部史书"笔削体例，亦特

---

① ［宋］欧阳修撰，［宋］徐无党注：《新五代史》卷一《梁太祖本纪》，第 3 页。
② ［宋］欧阳修撰，［宋］徐无党注：《新五代史》卷一《梁太祖本纪》，第 10 页。
③ ［宋］欧阳修撰，［宋］徐无党注：《新五代史》卷二《梁太祖本纪》，第 13 页。
④ ［宋］欧阳修撰，［宋］徐无党注：《新五代史》卷二《梁太祖本纪》，第 13 页。
⑤ ［宋］欧阳修撰，［宋］徐无党注：《新五代史》卷二《梁太祖本纪》，第 13 页。
⑥ ［宋］欧阳修撰，［宋］徐无党注：《新五代史》卷二《梁太祖本纪》，第 15 页。

第二章
法严词约，祖述春秋：欧阳修与《新五代史》

谨严"①。然而，《新五代史》也因为过度追求笔削而招致了一些史学家的非议。清代钱大昕批评道："欧阳公《五代史》，自谓窃取《春秋》之义，然其病正在乎学《春秋》。"②《春秋》言简意深，在熟知那段史事的人看来确实字字惊心，但对于不了解春秋历史的人来说，则不免有些难以理解。因此在《春秋》之外，另有许多专门对《春秋》作注解的书籍，比如我们了解"郑伯克段于鄢"背后的故事，就是通过《左传》的记载。《新五代史》因为在取法《春秋》的同时也吸取了《史记》的优点，叙事流畅生动，旁征博引，又能与《旧五代史》相参照，不至于晦涩难懂，但也偶尔有记述不清的地方。

王鸣盛就曾指出《新五代史》美中不足的一处。在《梁末帝本纪》中有这样一段记载：后梁龙德三年（923）"春三月，潞州李继韬叛于晋，来附。夏闰四月，唐人取郓州"③。不熟悉这段史事的人可能会从中看到三方势力：后梁、从潞州投靠后梁的李继韬原本所属的"晋"势力，以及攻取郓州的"唐"势力。但实际上，"晋"与"唐"都指向李存勖一方，只不过这里面有一段略去未写的史事：公元923年，晋王李存勖称帝，国号为唐，建立了后唐政权。欧阳修分别使用"晋"与"唐"两种称呼指向同一个势力，是因为两件事发生的时间恰好在李存勖称帝前后。至于为什么不在这里写明"晋王称帝建立后唐"这件大事，徐无党在注释中代老师解释：因为这与后梁无关，不必写进梁本纪。对此，王鸣盛批评道："既然是搭建叙事纲领的本纪，那么天下大事皆不可不书，何况晋王与后梁是世仇，现在称帝就是磨刀霍霍准备灭梁，怎么能说与后梁无关呢？"④欧阳修这是学《春秋》到

---

① ［清］永瑢等：《四库全书总目》卷四六《旧五代史一百五十卷、目录二卷》，第411页。
② ［清］钱大昕著，陈文和主编：《十驾斋养新录附余录》卷六《五代史》，凤凰出版社，2016年3月，第197页。
③ ［宋］欧阳修撰，［宋］徐无党注：《新五代史》卷三《梁末帝本纪》，第28页。
④ 按：在五代中，后梁与后唐是一对宿敌，早在镇压黄巢起义的过程中，梁王朱温与沙陀族首领、晋王李克用就是竞争关系。朱温篡唐的野心暴露后，李克用及其子李存勖一直打着复兴唐朝的旗号与后梁作战，第二代晋王李存勖称帝后沿用了"唐"的国号，史称后唐。

了削足适履的地步，难免在某些细节处造成叙事上的百密一疏。"

尽管如此，王鸣盛也承认欧阳修"手笔诚高"。乾嘉学派以考据之致密、论调之犀利闻名遐迩，也没能挑出《新五代史》在记述上的太多纰漏，可见其义例之严谨、笔法之高明。至于王氏所谓"《春秋》出圣人手，义例精深，后人去圣久远，莫能窥测，岂可妄效？"的论调，较之欧阳修取法《春秋》的气魄，慨然以孔子"治法"正"乱君"的担当，委实相差甚远。[①]

2.文省事备，不没其实

受《春秋》影响，欧阳修在叙事中崇尚简洁，修《新五代史》旨在"存其大要"，"非干大体"者，"尽宜删削"。[②] 书成后，儿子欧阳发盛赞其"减旧史之半，而事迹添数倍，文省而事备"[③]。《新五代史》有选择性地删去了《旧五代史》中的许多冗余史料和"细小之事"，而对于历史大事的叙述，"《旧五代史》凡150卷，书五代大事还有遗漏，而《新五代史》仅74卷，却将五代的风云激荡尽收笔端"[④]，确实做到了文省事备。从文笔和内容上看，虽然追求一字褒贬而使得个别语句稍显别扭，但在整体叙事和史料择取上，《新五代史》并没有因为作者主观褒贬的影响而失之偏颇，反而尽量做到了客观严谨，"不没其实"。在《梁太祖本纪》最后的史论部分，借讨论对后梁及朱温的记述，欧阳修表达了自己对平衡秉笔直书与褒贬善恶的看法：

> 呜呼，天下之恶梁久矣！自后唐以来，皆以为伪也。至予论次五代，独不伪梁，而议者或讥予大失《春秋》之旨，以谓："梁负大恶，

[①] [清]王鸣盛著，陈文和主编：《十七史商榷》卷九三《新旧五代史一》"欧法春秋"条，中华书局，2010年8月，第1367页。
[②] [宋]欧阳修：《欧阳修全集》卷六九《与尹师鲁第二书》，第1000页。
[③] [宋]欧阳发等：《先公事迹》，《欧阳修全集》附录卷二，第2628页。
[④] 李建军：《试析宋代史学对〈春秋〉义法的吸纳——以〈新五代史〉为考察中心》，《儒藏论坛》2010年，第181页。

第二章

法严词约，祖述春秋：欧阳修与《新五代史》

当加诛绝，而反进之，是奖篡也，非《春秋》之志也。"予应之曰："是《春秋》之志尔。鲁桓公弑隐公而自立者，宣公弑子赤而自立者，郑厉公逐世子忽而自立者，卫公孙剽逐其君衎而自立者，圣人于《春秋》，皆不绝其为君。此予所以不伪梁者，用《春秋》之法也。""然则《春秋》亦奖篡乎？"曰："惟不绝四者之为君，于此见《春秋》之意也。圣人之于《春秋》，用意深，故能劝戒切，为言信，然后善恶明。夫欲著其罪于后世，在乎不没其实。其实尝为君矣，书其为君。其实篡也，书其篡。各传其实，而使后世信之，则四君之罪，不可得而掩尔。使为君者不得掩其恶，然后人知恶名不可逃，则为恶者庶乎其息矣。是谓用意深而劝戒切，为言信而善恶明也。桀、纣，不待贬其王，而万世所共恶者也。于大恶之君不诛绝之者，不害其褒善贬恶之旨也，惟不没其实以著其罪，而信乎后世为君而不得掩其恶，以息人之为恶。能知《春秋》之此意，然后知予不伪梁之旨也。"[1]

因为朱温篡唐的恶行严重违逆了儒家"忠君"的道德标准，所以自后唐以来，很多儒者都把后梁视为"伪朝"，以此表达对谋朝篡位者的厌恶。但欧阳修在《新五代史》中将后梁纳入本纪，列为五代之首。也许有人会质疑：这不是违背了《春秋》法旨，没有通过"诛绝"伪梁来惩恶劝善、拨乱反正吗？承认后梁的地位，难道不是变相肯定、鼓励篡位的恶行吗？对此，欧阳修的回答是：这样写正是延续了《春秋》的做法！在《春秋》中，通过非正当手段篡位自立的鲁桓公、鲁宣公、郑厉公、卫殇公等，都被孔子如实记载，没有抹杀他们曾经作为国君的事实。难道《春秋》是在鼓励篡位吗？当然不是！这正是《春秋》的深意所在——想要让篡位者遗臭万年，使后来者戒惧，首先要保证他们篡位的史实不至失传。确实做过国君的，就把他当作国君来书写，实际是篡位的，就把他篡位的事件记录下来，不因为他做了

---

[1] ［宋］欧阳修撰，［宋］徐无党注：《新五代史》卷二《梁太祖本纪》，第21—22页。

国君而避讳。这样如实记载，使后世相信史书真实可信，篡位者的罪过才能通过史书代代流传，曝光于世。后来者看到，即便贵为国君也无法遮掩自己曾经的恶行，就会知道恶名终究无法逃避，也就不敢再作恶了。这才是圣人的用心啊！像桀、纣那样的暴君，不必否认他们是夏、商的王，也足够遗臭万年。正是要将这些"大恶之君"的种种事迹秉笔直书，取信后人，才能真正起到史书惩恶扬善，"使乱臣贼子惧"的效果。欧阳修说，看懂这一点就会明白，只有秉笔直书才是真正继承了《春秋》褒贬善恶的精髓！不从流俗、不没其实，这段话充分展现了欧阳修作为一代史学巨匠的铮铮风骨和卓越史识。

不过，欧阳修在《新五代史》中也不是完全刻板地遵循以上规则。比如朱温之子朱友珪趁朱温晚年病重，弑父自立，六月于枢前继位，次年改元，二月被杀，总共做了八个月的皇帝，按照"不没其实"的原则，似乎应该在后梁本纪中占据一席之地。但实际上，朱友珪弑父之事在《梁太祖本纪》中只得寥寥数语："六月，疾革，郢王友珪反。戊寅，皇帝崩。"[①] 紧随其后的是《梁末帝本纪》，开篇只简单叙述了朱友珪自立之事，随即便是末帝朱友贞讨伐朱友珪、即位称帝的记载。至于朱友珪如何阴谋弑父、如何伪造遗诏，则详细记载于《梁家人传》，他本人被称作"庶人友珪"，以示贬抑。对于自己前后矛盾的安排，欧阳修并不避讳，他在《梁家人传》最后的史论中这样写道：

> 呜呼，《春秋》之法，是非与夺之际，难矣哉！或问："梁太祖以臣弑君，友珪以子弑父，一也。与弑即位，逾年改元，《春秋》之法，皆以君书，而友珪不得列于本纪，何也？且父子之恶均，而夺其子，是与其父也，岂《春秋》之旨哉？"予应之曰："梁事著矣！其父之恶，不待与夺其子而后彰，然末帝之志，不可以不伸也。《春秋》之法，君弑而

---

① ［宋］欧阳修撰，［宋］徐无党注：《新五代史》卷二《梁太祖本纪》，第21页。

第二章
法严词约，祖述春秋：欧阳修与《新五代史》

贼不讨者，国之臣子任其责。予于友珪之事，所以伸讨贼者之志也。"①

欧阳修感慨，想要彻底贯彻《春秋》之法，恰如其分地体现史事是非、处理各章节的详略取舍，真是太难了！虽然朱温和朱友珪父子俩，一个以臣弑君，一个以子弑父，双双篡位自立，按照春秋笔法，都应该"不没其实"地写入本纪，用以警醒后世，但欧阳修斟酌再三，最终只把朱温写入本纪，不写朱友珪的本纪。这是因为朱温的本纪已经足以体现史书对此类"大恶之君"的批判，再用同样的笔法写恶行相类的朱友珪难免重复。跳过朱友珪，直接为讨伐他的梁末帝作本纪，则能够从朱友珪篡位之事的另一面，彰显梁末帝为君父报仇、讨伐逆贼、拨乱反正的光辉形象，与朱温、朱友珪之辈形成鲜明对比。欧阳修通过变换笔法，将发生在朱家父子身上的两件史事从一正一反、一善一恶的不同角度记述，避免叙事同质化的同时，更能突显对逆贼的口诛笔伐。

还值得注意的是，欧阳修的《新五代史》乃是私家著述，并非官方史书，在笔法的规范性和前后一致性上可以相对灵活。这不是说欧阳修因此降低了对义例的要求，正如先前所言，《新五代史》义例之严谨，笔法之考究，得到了历代史家的一致认可，甚至被质疑到达矫枉过正的地步。但因为是私人著述，甚至一度打算秘不示人，所以在撰写时得以注入作者更多的思想和灵魂，不必墨守成规，能够大胆创新，适时调整，让文字更好地为承载思想服务。在对朱友珪的记载上，欧阳修通过本纪与列传的配合，巧妙安排同一件事以不同视角、不同详略穿插在各卷呈现，不仅完整勾勒出整件事的轮廓，贯彻了"不没其实"的原则，而且避免了记述重复，深化了作者鉴往训今、惩恶扬善的著史主旨，可谓一箭三雕。但这毕竟打破了之前定下的规则，所以欧阳修还特意写一篇史论加以说明，感慨了春秋笔法的深奥，承认自己在斟酌是非取舍时的为难，体现出了欧阳修撰史的严谨态度和治学上

---

① ［宋］欧阳修撰，［宋］徐无党注：《新五代史》卷一三《梁家人传》，第138—139页。

的谦虚坦荡!

3.摹写生动,叙事跌宕

欧阳修曾说:"吾用春秋之法,师其意不袭其文。"① 苏轼在为欧阳修的文集作序时盛赞老师:"论大道似韩愈,论事似陆贽,记事似司马迁,诗赋似李白。此非余言也,天下之言也。"② 世人公认欧阳修记事得司马迁精髓,《新五代史》记述生动、剪裁得体,足以与《史记》《汉书》相媲美。

欧阳修著史虽然崇尚简洁,却不吝啬笔墨刻画人物风神。相反,他擅长捕捉细节,往往能用寥寥数笔勾勒出人物鲜明的特质,使千年后的读者如见其人,如闻其声。比如前文提到的后梁忠勇大将王彦章,欧阳修通过在滑州访求到的王氏家传,掌握了很多《旧五代史》没有的史料细节,并在《新五代史·王彦章传》中留下了一段极为精彩的记载:

> 龙德三年夏,晋取郓州,梁人大恐,宰相敬翔顾事急,以绳内靴中,入见末帝,泣曰:"先帝取天下,不以臣为不肖,所谋无不用。今强敌未灭,陛下弃忽臣言,臣身不用,不如死!"乃引绳将自经。末帝使人止之,问所欲言。翔曰:"事急矣,非彦章不可!"末帝乃召彦章为招讨使,以段凝为副。末帝问破敌之期,彦章对曰:"三日。"左右皆失笑。③

后梁龙德三年(923),晋王李存勖打下了郓州(治今山东东平),眼看形势危急,后梁君臣极为惶恐。宰相敬翔跑去求见梁末帝,哭着说:"先帝取天下时,对我的计策一概采纳,现在强敌未灭,陛下您却不肯再听我的建议,我没了用武之地,不如一死了之!"说着掏出事先藏在靴子里的细绳,作势要把自己勒死。梁末帝赶紧使人阻止,问敬翔有什么想说的。敬翔说:

---

① [宋]朱熹:《朱子考欧阳文忠公事迹·修五代史》,《欧阳修全集》附录卷二,第2644页。
② [元]马端临:《文献通考》卷二三四《经籍考六十一》"六一居士集"条,上海师范大学古籍研究所、华东师范大学古籍研究所点校,中华书局,2011年9月,第6407页。
③ [宋]欧阳修撰,[宋]徐无党注:《新五代史》卷三二《王彦章传》,第348页。

第二章

法严词约，祖述春秋：欧阳修与《新五代史》

"现在形势危急，非用王彦章不可！"于是梁末帝任命王彦章为大将，前去抵御李存勖的军队。

王彦章少年从军，是太祖朱温的旧部，为人骁勇有力，《新五代史》记载他"能跣足履棘行百步"，也就是能光脚在荆棘丛中走上百步，军中作战时，"持一铁枪，骑而驰突，奋疾如飞"，敌方部队莫能抵挡，军中号称"王铁枪"。这样一员悍将，却因为梁末帝听信小人谗言而不得重用，直到敬翔拼死举荐，才临危受任。见到王彦章，梁末帝问他要多久才能把李存勖的军队击退，王彦章说："只要三天。"梁末帝左右的亲信都笑了。王彦章是在说大话吗？欧阳修接着记载：

> 彦章受命而出，驰两日至滑州，置酒大会，阴遣人具舟于杨村，命甲士六百人皆持巨斧，载冶者，具鞲炭，乘流而下。彦章会饮，酒半，佯起更衣，引精兵数千，沿河以趋德胜，舟兵举锁烧断之，因以巨斧斩浮桥，而彦章引兵急击南城，浮桥断，南城遂破，盖三日矣。[①]

王彦章立下军令状后，领兵出征，星夜疾驰，两日后抵达滑州。到了驻地，王彦章表面上大设酒宴犒赏军队，实则暗中派遣了六百名军士，带上巨斧、冶铁工匠、鼓风囊和木炭，乘船顺流而下，前往德胜口。此时，晋军已经占据了整个黄河北岸，在德胜口设立铁锁截断航道，跨河修筑了南北两城，号称"夹寨"，自以为牢不可破。王彦章佯作沉迷酒宴，等酒过三巡，假托要上厕所，离席后率领数千精兵，沿着黄河直扑德胜口，猛攻晋军的南城。这个时候，事先派去的士兵已经烧断铁锁，用巨斧斩断浮桥，截断了晋军的后路。于是王彦章大破南城，此时距离他出兵正好三日。

欧阳修只用不到三百字，就生动刻画了王彦章的智勇双全，梁末帝、敬翔等人的形象也跃然纸上，其写人叙事的文采可见一斑。

欧阳修善于叙事，还体现在他能把烦琐碎乱的众多历史事件组织得井井

[①] ［宋］欧阳修撰，［宋］徐无党注：《新五代史》卷三二《王彦章传》，第348页。

有条、简洁明晰，能在面面俱到的同时，突出自己所要表达的主旨。仍以《新五代史·王彦章传》为例。在写完荡气回肠的三日之胜后，欧阳修笔锋一转：

> 是时庄宗在魏，以朱守殷守夹寨，闻彦章为招讨使，惊曰："彦章骁勇，吾尝避其锋，非守殷敌也。然彦章兵少，利于速战，必急攻我南城。"即驰骑救之，行二十里，而得夹寨报者曰："彦章兵已至。"比至，而南城破矣。①

后唐庄宗李存勖听说后梁派了王彦章来，立刻判断夹寨的守将朱守殷不是骁勇善战的王彦章的对手，于是率兵驰援，才行出二十里就收到王彦章兵至夹寨的消息，等援军抵达，王彦章已经攻破了南城。欧阳修通过描写李存勖的决断力、行动力，以敌人的高水平，侧面衬托了王彦章之骁勇。

李存勖抵达战场后，与梁军各踞一岸，在河上激战，"一日数十接"，王彦章一时不能攻克。正当战事胶着时，欧阳修再次笔锋一转，说起另一件事：

> 是时，段凝已有异志，与赵岩、张汉杰交通，彦章素刚，愤梁日削，而嫉岩等所为，尝谓人曰："俟吾破贼还，诛奸臣以谢天下。"岩等闻之惧，与凝叶力倾之。其破南城也，彦章与凝各为捷书以闻，凝遣人告岩等匿彦章书而上己书，末帝初疑其事，已而使者至军，独赐劳凝而不及彦章，军士皆失色。及杨刘之败也，凝乃上书言："彦章使酒轻敌而至于败。"赵岩等从中日夜毁之，乃罢彦章，以凝为招讨使。彦章驰至京师入见，以笏画地，自陈胜败之迹，岩等讽有司劾彦章不恭，勒还第。②

原来，王彦章此战的副将段凝早有异心，与后梁朝中的赵岩、张汉杰勾

---

① [宋]欧阳修撰，[宋]徐无党注：《新五代史》卷三二《王彦章传》，第348—349页。
② [宋]欧阳修撰，[宋]徐无党注：《新五代史》卷三二《王彦章传》，第349页。

第二章

法严词约，祖述春秋：欧阳修与《新五代史》

结，而这两人正是在梁末帝身边挑唆他疏远王彦章等朱温旧部的奸臣。王彦章秉性刚直，在出征之前就曾放言，等他凯旋，一定要把赵岩、张汉杰等奸臣杀掉！赵岩、张汉杰等人听说后十分害怕，于是指使段凝在军中拼命地扯王彦章后腿，还在梁末帝耳边诋毁王彦章。就连王彦章三日破南城的战功，也被这些小人联手，张冠李戴到了段凝的头上，结果梁末帝派来犒赏军队的使者只赏赐了段凝，丝毫没提及王彦章，令将士们都变了脸色。有这样的战友，王彦章怎么可能打赢李存勖呢？梁军在杨刘渡口战败后，段凝又上书梁末帝，说因为王彦章饮酒轻敌才导致战败，何其无耻！加上赵岩等人在梁末帝身边日夜诋毁王彦章，最终梁末帝将信将疑，罢免了王彦章，改任段凝为主将。王彦章回京后，力陈自己胜败之事，反被赵岩等人弹劾不恭，勒令回家反省。后梁朝廷之腐败、君臣之昏聩，至此已勾勒得入木三分，不禁令人深切地担忧王彦章接下来的遭遇。

在这之后，李存勖分兵攻打兖州，后梁只好再派王彦章前去抵挡。可当时后梁的精兵全集中在段凝那里，王彦章手上只有五百名新招募的士兵。最终，王彦章因为兵力不足，在率领百余名亲兵拼死战斗时，被敌军将领重伤，落马被擒，俘虏至李存勖面前。如果说三日破敌是王彦章戎马一生中的高光时刻，那欧阳修接下来不惜笔墨的描写，就是给了这位乱世英雄一个悲壮的落幕：

> 庄宗见之，曰："尔常以孺子待我，今日服乎？"又曰："尔善战者，何不守兖州而守中都？中都无壁垒，何以自固？"彦章对曰："大事已去，非人力可为！"庄宗恻然，赐药以封其创。彦章武人不知书，常为俚语谓人曰："豹死留皮，人死留名。"其于忠义，盖天性也。庄宗爱其骁勇，欲全活之，使人慰谕彦章，彦章谢曰："臣与陛下血战十余年，今兵败力穷，不死何待？且臣受梁恩，非死不能报，岂有朝事梁而暮事晋，生何面目见天下之人乎！"庄宗又遣明宗往谕之，彦章病创，卧不能起，仰顾明宗，呼其小字曰："汝非邈佶烈乎？我岂苟活者？"遂见

杀，年六十一。①

李存勖是当世名将，唐昭宗、李克用、朱温都曾给他极高的评价，王彦章却不屑地称他为"斗鸡小儿"，认为他不足为惧。现在，李存勖见到被俘的王彦章，问他："你一向看不起我，今天可服气了吗？"又问："你一向骁勇善战，为什么不守兖州，反而去守中都？中都没有城池壁垒，怎么可能守得住呢？"王彦章回答："大势已去，非人力可为！"李存勖闻言恻然，既同情王彦章的遭遇，又欣赏他的骁勇，不仅赐给他伤药，还试图留他一命，派人劝王彦章投降。王彦章断然拒绝："我与陛下（李存勖）血战十余年，如今我兵败力穷，不死还等什么？况且我深受梁朝的恩遇，非死不能报答，哪能朝事梁而暮事晋，那样我有何面目去见天下人呢！"李存勖又派自己的儿子去劝降，王彦章重伤在床，不肯苟活，最终被杀，享年六十一岁。

通览《新五代史·王彦章传》，欧阳修的叙事一波三折，将王彦章波澜起伏的人生叙述得脉络分明，错综序次如一线，娓娓道来，仿佛令人置身于梁晋之间紧张激烈的战场，又目睹了后梁气数已尽的朝堂斗争，何等心潮澎湃、气象万千！"血战十余年"的敌国君主李存勖，反倒比梁末帝更能欣赏王彦章的骁勇才能，令人叹息；而即使在后梁蒙受不公以至被俘，王彦章也依旧坚守自己内心的忠义，秉持着"豹死留皮，人死留名"这样朴素的初心，宁死不降，无愧于忠诚节义的声名，被欧阳修写入《死节传》，流芳千古。这也让我们领略了欧阳修惊人的笔力，无怪明代散文家茅坤对欧阳修的史笔特加推崇，在其编纂的《唐宋八大家文钞》中破例收录二十卷《庐陵史钞》，称赞欧阳修于"梁、唐帝纪及诸名臣战功处，往往点次如画，风神烨然"②。

---

① ［宋］欧阳修撰，［宋］徐无党注：《新五代史》卷三二《王彦章传》，第349—350页。
② ［明］茅坤：《唐宋八大家文钞·欧阳公史钞》卷首，转引自洪本健编《欧阳修资料汇编三·明代茅坤》，中华书局，1995年5月，第579页。

第二章

法严词约，祖述春秋：欧阳修与《新五代史》

4.发论必以"呜呼"开头

《新五代史》的一大特点，是其别具匠心的长篇史论，每每以"呜呼"开头，在历代史书中独树一帜，历来为人所称道。史论在史籍中的出现由来已久，名称也因时而异。刘知幾曾总结唐以前的史论名称：

> 《春秋左氏传》每有发论，假君子以称之。二《传》云公羊子、榖梁子，《史记》云太史公。既而班固曰赞，荀悦曰论，《东观》曰序，谢承曰诠，陈寿曰评，王隐曰议，何法盛曰述，扬雄曰撰，刘昞曰奏，袁宏、裴子野自显姓名，皇甫谧、葛洪列其所号。史官所撰，通称史臣。其名万殊，其义一揆。必取便于时者，则总归论赞焉。①

大体而言，史论的开头要么是"某某人曰"，如司马迁的"太史公曰"及史官群体的"史臣曰"，要么是"论曰""赞曰"，而以"呜呼"这样的语气词开篇，充满强烈感情色彩的史论，在正史中当属欧阳修开先河。

欧阳修为什么要这样写史论？事实上，在议论历史的文章中使用"呜呼"，于唐宋文学家的笔下十分常见。如进入中学课本的杜牧《阿房宫赋》、苏洵《六国论》等名篇，都曾用"呜呼"来抒发对历史的感慨。欧阳修本人也有这样的语言习惯。"经统计，欧阳修在他的古文中共用'呜呼'一百五十余次，多集中在祭文、墓志铭、行状等传记之文里，个别如《祭资政范公文》和《祭石曼卿文》等文中，所用'呜呼'多达三四次，从中反映出作者郁勃充沛的强烈情感，也增强了唐宋古文此类文章的抒情性和文学性。"② 同样是叙写历史，写个人的传记与写时代的史书仅有一步之遥，欧阳修将"呜呼"沿用至《新五代史》中，是一件自然而然的事情。

也有人认为，刻意使用"呜呼"作为史论开头，与《新五代史》系欧

---

① ［唐］刘知幾，［清］浦起龙通释，王煦华整理:《史通通释》内篇《论赞第九》，第75页。
② 张新科、任竞泽:《褒贬祖〈春秋〉，叙述祖〈史记〉——欧阳修〈新五代史〉传记风格探微》，《陕西师范大学学报（哲学社会科学版）》2012年第2期，第36页。

阳修私撰有关。私家撰史，褒贬前朝，自隋唐以后就被禁止，五代距离北宋并不遥远，更多了许多忌讳。欧阳修作《新五代史》意在褒贬是非，"以治法正乱君"，对于谋朝篡位、不能谨守臣节的五代开国君主都不乏春秋笔法的谴责，这是否有映射宋太祖的陈桥兵变之嫌呢？也许这并非欧阳修的本意，但他在北宋政坛饱经风波，对人心险恶是有所体会的。所以他在《新五代史》初成时，就说过这部书稿"不敢多令人知"，叮嘱好友将自己分享书成的信件"阅后即焚"，称此书"不可使俗人见"①，之后又婉言谢绝官方的征召，多少显得讳莫如深。出于政治上的担忧，欧阳修在自己私撰的史书中有意区别正史体例，不用赞、论而用"呜呼"，强调他对历史的见解仅属于个人感慨——这是一种颇切实际的猜测。《新五代史》原名《五代史记》，有意向《史记》靠拢，渲染《新五代史》的非官方、非正式立场，以及在欧阳修主持编修的官方正史《新唐书》中，史论就规规矩矩地用上了"赞曰"，这些似乎都可作为旁证。

《新五代史》不仅语言独具特色，史论的出现频率也很高，除了放在各卷开头充当序文的十五篇史论是为了阐明义例，"所以序作者之意"②外，还有许多穿插在卷中（十七处）或安置在卷尾（二十四处）的史论，在篇幅上更是创下纪录："据中华书局标点本统计，《新五代史》史论最长者《宦者传》有1409字节，700—800字节者4处，600—700字节者2处，500—600字节者5处，400—500字节者4处，300—400字节者7处，200—300字节者17处，100—200字节者15处，100字节以下者仅3处。"③这样的史论篇幅在以往的史籍中绝无仅有，现存《旧五代史》中最长的史论也不过两百余字。

如此长篇大论，穿插在欧阳修"简而有法"的史实记载中，却并不令人

---

① ［宋］欧阳修：《欧阳修全集》卷一四九《与梅圣俞四十六通·二十三》，第2455页。
② ［唐］刘知幾，［清］浦起龙通释，王煦华整理：《史通通释》内篇《序例第十》，第80页。
③ 张明华：《〈新五代史〉研究》，第148页。

第二章
法严词约，祖述春秋：欧阳修与《新五代史》

觉得冗余，这体现了欧阳修深厚的文学功底，也得益于他深邃广博的思想。欧阳修在《新五代史》中的史论，不仅引经据典，而且议论内容广泛，是他"融历史观、政治观与文学观三位一体的宏通观念"的产物，后代的史家都很难模仿。[①]语言毕竟只是形式，欧阳修史论真正的灵魂还在于他借助史论所表达的充沛情感。正如郭预衡在《中国散文史》中指出的那样：

> 自司马迁以后，史家之文，很少像欧公这样发抒感慨。欧公临文兴感，还不仅在于"赞首必有呜呼二字"，他的情感几乎充溢于字里行间。在后代的史传之文中，能具有这样特点的极为罕见。[②]

欧阳修在史论中所抒发的对历史盛衰得失、兴亡治乱的深沉感叹，以及通过对五代历史的批判，借古喻今、借古讽今，与现实政治密切结合的浓厚说教色彩，是他史学思想与政治思想的综合体现。这种"忧世"的政治情怀和关注"乱与亡"的史学精神，真正使欧阳修的文字焕发出不一样的生机，令《新五代史》的史论成为中国史学史上光彩夺目的一笔！

第三节 《新五代史》的思想内涵

> 五代距今百有余年，故老遗俗往往垂绝无能道说者，史官秉笔之士或文采不足以耀无穷、道学不足以继述作，使五十余年废兴存亡之迹、奸臣贼子之罪、忠臣义士之节不传于后世，来者无所考焉。惟庐陵欧阳公慨然以自任，盖潜心累年而后成书。其事迹实录详于《旧记》，而褒贬义例仰师《春秋》，由千古而来未之有也。至于论朋党宦女、忠孝两

[①] 张新科、任竞泽：《褒贬祖〈春秋〉，叙述祖〈史记〉——欧阳修〈新五代史〉传记风格探微》，第36—37页。

[②] 郭预衡：《中国散文史（中）》，上海古籍出版社，2011年12月，第456页。

全、义子降服，岂小补哉？①

陈师锡作《五代史记序》，对欧阳修编撰《新五代史》的意义做了高度概括：欧阳修慨然自任，不仅以严谨的褒贬义例，详细记载了五代五十余年间政权更迭、兴衰存亡的史事，揭露了奸臣贼子的罪行，表彰了忠臣义士的气节，而且对于朋党、宦官、后妃、义子这些五代突出的乱象，以及如何在乱世中做到忠孝两全，都在史论中进行了深刻的讨论，对史学的传承做出了重要贡献，对提振当时的社会风气也大有裨益。

前文已经说过，欧阳修作《新五代史》，非常明确自己要"仰师《春秋》"，而在欧阳修看来，孔子作《春秋》，绝不只是单纯记载一段历史。欧阳修曾经说"《春秋》可以存夫子之志"②，《春秋》的微言大义里，承载着孔子的志向啊！那么，欧阳修作《新五代史》，又想表达自己怎样的志向呢？在欧阳修对五代礼崩乐坏的尖锐批判、对仁义道德的深情呼唤中，又蕴含着他对历史和现实怎样的哲思？

一、整饬道德，惩恶劝善

"乱"，大概是读史者对五代时期最直观的印象，欧阳修也不例外。对这部记述五代历史的得意之作，他做过一个非常简明扼要的评价："此乱世之书也"③！在《新五代史》中，欧阳修对五代之乱的感慨随处可见：

> 五代，乱世也，其事无法而不合于理者多矣，皆不足道也。④
> 五代之际，君君臣臣父父子子之道乖，而宗庙、朝廷，人鬼皆失其序，斯可谓乱世者欤！自古未之有也。⑤

---

① ［宋］陈师锡：《五代史记序》，转引自［清］丁丙著，曹海花点校《善本书室藏书志》卷六《史部一·正史类·五代史记七十四卷》，浙江古籍出版社，2016年6月，第273页。
② ［宋］欧阳修：《欧阳修全集》卷七〇《代曾参答弟子书》，第1026页。
③ ［宋］欧阳发等：《先公事迹》，《欧阳修全集》附录卷二，第2628页。
④ ［宋］欧阳修撰，［宋］徐无党注：《新五代史》卷十《汉本纪》，第107页。
⑤ ［宋］欧阳修撰，［宋］徐无党注：《新五代史》卷一六《唐废帝家人传》，第173页。

第二章

法严词约，祖述春秋：欧阳修与《新五代史》

> 五代，干戈贼乱之世也，礼乐崩坏，三纲五常之道绝，而先王之制度文章扫地而尽于是矣！①
>
> 呜呼！世道衰，人伦坏，而亲疏之理反其常，干戈起于骨肉，异类合为父子。②

五代之乱，究竟病灶何在？对此，欧阳修有非常清楚的解释。他认为"礼崩乐坏"才是导致五代乱世的根本原因，因为缺失了礼义廉耻，所以才会有那么多乱君乱臣涌现，父子相残，"篡弑相寻"③，毫无理法可言；而乱世的残酷现实，又反过来加剧了伦理纲常的沦丧，形成恶性循环。正是基于这样的历史认识，欧阳修格外强调伦理纲常的重要性，"其所撰《新五代史》的一个核心思想就是通过惩恶劝善的史笔以整饬道德"④。

惩恶，即通过史笔来批判乱君乱臣。五代的开国君主都是靠武力起家，后来者往往视谋朝篡位如家常便饭。《新五代史》中，欧阳修借安重荣的一句"天子宁有种邪？兵强马壮者为之尔！"⑤揭开了这些五代乱君的遮羞布。如前文所述，欧阳修用"不没其实"的手法批判了篡唐的后梁开国君主朱温，揭露了朱友珪弑父篡位的恶行，侧面抨击了梁末帝优柔寡断、听信奸臣误国的昏庸。其他或得位不正或昏庸无道的五代君主，也都受到了欧阳修的口诛笔伐。

除了乱君外，不能谨守臣节的臣子也是欧阳修严厉批判的对象，其中最典型的代表当属冯道。冯道，字可道，号长乐老，瀛州景城（治今河北沧州）人，出生于唐僖宗时，在五代时期历经四朝十代君王，先后做过后唐、后晋、后汉、后周的高官，还担任过契丹皇帝耶律德光的宰相，无论政权如

---

① ［宋］欧阳修撰，［宋］徐无党注：《新五代史》卷一七《晋家人传》，第188页。
② ［宋］欧阳修撰，［宋］徐无党注：《新五代史》卷三六《义儿传》，第385页。
③ ［宋］欧阳修撰，［宋］徐无党注：《新五代史》卷六一《吴世家》，第762页。
④ 李建军：《试析宋代史学对〈春秋〉义法的吸纳——以〈新五代史〉为考察中心》，第191页。
⑤ ［宋］欧阳修撰，［宋］徐无党注：《新五代史》卷五一《安重荣传》，第583页。

何更迭，始终屹立不倒，被称为"十朝元老"。尤其难以想象的是，作为一棵政坛常青树，冯道在五代至宋初的名声极好，"当世之士无贤愚皆仰道为元老，而喜为之称誉"①。宋初宰相范质也称赞冯道："厚德稽古，宏才伟量，虽朝代迁贸，人无间言，屹若巨山，不可转也。"②在当时的世人眼中，冯道才华横溢，道德无瑕，是士林的楷模。

从私德上看，冯道的表现确实堪称完人，欧阳修也承认这一点。他在《新五代史·冯道传》中记载：

> 道为人能自刻苦为俭约。当晋与梁夹河而军，道居军中，为一茅庵，不设床席，卧一束刍而已。所得俸禄，与仆厮同器饮食，意恬如也。诸将有掠得人之美女者以遗道，道不能却，置之别室，访其主而还之。其解学士居父丧于景城，遇岁饥，悉出所有以赒乡里，而退耕于野，躬自负薪。有荒其田不耕者，与力不能耕者，道夜往，潜为之耕。其人后来愧谢，道殊不以为德。③

冯道出生在唐末的乱世，家境贫寒，却能勤俭自律、刻苦读书，人品学问都颇受时人赞誉。他跟随军队作战时，自己住在一座茅草屋中，割草为床，和仆人吃用都一样，生活极为俭朴。有将领掳来了美女送给他，他不能拒绝，就单独安排一间屋子让女子居住，到处寻访，找到她原本的主人还回去。冯道辞官为父亲守孝时，正赶上饥荒，就把自己所有的积蓄都分给乡亲，自己到野地里耕种，亲自去背柴火。遇到懒惰不肯耕种或无力耕种的人家，他就趁夜偷偷去帮人家耕种。别人发现了，很羞愧地来感谢他，他也不觉得自己做了什么了不起的事。这样一个人，谁能说他品德不高尚呢？

---

① ［宋］欧阳修撰，［宋］徐无党注：《新五代史》卷五四《冯道传》，第614页。
② ［宋］司马光编著，［元］胡三省音注：《资治通鉴》卷二九一《后周纪二·太祖圣神恭肃文武孝皇帝中·显德元年》，中华书局，1956年6月，第9511页。
③ ［宋］欧阳修撰，［宋］徐无党注：《新五代史》卷五四《冯道传》，第612—613页。

第二章
法严词约，祖述春秋：欧阳修与《新五代史》

然而，欧阳修对冯道的人品嗤之以鼻，在《新五代史》中大加鞭挞，甚至说他毫无廉耻。在《新五代史·冯道传》之前，欧阳修特意写了一篇很长的史论，开头就说：

> 传曰："礼义廉耻，国之四维；四维不张，国乃灭亡。"善乎，管生之能言也！礼义，治人之大法；廉耻，立人之大节。盖不廉，则无所不取；不耻，则无所不为。人而如此，则祸乱败亡，亦无所不至，况为大臣而无所不取不为，则天下其有不乱，国家其有不亡者乎！予读冯道《长乐老叙》，见其自述以为荣，其可谓无廉耻者矣，则天下国家可从而知也。①

欧阳修认为，礼义廉耻是国家最根本的纲纪准则。如果一个人没有礼义廉耻约束，就没有什么是他干不出来的，最终会导致灾祸，自取灭亡；如果一个国家的臣子都没有礼义廉耻，天下怎么可能不大乱？国家怎么可能不灭亡？抛出这样的论点后，欧阳修接着说，他读冯道的《长乐老叙》，发现冯道对自己历仕数朝的经历不以为耻，反以为荣，可谓毫无廉耻之人！身处高位、备受赞誉的冯道都是这个样子，当时的社会道德状况可想而知。

显然，欧阳修对冯道的攻击，不在私德，而在大义。他认为，冯道享受着高官厚禄，却不能像前面列传所记载的三位"全节之士"、十五位"死事之臣"那样，为自己效力的国家和君主献上至死不渝的忠诚，反而朝秦暮楚，历仕四朝，这种毫无忠义的行为简直突破了底线。

为表达对冯道的鄙薄，欧阳修举了一个五代小说中的例子：

> 予尝得五代时小说一篇，载王凝妻李氏事，以一妇人犹能如此，则知世固尝有其人而不得见也。凝家青、齐之间，为虢州司户参军，以疾卒于官。凝家素贫，一子尚幼，李氏携其子，负其遗骸以归。东过开

---

① ［宋］欧阳修撰，［宋］徐无党注：《新五代史》卷五四《杂传第四十二序》，第611页。

封，止旅舍，旅舍主人见其妇人独携一子而疑之，不许其宿。李氏顾天已暮，不肯去，主人牵其臂而出之。李氏仰天长恸曰："我为妇人，不能守节，而此手为人执邪？不可以一手并污吾身！"即引斧自断其臂。路人见者环聚而嗟之，或为弹指，或为之泣下。开封尹闻之，白其事于朝，官为赐药封疮，厚恤李氏，而笞其主人者。呜呼，士不自爱其身而忍耻以偷生者，闻李氏之风宜少知愧哉！①

这个故事因为被欧阳修引用，在后世名气很大。故事说的是有个叫王凝的人在虢州（治今河南灵宝）做一个小官，不幸病死在任上。因为家境贫寒，他的妻子李氏只好带着年幼的儿子，背着丈夫的遗骸，千里迢迢回山东老家安葬。这对可怜的母子路过开封，在旅店投宿。因为一个妇人孤身带着孩童，旅店主人怀疑她的身份，不许他们借宿。其时天色已晚，孤儿寡母没有去处，李氏坚持不肯离去。旅店主人抓着李氏的手臂，硬把她从自己的店里拉了出去。没想到李氏仰天长叹，悲痛地说："我身为一个女子，不能为丈夫守节，被人拉了我的手怎么办？我不能因为一条手臂而玷污了自己的清白！"随即用斧头砍断了自己被拉过的手臂。旁边的路人看到了，都围着李氏嗟叹，群情激愤，为之流泪。开封府的长官听说后，把这件事上报朝廷，官府赏赐了伤药，厚赏李氏，对那个旅店主人处以笞刑。最后，欧阳修叹息着说，天下那些不能珍惜名节而忍耻偷生的士人，听说了李氏的风骨，应该感到羞愧吧！

中国的道德传统讲求"忠臣不事二君，贞女不更二夫"②，欧阳修以对比的手法，批判五代那些不能守忠尽节的士大夫，讥讽他们的操守还不如一个弱女子。其实五代至宋初的社会风气相对开放，并不反对女子改嫁，男女之防没那么严苛，欧阳修举这个极端的例子，不是为了强调女子的贞洁，

---

① ［宋］欧阳修撰，［宋］徐无党注：《新五代史》卷五四《杂传第四十二序》，第611—612页。
② ［汉］司马迁撰，［南朝宋］裴骃集解，［唐］司马贞索隐，［唐］张守节正义：《史记》卷八二《田单列传》，第2457页。

第二章

法严词约，祖述春秋：欧阳修与《新五代史》

而是在强调士大夫的气节。在欧阳修看来，这些满腹经纶、参与国家大事的读书人，应该有着比女子更高尚的道德，事实却正好相反。冯道作为这一类士人的典型，身居高位，荣宠长盛不衰，声名显赫，给天下人做了极坏的示范，对五代士风沦丧是负有责任的，所以欧阳修选他来声讨，以正风俗。

冯道不忠不义、历仕数朝的寡廉鲜耻之举，在欧阳修的笔下被展现得淋漓尽致。《新五代史·冯道传》开篇便说，冯道最初在幽州节度使刘守光麾下任职，刘守光战败了，他就转投宦官张承业。冯道作为一个读书人，投靠到宦官手下做事，毕竟为人不齿。因为冯道文学出众，张承业把他推荐给晋王李存勖，李存勖称帝后，以冯道为翰林学士。寥寥数语，冯道热衷钻营、趋炎附势、见风使舵的形象已经立住了。

李存勖晚年沉迷享乐，大将李嗣源趁机发动叛乱，登上皇位，是为后唐明宗。后唐明宗统治时期，后唐政治较为清明，号称小康，呈现出中兴局面。而他也是冯道仕宦三十余年中跟随最久的君主。对冯道来说，后唐明宗应该算得上一位令主，《新五代史》中有不少他们君臣相得的记载：

> 庄宗遇弑，明宗即位，雅知道所为，问安重诲曰："先帝时冯道何在？"重诲曰："为学士也。"明宗曰："吾素知之，此真吾宰相也。"拜道端明殿学士，迁兵部侍郎。岁余，拜中书侍郎、同中书门下平章事。①

冯道原本是后唐庄宗的翰林学士，后唐明宗也听说过他的名声，即位后就问安重诲："先帝时冯道在哪里？"安重诲说他在做翰林学士。后唐明宗就说："我向来知道他，这合该是我的宰相啊！"于是他立刻给冯道升官，一年后，冯道就被提拔为宰相。随后欧阳修不惜笔墨，又记载了两件事：

---

① ［宋］欧阳修撰，［宋］徐无党注：《新五代史》卷五四《冯道传》，第613页。

天成、长兴之间，岁屡丰熟，中国无事。道尝戒明宗曰："臣为河东掌书记时，奉使中山，过井陉之险，惧马蹶失，不敢忽于衔辔，及至平地，谓无足虑，遽跌而伤。凡蹈危者虑深而获全，居安者患生于所忽，此人情之常也。"明宗问曰："天下虽丰，百姓济否？"道曰："谷贵饿农，谷贱伤农。"因诵文士聂夷中《田家诗》，其言近而易晓。明宗顾左右录其诗，常以自诵。①

后唐明宗登基后，后唐年年丰收，相对来说没什么战事，日子比较安稳。冯道提醒他："我做河东掌书记时，有一次出使中山，路过难走的地段时，担心马失前蹄，不敢松开缰绳，等走到平坦的道路上，认为肯定不会出事，结果就跌倒摔伤了。可见越是危险的时候，人越会因为谨慎思虑而安全，越是觉得安全的时候，越有可能在不经意间发生祸患，这是人之常情啊！"明宗听懂了冯道的告诫，就问："现在虽然丰收了，但百姓们的日子是不是真的好过呢？"冯道的回答很有哲理："粮价高了，农民会因为把粮食都卖出去而挨饿；粮价低了，农民又会因卖不出粮食而受穷。"说着，冯道背诵了文士聂夷中写的《田家诗》："二月卖新丝，五月粜秋谷。医得眼下疮，剜却心头肉。我愿君王心，化作光明烛。不照绮罗筵，偏照逃亡屋。"②这首诗语言平实，后唐明宗这样的武人也听得懂，遂命左右记录下来，经常念诵，可见他把冯道的话放在心上。

水运军将于临河县得一玉杯，有文曰"传国宝万岁杯"，明宗甚爱之，以示道，道曰："此前世有形之宝尔，王者固有无形之宝也。"明宗问之，道曰："仁义者，帝王之宝也。故曰：'大宝曰位，何以守位曰仁。'"明宗武君，不晓其言，道已去，召侍臣讲说其义，嘉纳之。③

---

① ［宋］欧阳修撰，［宋］徐无党注：《新五代史》卷五四《冯道传》，第613页。
② ［宋］薛居正等：《旧五代史》卷一二六《冯道传》，中华书局编辑部点校，中华书局，1976年5月，第1658页。
③ ［宋］欧阳修撰，［宋］徐无党注：《新五代史》卷五四《冯道传》，第613页。

第二章

法严词约，祖述春秋：欧阳修与《新五代史》

上文所记，有人为了讨好后唐明宗，献上一个玉杯，上面刻有"传国宝万岁杯"几个字，明宗十分喜爱，特意拿给冯道看。冯道却说："这不过是前人留下的有形的宝物。作为王者，您应该有无形的宝物。"明宗忙问是什么，冯道告诉他："仁义才是帝王的宝物。所以古人说，圣人最大的宝物是地位，而守住地位要靠'仁'。"明宗没什么学问，不知道冯道用的是《易经》中的典故，引用了曹魏时期李康《运命论》中的句子。等冯道走后，明宗特意找侍臣给他讲了其中的道理，才明白冯道是在劝谏他不该玩物丧志，欣然接受。

从这两件事可以看出，这时的冯道关心民生，能及时劝谏后唐明宗居安思危，还算是一个比较称职的宰相；后唐明宗能虚心纳谏，而且对冯道敬重有加，也称得上一个明君。按照传统的儒家忠义观，冯道之前若勉强算是所托非人，现在既然与后唐明宗君臣相得，应该能从一而终了吧？再看《新五代史》后面的记载，可谓一气呵成，令人大跌眼镜：

> 道相明宗十余年，明宗崩，相愍帝。潞王反于凤翔，愍帝出奔卫州，道率百官迎潞王入，是为废帝，遂相之。废帝即位，愍帝犹在卫州，后三日，愍帝始遇弑崩。已而废帝出道为同州节度使，逾年，拜司空。晋灭唐，道又事晋，晋高祖拜道守司空、同中书门下平章事，加司徒，兼侍中，封鲁国公。高祖崩，道相出帝，加太尉，封燕国公，罢为匡国军节度使，徙镇威胜。契丹灭晋，道又事契丹，朝耶律德光于京师。①

冯道在后唐做了十几年宰相，后唐明宗死后，冯道继续辅佐他的儿子李从厚。后唐明宗的养子潞王李从珂在凤翔（治今陕西凤翔）起兵造反，李从厚逃往卫州（治今河南卫辉）。冯道留在京中，就此抛弃了李从厚，等李从珂打来，冯道率领百官将他迎入洛阳登基，自己继续做宰相。这个时

---

① ［宋］欧阳修撰，［宋］徐无党注：《新五代史》卷五四《冯道传》，第613—614页。

候，冯道的旧主李从厚仍然活着，三天后被杀。如果说冯道在这场弑君谋逆中的无动于衷，是因为这仍属于后唐内斗的话，那么等到李从珂无力抵抗石敬瑭与契丹军队的进攻，自焚于洛阳，后唐彻底灭亡后，冯道还能接着做后晋的臣子，再度被石敬瑭封为宰相，则可见冯道对后唐根本没有丝毫忠诚与留恋，也没有对后唐明宗的知遇之恩心怀感激，何谈以忠诚和生命来报国。

冯道对后唐没有忠诚，对后晋就更没有了。契丹灭晋后，冯道又做了契丹的臣子。背中原而入夷狄，冯道连自己的民族也背叛了，简直罪加一等。异族主子也对其行为不无鄙夷之情，冯道在契丹的日子并不好过。欧阳修刻意记载了这样一件事：

> 德光责道事晋无状，道不能对。又问曰："何以来朝？"对曰："无城无兵，安敢不来。"德光诮之曰："尔是何等老子？"对曰："无才无德痴顽老子。"德光喜，以道为太傅。①

后晋灭亡时，冯道正出镇外藩。契丹皇帝耶律德光打进了后晋都城开封，冯道前去朝见。因为冯道曾为晋臣，德光刻意刁难，问他为什么要来朝见自己。欧阳修以微小的细节刻画出，连契丹的皇帝也看不上冯道这种朝秦暮楚的行为。冯道回答，因为他既没有城池，也没有兵士，所以不敢不来。耶律德光讽刺道："那你算是什么样的老汉？"对于曾任两朝宰相的冯道来说，这可谓极大的羞辱了，然而冯道的姿态摆得极低，不惜自嘲："我只是个既无才华，也无德行，又傻又顽固的老汉。"耶律德光被冯道的回答取悦，封他做了太傅。

耶律德光北归，冯道跟去常山，等刘知远建立后汉，冯道又做回了中原的臣子。后周灭汉，冯道继续侍奉后周，被周太祖郭威拜为太师兼中书令，依旧受到重用。对于冯道能历经四朝而始终屹立不倒，欧阳修这样评价：

---

① ［宋］欧阳修撰，［宋］徐无党注：《新五代史》卷五四《冯道传》，第614页。

第二章
法严词约，祖述春秋：欧阳修与《新五代史》

> 道少能矫行以取称于世，及为大臣，尤务持重以镇物，事四姓十君，益以旧德自处。然当世之士无贤愚皆仰道为元老，而喜为之称誉。①

欧阳修认为，冯道少年时能刻意矫饰自己的行为，博得好名声，等做了大臣，就特别注意稳重处事，换言之就是不敢有什么大作为，只求自保。他跟随过十个君主，资历越老，越以老资历自居，生生把自己打造成了象征正统的一面旗帜，所以后来的君主们也都礼遇他。欧阳修的这段评语，把冯道彻底定性为一个沽名钓誉的伪君子，处心积虑地包装个人形象贩卖给帝王之家，靠倚老卖老在各个王朝间周旋，心中只有个人名利而没有国家大义。然而就是这样一个人，却被当时的士人尊为元老，交口称赞他的美德，可见世风日下，人心不古！

欧阳修通过《冯道传》，狠狠批判了五代那些不忠不义、不守臣节的士人。那么，什么样的大臣是值得称赞的呢？在《冯道传》中，欧阳修给出了他的答案。

> 耶律德光尝问道曰："天下百姓如何救得？"道为俳语以对曰："此时佛出救不得，惟皇帝救得。"人皆以谓契丹不夷灭中国之人者，赖道一言之善也。周兵反，犯京师，隐帝已崩，太祖谓汉大臣必行推戴，及见道，道殊无意。太祖素拜道，因不得已拜之，道受之如平时，太祖意少沮，知汉未可代，遂阳立湘阴公赟为汉嗣，遣道迎赟于徐州。赟未至，太祖将兵北至澶州，拥兵而反，遂代汉。议者谓道能沮太祖之谋而缓之，终不以晋、汉之亡责道也。然道视丧君亡国亦未尝以屑意。②

在欧阳修看来，冯道也有两件值得称道的事：第一件是出仕契丹时，耶律德光曾问他要如何解救天下百姓。冯道巧妙地回答："此时佛救不了天下人，只有皇帝能救天下人。"时人都认为，契丹没有屠杀汉人，全赖冯道

---

① ［宋］欧阳修撰，［宋］徐无党注：《新五代史》卷五四《冯道传》，第614页。
② ［宋］欧阳修撰，［宋］徐无党注：《新五代史》卷五四《冯道传》，第614页。

这句话。第二件是后周太祖郭威想要篡汉，带兵攻入了都城开封，其时后汉隐帝已经驾崩，郭威以为后汉群臣都会顺势推戴自己当皇帝。郭威向来尊重冯道，以前每次见面都会对他行礼，这次本以为自己要当皇帝了，冯道会改变态度，没想到冯道一如往常，郭威没办法，只好也像往常那样拜见冯道，冯道坦然受之。郭威从冯道的态度里品出了后汉不可谋篡，只好假装立后汉高祖刘知远的义子刘赟为新帝，派冯道前去迎接。郭威调走了冯道，趁刘赟尚未抵达都城，立刻调兵造反，推翻了后汉。因为这件事，很多人认为冯道延缓了郭威篡汉的进程，所以不以后晋、后汉的灭亡谴责冯道。

显然，欧阳修认为忠义之臣要敢为百姓做实事，既然居庙堂之高，就要对得起自己的职责，为万民谋福祉，所以冯道虽然曲事契丹，但这份一言止杀的功绩，欧阳修并不抹杀。但他也指出，当时"天下大乱，戎夷交侵，生民之命，急于倒悬"，冯道却自号"长乐老"，津津乐道于自己在后唐、后晋、后汉、后周以及契丹所获得的阶勋官爵，对除后唐明宗以外的九个君王都"未尝谏诤"，没有尽到臣子的本分。

欧阳修还认为，忠义之臣必须要有忠君报国之心，敢于担当，对谋反的乱臣坚决抵抗，宁可舍身赴死，也不同流合污，忍辱偷生。就这一点而言，冯道完全没有做到，所以欧阳修再次批评他"视丧君亡国亦未尝以屑意"。这种对于"丧君亡国"毫不介意的表现，正是欧阳修在《冯道传》中重点批判的。

以冯道为代表的五代臣子"视事君犹佣者焉，主易则他役，习以为常"[1]，把效忠君主这件事当成现代人去公司上班一样，对改朝换代就像换老板、换工作那样习以为常，有本事的取而代之，没本事的根本不是发自内心地效忠皇帝，只是畏惧其威势姑且顺从，"君臣之伦，至此而灭裂尽矣"[2]。对

---

[1] [元]脱脱等：《宋史》卷二六二《列传第二十一论》，第9083页。
[2] [清]王夫之：《读通鉴论》卷二八《五代上·二〇》，舒士彦点校，中华书局，1975年7月，第889页。

第二章
法严词约,祖述春秋:欧阳修与《新五代史》

于这种情况,欧阳修痛心疾首,在《新五代史》中对有才无德、有小善而亏大节的冯道大力鞭答,表达自己对臣子忠事一朝的高度自觉和强烈要求。"这种要求在北宋时期民族矛盾深化的背景下有着强烈的现实意义,对于宋代士大夫阶层的道德修养及为政行为也有着不容忽视的激励作用。"①

除了惩恶,欧阳修也努力劝善。对于五代值得称道的明君,如后唐明宗、后周世宗等,欧阳修不吝赞美之辞,对忠臣王彦章等人的深情讴歌,则可见于《一臣传》《死节传》《死事传》《一行传》等篇章。因此,陈寅恪称赞欧阳修的《新五代史》:

> 欧阳永叔少学韩昌黎之文,晚撰五代史记,作义儿冯道诸传,贬斥势利,尊崇气节,遂一匡五代之浇漓,返之淳正。②

二、破除迷信,排佛抑道③

中国古代讲究天人感应,认为罕见的天文现象,如彗星、日食等,或地震、旱涝等自然灾害,都对应人间的政事不谐。儒家学者主张"国家将兴,必有祯祥;国家将亡,必有妖孽。见乎蓍龟,动乎四体"④。人的行为上感于天,人做得不好,天就会降下灾异来示警。孔子在《春秋》中,就有不少关于灾异的记载,所以《汉书·五行志》说:"昔殷道弛,文王演《周易》;周道敝,孔子述《春秋》。则《乾》《坤》之阴阳,效《洪范》之咎征,天人之道粲然著矣。"⑤自《汉书》以降,历朝正史往往都将这些自然变化与人事相结

---

① 李沛:《欧阳修对冯道的负面评价及其原因》,《钦州学院学报》2017年第6期,第20页。
② 陈寅恪:《赠蒋秉南序》,载《陈寅恪文集》之一《寒柳堂集》,上海古籍出版社,1980年6月,第162页。
③ 本节参见张明华《〈新五代史〉研究》,第92—106、166—168页;李建军《试析宋代史学对〈春秋〉义法的吸纳——以〈新五代史〉为考察中心》,第194—197页。
④ [清]阮元校刻:《十三经注疏》清嘉庆刊本《礼记正义》卷五三《中庸》,第3543页。
⑤ [汉]班固撰,[唐]颜师古注:《汉书》卷二七上《五行志第七上》,中华书局,1962年6月,第1316页。

合，指出某某灾异对应当时的什么事，是因为谁做错了，才导致上天降灾示警。在《旧五代史·五行志》中，就有许多灾异事应的记载。

欧阳修对这个说法不以为然，所以他在《新五代史》中干脆没写《五行志》，代之以《司天考》，只以客观的语言描述五代时期的天文、地理现象而不加评论，更不强行和当时的政事相联系。对此，欧阳修解释道：

> 昔孔子作《春秋》而天人备。予述本纪，书人而不书天，予何敢异于圣人哉！其文虽异，其意一也。
>
> 自尧、舜、三代以来，莫不称天以举事，孔子删《诗》、《书》不去也。盖圣人不绝天于人，亦不以天参人。绝天于人则天道废，以天参人则人事惑，故常存而不究也。《春秋》虽书日食、星变之类，孔子未尝道其所以然者，故其弟子之徒，莫得有所述于后世也。
>
> ……
>
> 呜呼，圣人既没而异端起。自秦、汉以来，学者惑于灾异矣，天文五行之说，不胜其繁也。予之所述，不得不异乎《春秋》也，考者可以知焉。[①]

欧阳修认为，"圣人不绝天于人，亦不以天参人"，就是说孔子记载灾异，是要用天来约束人，使乱臣贼子对"天道"保持敬畏，约束己身，但不意味着把所有灾异都硬往人的身上套，因为这样只会导致人事困惑。所以《春秋》虽然记载了日食、星变等灾异，但孔子没做任何解释。至于秦汉以来对灾异的解读大行其道，充斥在《天文志》《五行志》中，完全是圣人逝后才兴起的异端。欧阳修决心抛开这些，在《本纪》中只写人而不写天，在《司天考》中只记载天象、地震而不述及人事。

秉持着"不以天参人"的思想，欧阳修不仅排斥灾异之说，对祥瑞之说也猛烈抨击。《旧五代史》中许多关于朱温的祥瑞记载，比如篡唐前朱温的官

---

① ［宋］欧阳修撰，［宋］徐无党注：《新五代史》卷五九《司天考第二序》，第705—706页。

第二章

法严词约、祖述春秋：欧阳修与《新五代史》

署上有祥云笼罩，家庙中生出了五色灵芝等，欧阳修一概不取，其他地方的记载也大抵如此。但是，欧阳修在《新五代史·前蜀世家》中一反常态地记载了一大堆光怪陆离的祥瑞，最后才表明自己的观点：

> 呜呼，自秦、汉以来，学者多言祥瑞，虽有善辨之士，不能祛其惑也！予读《蜀书》，至于龟、龙、麟、凤、驺虞之类世所谓王者之嘉瑞，莫不毕出于其国，异哉！然考王氏之所以兴亡成败者，可以知之矣。或以为一王氏不足以当之，则视时天下治乱，可以知之矣。①

自秦汉以来，祥瑞之说大行其道，心怀不轨的野心家如朱温，往往为自己打造祥瑞以营造篡权的合法性，因为有着后见之明，这些祥瑞令人很难分辨真假。欧阳修说，现在读到关于前蜀的记载，王氏偏安一隅，仅十八年就二世而亡，政治也不清明，这样一个政权却接连出现了龟、龙、麒麟、凤、驺虞等象征王者的祥瑞，可知祥瑞之说殊不可信！如果说这些祥瑞不是指前蜀而是推及整个天下，那以五代之乱，又如何当得起呢？可见其荒谬。

在《吴越世家》史论中，欧阳修更是一针见血地揭露了祥瑞背后的险恶用心：

> 呜呼！天人之际，为难言也。非徒自古术者好奇而幸中，至于英豪草窃亦多自托于妖祥，岂其欺惑愚众，有以用之欤？……术者之言，不中者多，而中者少，而人特喜道其中者欤？②

这种天人感应的说法，向来难以验证。历史上确实有一些事被算命先生侥幸说中了，结果就被很多枭雄草莽拿来利用，伪造"祥瑞"愚弄世人，实现自己的野心。从概率上看，这些江湖术士说不中的多，说中的少，人们为

---

① ［宋］欧阳修撰，［宋］徐无党注：《新五代史》卷六三《前蜀世家》，第794—795页。
② ［宋］欧阳修撰，［宋］徐无党注：《新五代史》卷六七《吴越世家》，第844页。

何偏偏对说中的那些津津乐道呢？五代至宋初，各种谶纬预言泛滥，而欧阳修却能理智地说出这番话，可谓其见识卓越。

除了致力于破除迷信，欧阳修在《新五代史》中也鲜明地表达了自己反对佛道的思想。《新五代史》揭露了许多佛教信众骗取钱财、毫无慈悲之心的恶行。比如耶律德光攻入开封时，后晋出帝与太后李氏囚禁于封禅寺中。当时雨雪交加，天寒地冻，饥寒交迫的李太后向寺僧求食，僧人却因为怕惹怒契丹人而不敢提供吃食，最后还是晋出帝偷偷央求看守者才换来少许吃食。李太后哀叹："我曾经在这里布施数万僧人饭食，如今沦落至此，你们就没有半点同情之心？"在欧阳修笔下，慈悲为怀的僧人，甚至都不如契丹人有善心！

五代时期，许多僧人只是为了避难或不劳而获、索取衣食才出家，并非真心信仰佛教。比如李罕之，他是活跃在唐末的一个军阀，生性残暴，最初学文，读书不成就出家为僧，因为性格无赖，没有寺院肯收留他，他就到集市上化缘，结果别人都不肯施舍他，他一怒之下摔了东西，撕裂僧衣，转身去做了强盗。史载李罕之"为人骁勇，力兼数人"[1]，却不肯自食其力，只想不劳而获，可知当时的佛教已成为许多人逃避社会责任的场所，僧人的质量良莠不齐。当时有人利用佛教蛊惑人心，牟取私利，甚至煽动叛乱，许多统治者也因为佞佛而丑态百出，加剧了社会动荡。

基于这样的社会现实，欧阳修对五代时期反佛的举动大加褒奖。他对周世宗柴荣的灭佛措施，给予了极高的评价：

> 其为人明达英果，论议伟然。即位之明年，废天下佛寺三千三百三十六。是时中国乏钱，乃诏悉毁天下铜佛像以铸钱，尝曰："吾闻佛说以身世为妄，而以利人为急，使其真身尚在，苟利于世，犹欲割截，况此铜像，岂其所惜哉？"由是群臣皆不敢言。[2]

---

[1] ［宋］欧阳修撰，［宋］徐无党注：《新五代史》卷四二《李罕之传》，第454页。
[2] ［宋］欧阳修撰，［宋］徐无党注：《新五代史》卷一二《周本纪第十二》，第125—126页。

第二章

法严词约，祖述春秋：欧阳修与《新五代史》

在这段史论中，欧阳修给出了排斥佛教的又一个原因。因为佛教盛行，信徒广铸佛像，使用了大量铜材，导致中国铜钱紧缺。周世宗废除了三千多座佛寺，将其中的铜佛像都用来铸钱。面对群臣的反对，周世宗"论议伟然"："我听说佛祖有割肉喂鹰的事迹，要是佛祖本人在这里，只要对世人有利，想必割自己的身体也愿意，何况只是铜像呢？"欧阳修评价，周世宗真是英明果决啊！北宋同样存在严重的"钱荒"，因为铜钱不够用，四川等地盛行铁钱，衍生出了中国最早的纸币交子。欧阳修想到北宋铜钱短缺，再看到佛教盛行的场景，想必对周世宗灭佛的魄力深有感触吧！

对于道教，鉴于宋真宗宣称玉皇大帝授予他"天书"，还给自己杜撰了一个道教的神仙祖宗赵玄朗，欧阳修的态度相对温和，对不慕名利、避世隐居的道家真隐士给予肯定，比如被写入《一行传》的郑遨。郑遨字云叟，是滑州白马人。唐朝末年，眼见天下大乱，郑遨便心生避世隐居之意。原本他想带妻儿一起隐居，但妻子不愿意，他就自己遁入少室山做了道士。他的妻子数次写信劝他回家，他都不为所动，避世之心甚坚。

郑遨与道士李道殷、罗隐关系很好，被世人看作三位高人，其中郑遨以种田为生，罗隐卖药，李道殷号称能无饵钓鱼、点石为金。郑遨见识过李道殷的神通，却不曾为自己求什么。郑遨与李振是好友，李振在后梁显贵一时，邀请郑遨来做官，郑遨并不理会，可当李振获罪南逃时，郑遨却肯跋涉上千里去看望他，可见其品行。后来，节度使刘遂凝多次想给郑遨送钱，郑遨从不接受；后唐明宗、后晋高祖召郑遨做官，郑遨也从不心动，始终归隐山林，七十四岁去世。欧阳修对郑遨的品行十分赞赏，称赞他"遭乱世不污于荣利"[1]，是洁身自好之人。

不过《新五代史》对道教着墨最多的，还是统治者因为迷信道教而败家亡国的教训。比如后梁时期北方的军阀王镕，"好左道，炼丹药，求长生"[2]，

---

[1] ［宋］欧阳修撰，［宋］徐无党注：《新五代史》卷三四《郑遨传》，第371页。
[2] ［宋］欧阳修撰，［宋］徐无党注：《新五代史》卷三九《王镕传》，第414页。

整日与道士王若讷周游，政务全推给宦官，最后与道士焚香受箓之时被手下斩首，宫室被焚，全族被灭。与他同时期的燕王刘仁恭也"与道士炼丹药，冀可不死"①，结果被儿子囚禁，在李存勖灭燕后死状凄惨。前蜀的第二代统治者王衍迷信道教，大兴宫观，不理政事，整日遨游取乐，乃至让后宫都戴金莲花冠，穿道士服，引发全国效仿，最终前蜀被南唐所灭，是十国中最早消亡的政权。至于闽政权，同样因为第三代统治者王鏻"好鬼神、道家之说"②，宠信奸道，以致内乱不断，国势衰颓。

在欧阳修少年时，北宋皇帝真宗就是因为崇信道教，广建宫观，伪造"天书"和"神仙祖宗"，在全国大搞神圣崇拜运动，消耗了大量国力，加剧了北宋的财政困难和统治危机。欧阳修在《新五代史》中列举这些统治者因迷信道教而败亡的惨痛教训，显然是有意劝诫宋朝皇帝吸取教训，切勿重蹈覆辙。

三、尊王攘夷，居正一统

欧阳修极为推崇"孔子作《春秋》，尊中国而贱夷狄，然后王道复明"③。在《新五代史》中，他也发扬了这种尊王攘夷的思想，最明显的就是将契丹等少数民族归入《四夷附录》，置于整部史书的最后，以示贬抑。此外，欧阳修还严于华夷之辨。后唐、后晋、后汉的统治者都是沙陀族，欧阳修一一探究其起源，在《唐庄宗本纪》中，特意详细地考证了沙陀李氏与中原汉族交通的始末，以辨其并非汉族。④对于五代难得的贤明之君后唐明宗，欧阳修也要强调："明宗虽出夷狄，而为人纯质，宽仁爱人。"他还记载后唐明宗曾经焚香对上天祷告："我本是一个外族人，怎么足以治理天下呢？如

---

① ［宋］欧阳修撰，［宋］徐无党注：《新五代史》卷三九《刘守光传》，第424页。
② ［宋］欧阳修撰，［宋］徐无党注：《新五代史》卷六八《王鏻传》，第848页。
③ ［宋］欧阳修：《欧阳修全集》卷一七《本论下》，第292页。
④ 李建军：《试析宋代史学对〈春秋〉义法的吸纳——以〈新五代史〉为考察中心》，第199—200页。

第二章

法严词约，祖述春秋：欧阳修与《新五代史》

今世道大乱，请上天早日诞生一位圣人吧！"在批评后唐明宗"仁而不明"，屡次诛杀无辜臣下时，欧阳修要强调他这是"夷狄性果"。① 其对夷狄之芥蒂如此深。

对华夏之邦向夷狄之国奴颜婢膝、屈服称臣这种事，欧阳修更是义愤填膺。为此，他特意写"契丹立晋"②，表达对割地以事契丹、甘为"儿皇帝"的后晋石敬瑭的谴责，并将后晋出帝与李太后向契丹乞降的两篇表文全文照录。《新五代史》崇尚简约，一般不录诏书，此处特意破例，显然是要突显华夏降夷的奇耻大辱。③ 对于汉族在这一时期不可避免地受到夷狄风俗的影响，欧阳修也深感痛心。他感慨："至于赛雷山、传箭而扑马，则中国几何其不夷狄矣！"④

与此相对，当中原王朝能一振雄风，讨伐契丹并收复失地时，欧阳修就会大加褒扬。后周显德六年（959），周世宗出师契丹，收复了被石敬瑭割让的部分失地。欧阳修在《周世宗本纪》中详细记载了周世宗收复益津关、瓦桥关、淤口关，设置霸州、雄州，收复瀛州、莫州的过程。徐无党在注释中解释：按照《新五代史》的义例，本纪不写州县废置，此处破例，因为这里是中国故地，现在从契丹收复，意义不凡。在《四夷附录》中，欧阳修忍不住再次慨叹周世宗以雷霆之势，兵不血刃地收复失地的壮举：

> 是时，述律以谓周之所取，皆汉故地，不足顾也。然则十四州之故地，皆可指麾而取矣。不幸世宗遇疾，功志不就。然瀛、莫、三关，遂得复为中国之人，而十四州之俗，至今陷于夷狄。彼其为志岂不可惜，而其功不亦壮哉！⑤

---

① ［宋］欧阳修撰，［宋］徐无党注：《新五代史》卷六《唐明宗本纪》，第 66 页。
② ［宋］欧阳修撰，［宋］徐无党注：《新五代史》卷七《唐废帝本纪》，第 75 页。
③ 李建军：《试析宋代史学对〈春秋〉义法的吸纳——以〈新五代史〉为考察中心》，第 200 页。
④ ［宋］欧阳修撰，［宋］徐无党注：《新五代史》卷一二《周本纪第十二论》，第 125 页。
⑤ ［宋］欧阳修撰，［宋］徐无党注：《新五代史》卷七三《四夷附录第二论》，第 904—905 页。

当时的契丹皇帝述律认为后周收复的不过是汉人故地,对此并不重视。如果周世宗乘胜追击,收复余下的十四个州想必指日可待。不幸周世宗重病去世,没能完成这项伟业,但他终究收复了瀛、莫二州和三关,这些都是战略要地,在后来北宋抵御契丹的过程中起了至关重要的作用。因此,欧阳修感叹,周世宗的功绩可谓壮矣!但他也叹息,燕云十六州中另外十四个州的汉族百姓,至今仍陷落在夷狄手中,周世宗的志向没能实现,实在太可惜了!

想要收复燕云十六州的又何止周世宗呢?宋太祖赵匡胤在位期间,一直为收复北方失地积蓄力量。他死后,宋太宗曾两度挥师北伐,试图收复幽燕,可惜遭遇惨败,对辽策略转攻为守。宋真宗时,契丹大举南下,两国签订澶渊之盟,虽然换来了和平,但也彻底断绝了延续几代人的收复幽燕之梦。站在欧阳修的时代回顾这段历史,他的叹息就显得尤为沉重了。

正因北宋始终承受着来自契丹的巨大压力,欧阳修才会不断地思考华夷矛盾,表现出高涨的民族情绪和对正统的强烈在意。对于五代时期少数民族的兴盛,欧阳修是这样看待的:

> 呜呼,夷狄居处饮食,随水草寒暑徙迁,有君长部号而无世族、文字记别,至于弦弓毒矢,强弱相并,国地大小,兴灭不常,是皆乌足以考述哉!惟其服叛去来,能为中国利害者,此不可以不知也。自古夷狄之于中国,有道未必服,无道未必不来,盖自因其衰盛。虽尝置之治外,而羁縻制驭恩威之际,不可失也。其得之未必为利,失之有足为患,可不慎哉![①]

对于夷狄,欧阳修始终持鄙夷的态度,认为他们文化落后、兴灭无常,其历史不值得考述,但他又不得不强调夷狄的服叛会对中原王朝产生巨大影响。那么夷狄为什么会时而臣服,时而反叛呢?欧阳修认为这其实与中原王

---

① [宋]欧阳修撰,[宋]徐无党注:《新五代史》卷七二《四夷附录第一序》,第885页。

第二章
法严词约，祖述春秋：欧阳修与《新五代史》

朝是否"有道"无关，而是夷狄自有其兴衰规律，势力大的时候就会威胁中原，势力小的时候就会归顺。这显然是在为北宋辩解——如果说"中国"无道才会夷狄叛之，那么无力约束夷狄的北宋王朝又算什么呢？北宋必须是有道的、正统的"中国"，所以夷狄的服叛只能有其自身规律，北宋只不过是赶上夷狄兴盛的坏时候罢了！对于如何处理民族关系，欧阳修主张严华夷之辨，将夷狄"置之治外"。考虑到当时契丹、党项皆裂土自立，与北宋分庭抗礼，这显然也是唯一的选择。在史论的最后，欧阳修提醒世人对于夷狄"得之未必为利，失之有足为患"，这是多么沉痛且无奈的感悟啊！

欧阳修极力主张"君子大居正""王者大一统"，这是他从《公羊传》中总结出的《春秋》大义。① 据此，欧阳修写过一系列《正统论》，试图论证北宋的正统地位。北宋虽然始终没能收服夷狄，但完成了对中原和南方的统一，结束五代、消灭十国，对大一统中国的重塑有着不可磨灭的贡献。在《南唐世家》中，欧阳修对宋太祖出师征伐南唐、统一天下的壮举大加赞叹：

予世家江南，其故老多能言李氏时事，云太祖皇帝之出师南征也，煜遣其臣徐铉朝于京师。铉居江南，以名臣自负，其来也，欲以口舌驰说存其国，其日夜计谋思虑言语应对之际详矣。及其将见也，大臣亦先入请，言铉博学有材辩，宜有以待之。太祖笑曰："第去，非尔所知也。"明日，铉朝于廷，仰而言曰："李煜无罪，陛下师出无名。"太祖徐召之升，使毕其说。铉曰："煜以小事大，如子事父，未有过失，奈何见伐？"其说累数百言。太祖曰："尔谓父子者为两家可乎？"铉无以对而退。呜呼，大哉，何其言之简也！盖王者之兴，天下必归于一统。其可来者，来之；不可者，伐之；僭伪假窃，期于扫荡一平而后已。②

---

① [宋]欧阳修：《欧阳修全集》卷一六《正统论上》，第267页。
② [宋]欧阳修撰，[宋]徐无党注：《新五代史》卷六二《南唐世家》，第779—780页。

据欧阳修回忆，欧阳氏世代居住在江南，许多家乡故老还能讲述南唐时的旧事。据说宋太祖准备南征时，南唐后主李煜派徐铉前去朝见，希望能通过徐铉的口才，打消宋太祖彻底收复南唐的念想。徐铉才名远播，北宋的臣子面对他很有压力，特意提醒宋太祖做好准备。宋太祖笑着说："你们去吧，我自有办法。"第二天，徐铉在朝见时先发制人："李煜以小国侍奉大国，就像儿子对父亲那样恭敬，没有任何过错。陛下讨伐南唐，师出无名。"宋太祖从容地等徐铉把一大段话说完，才反问道："你见过父子分为两家的吗？"徐铉无言以对，只能退下。宋太祖的回答之巧妙、见地之高明，欧阳修击节赞叹："这可真是大道至简啊！"王者兴起，天下势必归于一统！识时务的主动臣服，不识时务的就兴兵讨伐，一切"僭伪假窃"的政权，都会被扫荡一平！欧阳修对天下一统的殷殷期盼和深情讴歌，影响着一代又一代中国人。

四、借古鉴今，经世致用

欧阳修主张做学问要经世致用，知古是为了鉴今。因此，《新五代史》对五代史事的很多褒贬议论，其实都折射着欧阳修对北宋现实问题的思考，含蓄地表达了这位北宋政治家对君主的劝谏，蕴含深刻的哲理。

例如对朋党之说的批判。欧阳修在《唐六臣传序》中记载了唐末"白马之祸"：由于唐朝宰相裴枢不肯把太常卿一职授予朱温的客将张廷范，朱温借机大发淫威，将裴枢等朝廷重要官员同日赐死于白马驿，"凡搢绅之士与唐而不与梁者，皆诬以朋党"，受其牵连被贬死者达数百人，"朝廷为之空"。[①] 第二年三月，宰相张文蔚等六人操办了唐哀帝的逊位仪式，把大唐江山拱手献给了朱温。欧阳修认为，如果裴枢等人还在，肯定不会坐视朱温篡唐，即使不能挽救唐朝覆灭的命运，也一定会为唐朝殉节。正是因为贤人君子都已被剪除殆尽，只剩下些"庸懦不肖、倾险狡猾、趋利卖国"的小人，唐朝才会

---

① ［宋］欧阳修撰，［宋］徐无党注：《新五代史》卷三五《唐六臣传序》，第375页。

第二章

法严词约，祖述春秋：欧阳修与《新五代史》

灭亡！由此，欧阳修发出感慨：

> 欲孤人主之势而蔽其耳目者，必用朋党之说也。一君子存，群小人虽众，必有所忌，而有所不敢为，惟空国而无君子，然后小人得肆志于无所不为，则汉魏、唐梁之际是也。故曰：可夺国而予人者，由其国无君子，空国而无君子，由以朋党而去之也。
>
> 呜呼，朋党之说，人主可不察哉！
>
> 《传》曰"一言可以丧邦"者，其是之谓与！可不鉴哉！可不戒哉！①

在欧阳修看来，朋党之说实在是蒙蔽君主、削弱国家的利器！但凡朝中有一个君子，小人们就会忌惮，不敢肆意妄为，所以众小人要做坏事，必须先把朝中的君子除掉。君子往往品行优良，小人想要诬蔑也不好找到借口，这时候，就会祭出朋党这柄利器，把君子的亲戚故旧、交游好友、宦学同道、门生故吏都指为朋党，于是与君子品行相类的善人们就被一网打尽了！等到"空国而无君子"，小人就可以"夺国而予人"，曹丕篡汉、朱温篡唐的史事就是明证。所以说，君主一定要警惕朋党之说啊！

欧阳修在此处的议论和他在《朋党论》中的主张基本一致。范仲淹、欧阳修等人都曾因朋党之诬而数次被贬，他们试图治理北宋积弊的庆历新政也因为朋党之说而最终破产，北宋王朝和欧阳修本人都深受朋党之害。"《朋党论》引古喻今，鞭辟及里，把君子小人有党有朋的根源和以朋党打击政敌的惨痛教训阐述得淋漓尽致。……面对朝廷上忠奸并立、良莠不齐的状况，欧阳修一唱三叹、意味隽永地希望统治者以史为鉴、以往事为鉴，'可不察哉！可不鉴哉！可不戒哉！'"②

关于用人。欧阳修在《周臣传》中，阐述了自己对于用人的观点："作

---

① [宋]欧阳修撰，[宋]徐无党注：《新五代史》卷三五《唐六臣传》，第382—383页。
② 张明华：《〈新五代史〉研究》，第157页。

器者，无良材而有良匠；治国者，无能臣而有能君。盖材待匠而成，臣待君而用。"①做器物不缺少好材料，而缺少好工匠；治理国家也不缺少能臣，而是缺少能用好臣子的能君。例如，周世宗统治时期外事征伐，内修法度，涌现出了王朴等极有才干的能臣，但这些人在后晋、后汉之时湮没无闻。欧阳修说，难道这些士人在晋、汉时愚怯，到后周就变聪明了？当然是因为周世宗善于用人，才能使兴国所用，皆亡国之臣。由此可见，明君要亲近贤臣智者，疏远不肖愚者，明辨朝中的君子、小人，使其各适其分，才能治理好国家。

在说理方面，《新五代史》的巅峰之作当属《伶官传》。欧阳修本人也曾得意地说："我作《伶官传》，岂下《滑稽》也？"②

司马迁的《史记·滑稽列传》专为地位低微、以言语取乐的优伶作传，记载"齐髡以一言而罢长夜之饮，优孟以一言而恤故吏之家，优旃以一言而禁暴主之欲"③的慷慨事迹，歌颂了小人物们"不流世俗，不争势利"④的高贵精神，表达了"天道恢恢，岂不大哉！谈言微中，亦可以解纷"⑤的深刻哲理。欧阳修的《新五代史·伶官传》同样以地位低下的宫廷艺人为传主，肯定其在治乱兴亡上的镜鉴作用，取材和体例都继承了司马迁的《滑稽列传》，但在思想内涵上反其道而行之，通过批判后唐庄宗因为宠信伶人而霸业折戟、"身死国灭"的历史教训，总结出"忧劳可以兴国，逸豫可以亡身""祸患常积于忽微，而智勇多困于所溺"的深刻哲理，呼吁统治者引以为戒。

---

① [宋] 欧阳修撰，[宋] 徐无党注：《新五代史》卷三一《周臣传》，第 346 页。
② [宋] 朱熹：《朱子考欧阳文忠公事迹·修五代史》，《欧阳修全集》附录卷二，第 2644 页。
③ [清] 柏秀：《书史记滑稽传后》，[清] 江标辑：《沅湘通艺录》卷二，转引自张大可、丁德科主编《史记论著集成》第 6 卷，商务印书馆，2015 年 6 月，第 598 页。
④ [汉] 司马迁撰，[南朝宋] 裴骃集解，[唐] 司马贞索隐，[唐] 张守节正义：《史记》卷一三〇《太史公自序第七十》，第 3318 页。
⑤ [汉] 司马迁撰，[南朝宋] 裴骃集解，[唐] 司马贞索隐，[唐] 张守节正义：《史记》卷一二六《滑稽列传》，第 3197 页。

第二章

法严词约，祖述春秋：欧阳修与《新五代史》

在列传开头，欧阳修专门撰写史论《伶官传序》，说理透彻，文采纵横，在思想内容和艺术特色上都取得了极大成就，为历代学者所激赏。下面就让我们一起来欣赏这篇千古绝唱：

> 呜呼，盛衰之理，虽曰天命，岂非人事哉！原庄宗之所以得天下，与其所以失之者，可以知之矣。世言晋王之将终也，以三矢赐庄宗而告之曰："梁，吾仇也，燕王吾所立，契丹与吾约为兄弟，而皆背晋以归梁。此三者，吾遗恨也。与尔三矢，尔其无忘乃父之志！"庄宗受而藏之于庙。其后用兵，则遣从事以一少牢告庙，请其矢，盛以锦囊，负而前驱，及凯旋而纳之。方其系燕父子以组，函梁君臣之首，入于太庙，还矢先王而告以成功，其意气之盛，可谓壮哉！及仇雠已灭，天下已定，一夫夜呼，乱者四应，苍皇东出，未及见贼而士卒离散，君臣相顾，不知所归，至于誓天断发，泣下沾襟，何其衰也！岂得之难而失之易欤？抑本其成败之迹而皆自于人欤？《书》曰："满招损，谦得益。"忧劳可以兴国，逸豫可以亡身，自然之理也。故方其盛也，举天下之豪杰莫能与之争；及其衰也，数十伶人困之，而身死国灭，为天下笑。夫祸患常积于忽微，而智勇多困于所溺，岂独伶人也哉！作《伶官传》。①

《伶官传序》的开篇感慨"盛衰之理，虽曰天命，岂非人事"，开宗明义地阐述了欧阳修轻天命而重人事的史观：国家兴盛衰败的道理，虽说是天意，难道不是人为的缘故吗？探究庄宗得天下和失天下的原因，就可以知道了。

世人传言晋王李克用临死时，曾把三支箭交给庄宗，并对他说："梁是我的仇人，燕王是我扶持的，契丹与我结为兄弟，但都背叛了我而归附于梁。这三件事，是我的遗恨。给你三支箭，希望你不要忘记你父亲报仇的

---

① ［宋］欧阳修撰，［宋］徐无党注：《新五代史》卷三七《伶官传序》，第397页。

087

心愿！"庄宗收下箭，放入宗庙，此后每当打仗时，就派官员以少牢之礼祭祀宗庙，请出箭放入锦囊，背着它征战沙场，等到凯旋，再把箭放回宗庙。当庄宗用绳子捆着燕王父子，用木匣装着梁王君臣的首级进入太庙，将箭还给晋王，禀告报仇成功的消息时，他的意气何等豪壮啊！

等到仇敌已灭，后唐四分天下有其三，庄宗逐渐沉湎于享乐。他喜好音律，善于作曲，曾给自己起了"李天下"的艺名，做皇帝后经常与伶人厮混，唱戏表演取乐。当时庄宗身边反应最迅捷、言辞最诙谐的伶人叫敬新磨。有一次，庄宗戏瘾上来，在庭院中四下呼喊自己的艺名："李天下，李天下在哪里？"敬新磨上去就给了他一巴掌。庄宗变了脸色，伶人们也吓坏了，都质问敬新磨："你怎么敢掌掴天子？"敬新磨说："李天下者，一人而已，复谁呼邪！"①"李"与"理"谐音，言下之意是治理天下的主人只有一个，还呼喊谁呢？敬新磨擅长玩弄谐音梗，庄宗听后转怒为喜，厚赏了他。

欧阳修写史，客观公允。敬新磨不敬天子，源于庄宗纵容，因此欧阳修并不把罪责归咎于敬新磨，反而说他是庄宗身边难得没有恶评的伶人。他如实记载了敬新磨的善举：庄宗喜好打猎，有一次纵马践踏民田，当地县令拦马直谏，为民请命。庄宗大怒，命令侍从把县令拉下去杀了。敬新磨知道这样不可，带领众伶人一起去把那县令追了回来，押到庄宗的马前叱骂他："你是县令，难道不知道天子喜欢打猎吗？你怎么能放纵百姓种庄稼，以此来为国家收取赋税呢？为什么不饿着你的百姓，把土地空出来，给天子留着打猎用？你实在该死！"说着请求庄宗将他就地处死，一众伶人都跟着起哄。庄宗被逗得大笑，放过了那个县令。

庄宗宠信的伶人中，有如敬新磨这般无害的，也有玩弄权势、品德败坏的。更糟糕的是，庄宗公私不分，纵容伶人出入宫掖，侮弄缙绅，重用伶人担任紧要官职，使后唐群臣愤嫉又敢怒不敢言。于是有的大臣干脆勾结

---

① ［宋］欧阳修撰，［宋］徐无党注：《新五代史》卷三七《敬新磨传》，第399页。

第二章
法严词约，祖述春秋：欧阳修与《新五代史》

伶人换取好处，贿赂横行，朝政日益败坏。后唐为祸最大的伶人有景进、史彦琼、郭门高三人。景进权势最大，庄宗派他充当耳目，军国重事都与他商议。后唐功勋赫赫的大将郭崇韬被刘皇后和宦官害死，因为他向来厌恶伶人，景进就趁机构陷他的女婿、庄宗的弟弟李存乂和降将朱友谦谋反，牵连者众多。史彦琼当时在邺城，总揽六州政务，接到了前去诛杀朱友谦之子的任务，连夜出城。邺城本就因郭崇韬无罪被杀而人心惶惶，见状有人谣传："刘皇后已经弑帝自立，这是召史彦琼前去协助谋反！"结果激发了兵变。史彦琼得到消息，没能及时出兵镇压，反倒临阵脱逃，回了洛阳，致使李嗣源受命前去镇压兵变，趁机发动了叛乱。至于郭门高，他原名郭从谦，因为曾有军功，李嗣源叛乱时正担任庄宗的亲军首领。他与被冤杀的郭崇韬、李存乂有旧，庄宗就和他开玩笑："你挑唆他们背叛我，是想干什么？"郭从谦不辨真伪，心虚害怕，就当真起了反心。李嗣源打过来时，庄宗原本还想据守，郭从谦率领乱军杀入宫城，射伤了庄宗，最终使他重伤而亡。三矢雪恨的一代枭雄李存勖就这样憋屈地死在了伶人发起的"兴教门之变"中，时年四十三岁。最后，连他的尸体也被一个叫善友的伶人点燃乐器焚烧了，可谓悲惨到了极点！

欧阳修写道：邺城"一夫夜呼，乱者四应"，可见庄宗不得人心；他仓皇东逃，还没迎战李嗣源，麾下士兵已经逃亡离散，"君臣相顾，不知所归"，只能剪断头发，对天发誓，痛哭流涕，又是多么衰败啊！这不禁使人疑惑：难道真是得天下难而失天下易吗？还是他成功或失败的原因，都在于自己的所作所为呢？《尚书》有云，自满招致损失，谦虚得到好处。忧患与勤劳可以使国家兴盛，贪图安逸可能使人丧失性命，这是很自然的道理。所以当庄宗气势正盛时，天下豪杰无人能与他对抗，等他衰败时，几十个伶人就可以使他命丧国亡，为天下人所耻笑。可见祸患常由微小的事情积累而成，聪明勇敢的人反而常被所溺爱的人或事困扰，这样的道理难道只见于伶人的事吗？

《伶官传序》以其深刻的思想内涵和高绝的文学造诣，在历朝历代都获得了极高的赞誉。如宋代楼昉评价:"忧深思远,词严气劲,千万世之龟鉴,隐然言意之表。"① 清代钱谦益认为:"淋漓感叹,绰有太史公之风。"② 过珙更是承认:"以豪笔写其雄心,悲情壮语,萦后绕前,非永叔不能有此姿态。"③ 明清以降,《伶官传序》被历代总集著名选本相继选录,并引起现当代中国文学家、史学家的高度关注,成为入选多版语文课本的经典古文,证明《新五代史》不仅具有重要的史学价值,在文学史上也具有非凡成就和崇高地位。④

---

① [宋]楼昉:《崇古文诀》卷一九《五代史伶官传论》,转引自洪本健编《欧阳修资料汇编一·宋代楼昉》,第368页。
② [清]钱谦益:《牧斋有学集》卷三八《再答苍略书》,转引自洪本健编《欧阳修资料汇编四·清代钱谦益》,第642页。
③ [清]过珙:《详订古文评注全集》卷八,转引自洪本健编《欧阳修资料汇编四·清代过珙》,第912页。
④ [清]吴楚材、吴调侯编,洪本健等解题汇评:《古文观止·解题汇评本·下》,上海古籍出版社,2018年11月,第676页。张新科、任竞泽:《褒贬祖〈春秋〉,叙述祖〈史记〉——欧阳修〈新五代史〉传记风格探微》,第37—39页。

第三章

事增于前，文省于旧：欧阳修与《新唐书》

魏徵是中国历史上以直言敢谏著称的名臣，辅佐唐太宗李世民开创了"贞观之治"。《新唐书·魏徵传》中有这样一段记载：

> 帝后临朝叹曰："以铜为鉴，可正衣冠；以古为鉴，可知兴替；以人为鉴，可明得失。朕尝保此三鉴，内防己过。今魏徵逝，一鉴亡矣。……"①

这段话说的是魏徵去世后的某一天，唐太宗在朝会上，当着满朝文武的面感慨："用铜作镜子，可以端正衣冠；用历史作镜子，可以知道王朝兴衰更替的规律；用人作镜子，可以明白自己的得失。我曾经拥有这三面镜子，用来防范自己犯错。现在魏徵去世，我失去了一面镜子啊。"

唐太宗不愧是被欧阳修誉为"自古功德兼隆，由汉以来未之有也"②的贤君，不仅能任用贤才，虚心纳谏，而且善于从历史中汲取经验。《诗》云："殷鉴不远，在夏后之世。"③不知道唐太宗有没有意识到，他的统治也将成为后世君臣竞相取法的对象，三百年后，他开创的大唐盛世，将成为映照宋朝的

---

① ［宋］欧阳修、［宋］宋祁撰：《新唐书》卷九七《魏徵传》，中华书局，1975年2月，第3880页。
② ［宋］欧阳修、［宋］宋祁撰：《新唐书》卷二《太宗本纪赞》，第48页。
③ ［清］阮元校刻：《十三经注疏》清嘉庆刊本《毛诗正义》卷一八《荡》，第1194页。

一面镜子。

　　鉴往知来是中华民族的传统智慧，在这一点上，北宋君臣具有高度自觉。本章将聚焦欧阳修主持编撰的《新唐书》，探讨这部官修正史的编撰、内容及评价，兼论欧阳修的史学影响。在五代已有《旧唐书》的情况下，宋代为何还要另撰《新唐书》？欧阳修为什么会在唐书局成立十年之后才突然加入？他又对《新唐书》的编撰做出了哪些贡献？与《旧唐书》相比，《新唐书》号称"其事则增于前，其文则省于旧"①，历代史学家对此是如何看待的？作为"宋贤史学"的代表人物，欧阳修署名的两部正史有哪些共同特点？它们对中国史学的发展具有哪些重要影响？以上是本章将回答的问题。

第一节 《新唐书》的编撰

一、欧阳修参与编撰的过程

　　宋仁宗至和元年（1054），四十八岁的欧阳修为母亲郑夫人服丧期满，接到了朝廷起复的诏命。在之前闲居颍州的近两年时间，他刚刚完成了自己倾注多年心血的《新五代史》初稿。这部私撰史书伴随着欧阳修前半生仕途的坎坷，见证了北宋中期政治的诸多起伏。通过《新五代史》的实践，欧阳修形成了法严词约、取法《春秋》的史学风格，对褒贬史学的写作愈发得心应手。但他没想到，这次返京后，自己的名字还将与另一部伟大的史书联系起来，双双被镌刻进中国史学至高的殿堂。而这恐怕是他的政敌始料未及的，此事的缘起来自又一场针对欧阳修的政治倾轧。

　　欧阳修回到阔别十年的首都开封，昔日在"庆历新政"中直言极谏、意

---

① ［宋］欧阳修：《欧阳修全集》卷九一《进新修唐书表》，第1341页。

第三章

事增于前，文省于旧：欧阳修与《新唐书》

气风发的他，如今已是"鬓发皆白，眼目昏暗"①。仁宗皇帝对这位旧臣大加慰勉，让欧阳修出任吏部流内铨的负责人。这个部门主要负责下层幕职州县官的考察、选拔、调动等，具有一定的实权。欧阳修接手这份工作后，立刻发现问题：这些年来，北宋的"冗官"问题并没有得到解决，科举和泛滥的门荫使新人源源不断地涌入仕途，而职位非常有限，导致很多出身孤寒的士人不得不长期寓居京城等待任命，好不容易等到一个合适的职位，又往往被权贵子弟捷足先登。看到这种情况，欧阳修立刻向朝廷上书，主张限制权贵子弟的入仕特权，获得仁宗批准。②

两次放逐流离，十年岁月蹉跎，并没有磨灭欧阳修那份见义勇为的刚劲天资。明知道此举会大大地得罪那些既得利益者们，他还是义无反顾地做了。先是一份猛烈抨击当朝宦官的奏章在汴京流传开来，伪造的署名让欧阳修在一无所知的情况下得罪了皇帝身边当红的宦官；继而内外勾结的反对者们抓住欧阳修为胡宗尧说话的机会，对他发动了猛烈的攻击。胡宗尧是欧阳修好友胡宿的儿子，现在要从幕职州县官升任京官，材料上报后却被仁宗否决。原来此人曾经担任地方属官，当时知州擅自把官船借给别人，胡宗尧没有阻止，因此受到牵连。欧阳修对仁宗解释，胡宗尧所犯过失较小，而且已经得到赦免，按照条例可以晋升，却被群起而攻之，指责他徇私枉法。仁宗为平息"众怒"，决定罢免欧阳修权判流内铨的职务，出知同州（治今陕西大荔）。此时距离欧阳修上任还不到半个月。③

眼看十年前的历史就要重演，朝中许多大臣挺身而出，为欧阳修仗义执言。吏部官员吴充上疏说："欧阳修是忠直之臣，不该因为谗言被驱逐！如果认定他徇私，我愿意与他一同被贬。"时任谏官的范镇也多次抗言："流内铨职责所在，接到皇帝批示后，有不同意见可以即时申述，这是完全符

---

① ［宋］欧阳修：《欧阳修全集》卷一四五《与杜正献公七通·五》，第2355页。
② 王水照、崔铭：《欧阳修传》，第267—269页。
③ 王水照、崔铭：《欧阳修传》，第267—269页。

合规定的。如果以此弹劾欧阳修,以后谁还敢据理力争?"眼看论救者众,仁宗也有所悔悟。恰好在这时,宰相刘沆汇报宋祁等人修撰《唐书》进展缓慢。宋仁宗问:"这件事现在就宋祁负责?"刘沆说:"也没有别人。"宋仁宗便问:"欧阳修行不行?他虽然被任命知同州,但不少大臣都请求留下他。"刘沆说:"请您亲自宣谕吧。"于是第二天,欧阳修正准备向皇帝辞行,宋仁宗却对他说:"你不要去同州了,留下来修《唐书》吧!"就这样,欧阳修于至和元年八月加入唐书局,参与并主持编撰宋代的官修《唐书》,即《新唐书》。

和新、旧《五代史》一样,"二十四史"中也有新、旧两部《唐书》。唐朝灭亡后,后梁、后唐两代都曾下令征集唐史资料,为修史做准备,但都因国祚短暂,战事繁乱,没能启动。直到后晋天福六年(941),石敬瑭下令修唐史,五年后书成,共两百卷,包括本纪二十卷、志三十卷、列传一百五十卷,为与宋代所修《唐书》区分,史称《旧唐书》。按照惯例,《旧唐书》由当时监修的宰相刘昫署名,实际另有主要参与者若干。因为正值五代纷乱之时,资料搜集不易,而且成书仓促,所以《旧唐书》依据的史料主要是唐朝历代所修的本朝国史及实录。又因为唐武宗实录不全,此后历代实录则没有修成,所以《旧唐书》前详后略,尤其于宣宗以后史事缺略。不过毕竟去唐不远,后晋的史官尚且能够接触到这些珍贵的唐代原始史料,《旧唐书》修成后的第二年,后晋首都开封就在契丹的大举进攻中损失惨重,史籍遭遇浩劫,所以《旧唐书》在保存史料方面,自有其积极意义。但就编纂而言,则被宋代学者认为"纪次无法,详略失中,文采不明,事实零落"[①],"史官非其人,记述失序,使兴坏成败之迹晦而不章"[②],批评《旧唐书》不足以体现唐朝君臣的事迹、治乱兴衰的轨迹和典章制度的精华。

---

① [宋]欧阳修:《欧阳修全集》卷九一《进新修唐书表》,第 1340 页。
② [元]马端临:《文献通考》卷一九二《经籍考十九》"新唐书"条,第 5584 页。

第三章

事增于前，文省于旧：欧阳修与《新唐书》

宋人对《旧唐书》的批评，很大程度上源于宋朝当时"以唐为师"的迫切需要。宋仁宗时期，北宋外部面临着契丹和西夏的军事压力，内部则有水旱灾害和农民起义频繁发生、财政匮乏等诸多问题，统治危机日益加剧。而唐朝作为距离北宋最近的大一统王朝，恢宏富丽、万邦来朝，自然成为宋代君臣取法的对象。庆历元年（1041），西夏入侵渭州（治今甘肃陇西），宋军于好水川一战惨败，这使北宋统治集团大为震动。于是当时便有翰林学士苏绅进言，认为应当效仿唐宪宗旧例，将前代治政得失的典型事例绘制成图，以备观览。谏官张方平也建议："唐室治乱，于今最近，请节略《唐书》纪传中事迹今可施行有益时政者，日录一两条上进。善者可以为准的，恶者可以为鉴戒，兹亦贾谊、晁错借秦以喻汉事之意也。"[①] 宋仁宗采纳了这个建议。取法于唐而戒于唐的主流政治导向，使重修《唐书》成为一种切实需要。

其实早在明道二年（1033），翰林学士承旨盛度就曾提议刊修《唐书》，因此朝廷下令搜集唐朝遗事，已经做过相关的准备工作。同时，士大夫们对唐史的热情也空前高涨，涌现出了王沿的《唐志》、石介的《唐鉴》、梅尧臣的《唐载》、孙甫的《唐史记》等一批私修唐史著作。庆历四年（1044），副宰相贾昌朝建议修《唐书》，于是朝廷又命人搜集《旧唐书》失载的唐代故事，逐渐积累整理，附在《旧唐书》的列传之后。时机逐渐成熟，终于在庆历五年（1045）五月，朝廷正式下令刊修《唐书》，希望能"克备一家之史，以为万代之传"[②]。这个时候的欧阳修正被贬谪在外，自然无缘参与。最初的唐书局成员包括：同刊修官（负责人）宋祁、王尧臣、张方平、余靖，编修官曾公亮、赵师民、何中立、宋敏求、范镇、邵必。然而，《新唐书》的刊修并不如预想中顺利。由于北宋时期官员人事调转频繁，唐书局的最初班

---

① ［宋］王巩：《文定张公乐全先生行状》，曾枣庄、刘琳主编《全宋文》第八四册·卷一八四一，第356页。
② ［宋］欧阳修：《欧阳修全集》卷九一《进新修唐书表》，第1340页。

底在不久之后就接连外放或离开，最后只剩下宋祁和范镇两人。皇祐元年（1049），朝廷干脆改命宋祁为刊修官，把他从名义上的副负责人提为总负责人。但唐书局仍面临人手不足的窘状，编修官只有范镇、王畴、吕夏卿、宋敏求、刘羲叟等五人，因此《新唐书》刊修进度缓慢。至和元年（1054）六月，宋仁宗曾下令催促宋祁等人尽快完工。这才有了同年八月，欧阳修被任命为刊修官，与宋祁共同主持唐书局的事情。欧阳修加入的时候，《新唐书》的刊修工作已经进行了整整十年。①

欧阳修加入唐书局后，又把自己的好友梅尧臣拉进书局，于是编修官增加到六人，在皇帝不断的催促下，众人加快了《新唐书》的编撰工作。然而需要注意的是，欧阳修在负责编撰《新唐书》的同时，还兼领了许多职务。同年九月一日，欧阳修擢升翰林学士，需要入学士院当值，作为皇帝亲近的侍从官，参与一些重大事宜的讨论，并承担相应的文书草拟工作。两个月后，欧阳修又被差遣管理三班院。次年冬天，契丹皇位更迭，耶律洪基继位，欧阳修又被宋朝任命为庆贺契丹皇帝登位的使者，前往契丹履行外交任务。嘉祐元年（1056）出使归来，又赶上汴京大雨成灾，欧阳修一边顾及家里只能在筏子上露宿的窘状，一边就水灾积极建言朝政过失，过得极为忙碌。②

嘉祐二年（1057）春闱，欧阳修主持礼部贡举。通过这次科举，他干成了一件震动文坛的大事！当时的科举作文盛行"太学体"，这种文体由欧阳修的同年好友石介发起，最初是为反对骈俪雕琢的"西昆体"而诞生，但逐渐走向奇崛的极端，文风追求偏僻怪诞，导致文章佶屈聱牙，艰涩不畅。欧阳修极为反对这种刻意造作的文风，鉴于当时的科场文风引领着整个文坛的风向，他决心利用这次科举来矫正文风，于是在考试中要求言之有物，平易自然，凡是险怪奇涩的文章都一律黜落。当时擅长"太学体"的大多是权

---

① 颜其中：《〈新唐书〉修撰考》，《史学史资料》1980年第4期，第17—20页。
② 王水照、崔铭：《欧阳修传》，第271—289页。

第三章

事增于前，文省于旧：欧阳修与《新唐书》

贵子弟，这些人在本次省试中全部名落孙山，顿时激起轩然大波。① 欧阳修遭到了猛烈的攻击，但最终得到宋仁宗的支持，于是科场文风从此幡然转变，复归于正。顺便一提，欧阳修选拔的这一榜进士，网罗了北宋中后期的诸多杰出人物，除了"唐宋八大家"中的三位、宋学四大流派中的三派创始人外，日后位列宰执者九人，宋史有传者二十四人，几乎是深刻地影响了北宋未来七十年的政治、思想、文学走向。欧阳修在诗中把这些英才称为"巨鱼"②，欣喜地表示他们终将激荡风雷，为此他愿意顶住压力，痛革科场积弊，不惜己身，做他能做的一切。

此后，欧阳修又在朝中兼任许多职务，如兼判秘阁秘书省、权判史馆、权知审刑院、权判三班院，还要负责朝廷各类祭祀活动、接待契丹等周边国家来使等，甚至身兼八职。最繁重的工作还要数嘉祐三年（1058）六月，欧阳修被任命权知开封府，相当于担任首都市长。他的前任正是以刚毅公正著称的包拯，威名震动京师，可知欧阳修上任后要面临不小的压力。欧阳修公正无私地处理城中徇私枉法的达官显贵，设法接济贫困、减轻城中百姓的负担，把开封府治理得井井有条。但繁重的工作给他的身体造成了不小的负担，欧阳修一度苦于暑热和风眩，因为长期伏案工作，甚至在夜晚点灯加班，又加剧了目昏和手颤的老毛病，编撰《新唐书》的精力难免遭到极大牵扯。③ 不过从欧阳修与梅尧臣等人的书信往来中，能看出他在此期间克服种种困难，始终保持着到唐书局工作的一定频率。④

嘉祐四年（1059）二月，欧阳修成功辞去了权知开封府的职务，在做完新一届殿试阅卷官的工作后，得以把工作重心转移到唐书局。这段时间，《新唐书》的编撰进度大幅推进，欧阳修在给好几个人的书信中，都说过《新唐书》的编修快要结束，大概在夏秋之时就能完成。到了第二年，《新唐书》正

---

① 王水照、崔铭：《欧阳修传》，第294—295、300—302页。
② ［宋］欧阳修：《欧阳修全集》卷五七《和公仪试进士终场有作》，第815页。
③ 王水照、崔铭：《欧阳修传》，第306—315页。
④ 颜其中：《〈新唐书〉修撰考》，第23—24页。

式进入收尾阶段,全部书稿已经完成,由欧阳修负责统一审阅定稿,做最后的校对,只等写完进本。①

嘉祐五年(1060)七月十二日,由副宰相、提举编修曾公亮领衔,欧阳修等人进奏《新唐书》二百二十五卷,包括本纪十卷、志五十卷、表十五卷、列传一百五十卷。这部宋代官修史书的精华之作,终于得以面世。

二、欧阳修的贡献与署名

在《欧阳修全集》中,至今保留着他代曾公亮撰写的《进新修唐书表》:

> 于是刊修官、翰林学士臣欧阳修,端明殿学士臣宋祁,与编修官、知制诰臣范镇,臣王畴,集贤校理臣宋敏求,秘书丞臣吕夏卿,著作佐郎臣刘羲叟等,并膺儒学之选,悉发秘府之藏,俾之讨论,共加删定,凡十有七年,成二百二十五卷。其事则增于前,其文则省于旧。至于名篇著目,有革有因,立传纪实,或增或损,义类凡例,皆有据依,纤悉纲条,具载别录。②

唐书局成立十七年,留到最后的,有两位刊修官欧阳修、宋祁,还有五位编修官范镇、王畴、宋敏求、吕夏卿和刘羲叟。《新唐书》进奏之后,宋仁宗大悦,诏命所有刊修官及编修官都晋级升官,并赐予他们金银器物作为奖励。欧阳修的寄禄官升到了从三品的礼部侍郎,至于在后期同样参与编修的梅尧臣,因为在书成前夕不幸病逝,没能出现在这份名单中,但也得到了荫子的恩赏。

对于这番奖励,欧阳修两度辞让,谦虚地表示自己与同列的其他修书官不同:宋祁和范镇进入唐书局已经十七年了,几乎伴随《新唐书》诞生的始终,王畴加入十五年了,宋敏求、吕夏卿、刘羲叟参与编撰也都有十年以

---

① 颜其中:《〈新唐书〉修撰考》,第23—24页。
② [宋]欧阳修:《欧阳修全集》卷九一《进新修唐书表》,第1341页。

第三章
事增于前，文省于旧：欧阳修与《新唐书》

上。其中，宋祁独自承担了列传一百五十卷的刊修，篇幅占据了整部《新唐书》的三分之二。范镇、王畴、吕夏卿、刘羲叟都是从唐书局设立之初便开始"编纂故事，分成卷草，用功最多"。至于自己，则是在唐书局成立十年以后才加入的，半途"接续残零"，负责编撰本纪和志的部分，共计六十卷，所谓"到局月日不多，用功最少"，所以不愿接受和几人一样的赏赐。①

这当然是欧阳修的过谦之词。事实上，从整部《新唐书》的编纂进程及分工来看，欧阳修的贡献绝不亚于宋祁，当推首功。虽然他半途才加入唐书局，但此前十年《新唐书》的编撰进度颇为迟滞。欧阳修接手时，宋祁等人撰写的只是列传部分，而且这部分工作尚未完成。因此，欧阳修实际负责了列传以外本纪、志、表等全部内容的编撰工作，并且在另一位刊修官宋祁长期外任的情况下，他是留在汴京唐书局的唯一主持者。

皇祐三年（1051），一直独自支撑唐书局的宋祁受到其子牵连，离开首都出知亳州（治今安徽亳州），朝廷特意命他在亳州继续进行《新唐书》的编撰。第二年，宋祁给当时监修《新唐书》的宰相贾昌朝写信，对写作进度表示忧虑："计今秋可了列传，若纪、志犹须来春乃成。"②此后，朝廷几次催促他尽快成书，但宋祁囿于边务操劳，且自身健康状况也不乐观，列传的写作颇为艰难。至和元年（1054）欧阳修入主唐书局时，宋祁仍在外地任官，于是他就专心负责列传的写作，这部分的全部初稿在嘉祐三年（1058）左右完成。嘉祐四年（1059），宋祁移知郑州（治今河南郑州），距离首都开封不远。此时欧阳修这边《新唐书》本纪、志、表的编纂已经接近尾声，因此派编修官吕夏卿专程到郑州与宋祁就列传的初稿商量异同，并将欧阳修、范镇等人的意见带给宋祁，催促他将列传部分尽快定稿。由此可见，宋祁在这十七年始终专注于列传的编撰，《新唐书》其他部分的写

---

① ［宋］欧阳修：《欧阳修全集》卷九一《辞转礼部侍郎劄子》，第1341—1342页。
② ［宋］宋祁：《景文集》卷四九《观文右丞书》，转引自曾枣庄、刘琳主编《全宋文》第二四册·卷五〇二，第68页。

作及统筹安排，则由欧阳修在入局以后的七年内集中完成。书成之日，宋祁自言："臣去书局已十有一年，修撰之时，不与诸儒研确。"①可见他在外任修书期间，没能与欧阳修等人有太多讨论，这不得不说是《新唐书》编修过程中的一件憾事。②

欧阳修进入唐书局后，带领几位编修官在七年内完成了本纪、志、表的写作，较快地推进了《新唐书》的完成进度。其中，本纪部分大体由欧阳修独自撰写，志、表则由范镇、王畴、宋敏求、吕夏卿、刘羲叟、梅尧臣等人分修，欧阳修始终参与其中，并做最后的统稿工作。目前见于记载的分工有刘羲叟专修律历、天文、五行三志，吕夏卿创世系诸表，梅尧臣撰方镇、百官表，王畴原先为礼仪和兵志作草稿，但最终没有采用，目前所见是欧阳修后来主导敲定的版本。此外，范镇对音律深有研究，宋敏求曾补全唐代后期诸帝实录，两人都是书局的元老，在搜集资料、参与编修方面的贡献不容忽视。③

在体例上，《新唐书》较《旧唐书》有很大进步，集中体现在志、表的部分。具体而言，志的部分增加了《选举志》《仪卫志》《兵志》，系统整理了唐朝科举制度和兵制的演变资料，其中《兵志》是《新唐书》的首创。《旧唐书》无表，《新唐书》则恢复了《史记》《汉书》的这一传统，编制《宰相表》《方镇表》《宗室世系表》和《宰相世系表》，这与欧阳修在《新五代史》中作《十国世家年谱》的做法一脉相承，体现了欧阳修卓越的史识。

此外，欧阳修在搜集史料、丰富和充实《新唐书》的内容方面，也做出了很大贡献。至和二年（1055），欧阳修进言：

---

① ［宋］宋祁：《景文集》卷二八《让转左丞劄子》，转引自曾枣庄、刘琳主编《全宋文》第二三册·卷四九〇，第253页。
② 颜其中：《〈新唐书〉修撰考》，第20—22页。
③ 颜其中：《〈新唐书〉修撰考》，第25—28页。杜维运：《中国史学史》第三册，第591—592页。

第三章
事增于前，文省于旧：欧阳修与《新唐书》

> 自汉而下，惟唐享国最久，其间典章制度，本朝多所参用。所修《唐书》，新制最宜详备。然自武宗以下，并无实录，以传记、别说考正虚实，尚虑阙略。闻西京内中省寺、留司御史台及鏊和诸库，有唐朝至五代已来奏牍、案簿尚存，欲差编修官吕夏卿诣彼检讨。①

欧阳修认为，唐朝的典章制度对宋朝最具参考价值，在《新唐书》中应该特别详于唐制。因此，他建议搜集洛阳所遗留的唐朝至五代以来的官方文书作为补充资料。"欧阳修的这个建议，对研究、利用第一手的大量档案资料，对说明典章制度的沿革，对辨别传记别说中的正伪，从而提高《新唐书》的质量方面起到了有利的作用。"②

为广泛搜集资料，欧阳修还不吝多方求教。例如他曾就唐朝五月一日会朝之礼请教王回：唐朝惯例，君臣会在五月一日这天举行朝会，场面甚是宏大。欧阳修隐约记得其渊源出自道家，但不记得是从哪代皇帝开始，只记得应该是唐玄宗开元以后才有的。他又依稀记得中间一度废除，后来在宪宗朝恢复，但记不清了。王回是王安石的好友，比欧阳修小了一辈，一生没怎么做过官，却很有才学。欧阳修能坦然向他请教，可见其治学的心性。此外，欧阳修还常向熟谙经史的好友刘敞请教。比如有一次，他写信询问刘敞：唐朝的"入阁之礼"始于何年，"阁"指哪座宫殿？开延英殿的传统始于何年？唐朝形成"五日一起居"惯例，也就是臣子每五天前去朝拜皇帝一次，正式的朝会由此逐渐荒废，这又是源自哪一年？这三件事，欧阳修自称"孤陋所不详"③，请刘敞帮忙解答。后面，他详细解释了自己疑问的由来，悉数自己在唐史中考据朝会礼仪时思考的诸多细节，考据的细致与严谨跃然纸上。

---

① ［宋］李焘：《续资治通鉴长编》卷一八一"至和二年庚戌"条，第4381页。
② 颜其中：《〈新唐书〉修撰考》，第23页。
③ ［宋］欧阳修：《欧阳修全集》卷七〇《问刘原甫侍读入阁仪帖》，第1022页。

欧阳修对《新唐书》编撰的用心，还体现在校对认真上。他在写给王道损的信中曾这样感慨：

> 盖以《唐书》甫了，初谓遂得休息，而却送本局写印本，一字之误，遂传四方，以此须自校对。其劳苦牵迫，甚于书未成时，由是未遑及他事。①

此时欧阳修刚刚写完《新唐书》的初稿，本以为能休息一下，却又忙起了校对的事。作为官修史书，《新唐书》完成后需要进呈皇帝，然后刊刻印刷，任何一个字的错误，都可能流传四方，欧阳修怎么也放心不下，只能亲自一个字一个字地核对。他感慨，其中的辛苦急迫，简直比写书的时候更甚！欧阳修写作向来重视质量，勤于修改。宋人说他写文章会将初稿贴在墙上，反复阅读，斟酌修改，有时初稿改到一个字都没留下。据说欧阳修晚年的时候，悉心整理自己平生所作的诗文，每一篇都仔细推敲，整日为此冥思苦想，殚精竭虑。夫人担心他的身体，劝阻道："何必如此自讨苦吃？难道还像小时候念书那样，怕被先生骂不成？"欧阳修笑着回答："不怕先生骂，却怕后生笑！"欧阳修对自己的文章都如此在意，何况是审定注定要流传后世的官修正史《新唐书》！

不过，欧阳修对于《新唐书》定本的审修，也不是完全由着自己的意思来。对于前辈宋祁的手笔，欧阳修给予了足够的尊重，并不贸然删改。当初朝廷担心多人参修会导致体例不一，要求欧阳修审阅全稿，将全书删为一体。欧阳修虽然接受了诏命，私下却说："宋公是我的前辈，而且大家对历史的理解各不相同，怎么能强求都按我的意思来呢？"最终欧阳修没有修改宋祁所著部分，保存了列传原貌。

宋祁比欧阳修大九岁，是他的官场前辈。天圣二年（1024），宋祁与兄长宋庠同举进士，礼部本来拟定宋祁第一、宋庠第三，但当时主政的刘太后

---

① ［宋］欧阳修：《欧阳修全集》卷一四七《与王郎中三通·三》，第2407页。

第三章
事增于前，文省于旧：欧阳修与《新唐书》

觉得弟弟不能排在哥哥前面，于是定宋庠为状元，把宋祁放在了第十位，兄弟二人并有文名，号"大小宋"，又有"双状元"之称。宋祁后来因为"红杏枝头春意闹"的名句，还被世人称作"红杏尚书"。庆历三年（1043），宋祁任知制诰时，曾经推荐欧阳修来代替自己，极为赏识他的才学和风骨，对欧阳修有知遇之恩。等两人同在唐书局时，欧阳修的政治地位和文学名声都已经超过了宋祁，但他依旧对这位前辈非常敬重，体现了欧阳修不忘本、不自傲的谦逊风度。

其实，欧阳修与宋祁两人的文风相差甚远，学术观念也南辕北辙。欧阳修的文章崇尚平易自然，反对奇崛怪僻的文风，为此不惜在嘉祐二年（1057）的省试中进行大刀阔斧的整治。而宋祁则恰好相反：他精通训诂之学，喜欢事事都有出处，而且深受此前文坛风气的影响，和石介一样，所作往往艰涩怪僻，佶屈聱牙，人称"涩体"。苏轼曾经评价宋祁的文风是"渊源皆有考，奇险或难句"[①]，赵翼则形容他"造语用字，尤多新奇"[②]。这种文风也被宋祁带到了《新唐书》列传的写作中，不少文字晦涩难懂，与欧阳修的意趣大相径庭。

据传，欧阳修也曾试图委婉地提醒宋祁这一点。有一天清早，欧阳修在唐书局的大门上写了八个字："宵寐非祯，札闼洪休"。宋祁进门时看见了，就说："你的意思不就是'夜梦不祥，题门大吉'吗？何必如此求异呢？"欧阳修回答："我这是模仿您写《新唐书》的笔法啊！您在《李靖传》中写'震霆无暇掩聪'，不就是迅雷不及掩耳的意思吗？"宋祁顿时醒悟。[③] 其实欧阳修参与编修《新唐书》时，宋祁一直外放，这个故事的真实性很值得怀疑。但欧阳修对宋祁文风的不认同和宋祁在《新唐书》列传中刻意追求艰涩的文笔，都是清晰可见的事实。虽然不认同，但欧阳修作为当时的文坛领袖，能

---

① ［元］马端临：《文献通考》卷二三四《经籍考六十一》"宋景文集"条，第 6397 页。
② ［清］赵翼：《陔馀丛考》卷一一《新唐书文笔》，栾保群点校，中华书局，2019 年 11 月，第 259 页。
③ 王水照、崔铭：《欧阳修传》，第 315—316 页。

说出"人所见不同,岂可悉如己意"①的话语,尊重宋祁的劳动成果,这种求同存异的心态难能可贵。

当然,这也不可避免地导致了《新唐书》在全文风格上的互不统一。宋祁、欧阳修都是文学大家,各自风格十分鲜明。其中欧阳修所撰本纪,追求《春秋》之义,重视褒贬;宋祁所作列传,则喜欢采用杂说,偏重文采。对此,吴缜尖锐地指出"其始也,不考其虚实有无,不校其彼此同异,修纪、志者则专以褒贬笔削自任,修传者则独以文辞华采为先,不相通知,各从所好"②,导致拼合而成的《新唐书》在纪、传之间不乏抵牾割裂之处。南宋陈振孙也说,《旧唐书》固然不足传世,但《新唐书》不出自一人之手,也终究算不上尽善尽美。

其实,欧阳修在拒绝修改宋祁文稿时,对此也是心知肚明。据说他曾经让儿子欧阳棐给他念《新唐书》列传,自己躺着聆听,听到《藩镇传序》时感慨:"如果宋公的每篇列传都有这等笔力,那也很了不起啊!"但其实,这篇序言用的是唐朝杜牧写的《罪言》,并非宋祁所作。欧阳修会这么说,大概还是对《新唐书》的列传有些遗憾吧!不过考虑到当时的实际情况,皇帝一再催促唐书局尽快交差,宋祁既是前辈,又远在外地,其所撰列传的体量占全书三分之二,真的要让欧阳修对列传一体删修,工作量不亚于重写半部《新唐书》,无论从时间、精力还是道义上讲,这都是对欧阳修不切实际的苛求。这诚然是集体修书不可避免的问题,所幸欧阳修在他独撰的《新五代史》中,已完全弥补了这种遗憾。

更能体现欧阳修治学品性的,是《新唐书》署名一事。历时十七年之久,虽然还有许多遗憾,但这部倾注了大家多年心血的史书终于要进呈皇帝了,在奏御之前,还需要完成最后一件事——署名。按照惯例,朝廷修书,

---

① [宋]欧阳发等:《先公事迹》,《欧阳修全集》附录卷二,第2629页。
② [宋]吴缜:《新唐书纠谬序》,曾枣庄、刘琳主编《全宋文》第一〇〇册·卷二一八三,第122页。

第三章
事增于前，文省于旧：欧阳修与《新唐书》

虽然参与者众多，但署名时只列出书局中官职最高的一人。当时欧阳修的官职最高，应当署他的名字。但是，欧阳修说："宋公于传，功深而日久，岂可掩其名，夺其功？"[①]欧阳修认为宋祁为这部唐史付出了许多心血，他的资历最深，所写列传部分的卷数也最多，不应该掩盖他的功劳。因此，他愿意与宋祁共同署名。最终，《新唐书》的本纪、志、表署名欧阳修，列传署名宋祁。

有人说欧阳修这么做，是因为对列传与本纪的风格撕裂耿耿于怀，不愿后人全部归咎于他，这未免有些小人之心了。《新唐书》是在北宋鼎盛时倾举国之力，汇聚众多文杰，以严谨踏实的态度，历十七年之功撰成的皇皇巨著，虽然存在缺憾，但瑕不掩瑜，无论是资料搜集、史事考述还是义例文采，都注定名垂青史。谁都知道署名其上，就会与这部官方钦定的正史一起流芳百世，是莫大的荣耀！因此，欧阳修能放弃独自署名的机会，愿意与宋祁共享这份荣誉，其品性之高洁谦逊，就显得格外难得。难怪宋祁的兄长宋庠听说后感慨："自古文人好相凌掩，此事前所未有也！"[②]像欧阳修这样高风亮节的人，古之未有啊！

第二节 《新唐书》的内容及评价

《新唐书》自问世之日起，就不可避免地被拿来与《旧唐书》比较。历代史学家对此意见不一，"党新书者，必谓事事胜旧书；党旧书者，又必谓事事胜新书"[③]，至于官方态度，宋代"十七史"、明代"二十一史"都只取《新唐书》，直到清朝才由乾隆皇帝钦定，将《旧唐书》也置于"二十四正史"之中，从此"二书并列，相辅而行"，四库馆臣认为论史诸家不必再争议了。

---

① ［宋］欧阳发等：《先公事迹》，《欧阳修全集》附录卷二，第2629页。
② ［宋］欧阳发等：《先公事迹》，《欧阳修全集》附录卷二，第2629页。
③ ［清］永瑢等：《四库全书总目》卷四六《旧唐书二百卷》，第410页。

那么,《新唐书》究竟是一部怎样的史著?欧阳修在《进新修唐书表》中说"其事则增于前,其文则省于旧",可谓对这部史书最权威的概括。后世无论如何褒贬,都始终没有跳出"文省事增"这四字评价,可见其精到。至于欧阳修后面的解释"至于名篇著目,有革有因,立传纪实,或增或损,义类凡例,皆有据依,纤悉纲条,具载别录"[①],则往往被人忽视。其实,《新唐书》所增所减,都严格遵循义例,为这部史书背后一以贯之的逻辑服务,那就是宋朝"以唐为鉴"的政治意图和欧阳修始终坚持的褒贬史学。从这个角度看,《新唐书》无疑是一部成功的史书,也是中国史学史上的一座丰碑。

一、事增于前,文省于旧

所谓"文省事增",都是针对《旧唐书》而言,指《新唐书》所叙史事较前者为多,所用卷帙却比前者更少。

《旧唐书》修于五代纷乱之时,唐朝的遗闻往事无人记述,残编故籍也飘零散落,虽然朝廷也曾悬诏求购,但所得无几,再加上成书仓促,所以援据的史料较少。到了宋仁宗时,天下承平日久,文治正兴,于是很多唐代的文书史料次第出现,再加上宋初的饱学之士曾根据自己见闻,对唐朝旧事别有撰述,《新唐书》编撰时得以参考的资料就比前者丰富得多。《新唐书·艺文志》中,不见于《旧唐书》的唐代史料足有数十百种,还有许多宋人的优秀唐史著述以资补充,如孙甫《唐史记》七十五卷,记载唐朝君臣行事以推见当时治乱,号称"终日读史,不如一日听孙论也"[②]。再加上《新唐书》编撰的时间充裕,参与者都是饱学之士,博闻勤采,借为笔削,内容遂比《旧唐书》丰富得多。

---

① [宋]欧阳修:《欧阳修全集》卷九一《进新修唐书表》,第1341页。
② [元]脱脱等:《宋史》卷二九五《孙甫传》,第9842页。

第三章
事增于前，文省于旧：欧阳修与《新唐书》

1. 志表

《新唐书》的志、表历来最为人称道。志五十卷，分为十三目，其中十目为前史所有，《仪卫志》《兵志》是该书的创新，《选举志》始见于薛居正的《旧五代史》，却是《旧唐书》所没有的。

各志的内容都很翔实，为研究唐代的典章制度提供了珍贵系统的材料，具有非常重要的史料价值。如《选举志》系统地记叙了唐代的选举制度，是研究科举制发展的重要资料；《兵志》虽然只有一卷，却记载了唐代兵制由府兵、彍骑到方镇之兵的演变；《天文志》和《历志》的篇幅都在《旧唐书》的三倍以上，详细记载了唐代流行的七种历法，尤其将在历法史上具有重要地位的《大衍历》的历法理论保存下来，是极为珍贵的史料；《艺文志》与《旧唐书·经籍志》相比，收录的书目增加许多，尤其是开元以后的作品，据清代沈炳震的《新旧唐书合钞》统计，增录文献合计三百二十三部，三千八百九十八卷，体例也有所改进，在目录学史上具有重要意义。[①]

《新唐书·地理志》叙述唐代地理沿革、军府设置、物产分布、水利兴废等状况，增加了不少《旧唐书》没有的资料，而且在体例设置上，不仅沿袭前代史书的优良传统，还吸收了刘知幾在《史通》中提出的许多合理建议。总体而言，《新唐书·地理志》有以下几个突出优点：首先是叙述层次分明。"其体例大抵是：（一）依开元十五道分述诸道疆宇沿革、分野、属州府县、名山大川、贡赋；（二）诸州府名更革、贡赋户口、领县；（三）诸县等第沿革、山川坞渠。"[②]其次是采纳刘知幾的主张，扼要记述了长安、洛阳两京的宫阙规模，以及各道州县的土特产。另外，还分述了各州军府、屯防镇守的相关信息，为了解唐朝的军力部署提供了具体资料；详载了各地人工灌溉渠堰陂塘的开凿时间、主持者、渠长、灌溉面积，有助于了解各地的农业生产状况。最后，"新志不仅重视内地与周边各族地区的交通路线，并详细记

[①] 杜维运：《中国史学史》第三册，第593—594页。
[②] 赵吕甫：《欧阳修史学初探》，《历史教学》1963年第1期，第7页。

录了唐与亚洲各国的水陆交通道里，为了解当时中外经济文化联系提供了宝贵资料。总之，新志内容的缜密赡博，实迈越了以前任何一史。它反映了我国地理学高度发展水平，也表现出欧阳修善于总结融会前人编纂正史地志的良好经验的天才"[1]。

《新唐书·食货志》的内容比《旧唐书·食货志》丰富许多，体量是旧志的两倍，保存了大量社会经济史料。旧志分为上下两卷，其中下卷内容简短、叙事混乱，据推测是当时尚未定稿。"《新志》分为五卷，对土地、赋税、盐铁等制度变化进行分门别类的梳理、编排，通篇内容结构完整，比《旧志》更具完整性与系统性。《新志》先在序言中概述唐代经济的变迁情况，其后写土地制度与税法，而后叙述漕运、盐铁等其他经济部门，最后写官员俸禄，叙事自然，条理清晰，可读性强。"[2] 因为《新唐书》史料来源更加丰富，博采政书、小说、文集、碑文等记载，所以补充了许多《旧唐书》没有的细节，如关于授田、租调征收、手实、计帐等内容，对唐末内容的记载也更丰富。当然，由于《新唐书》立意明确，重于记事而不再大量摘抄史料，对唐代诏敕、奏章等内容有所删改，所以在具体数据信息上存在化为约数、漏记等情况，需要注意。[3]

此外，《新唐书》增加了表的部分，包括《宰相表》三卷、《方镇表》六卷、《宗室世系表》一卷、《宰相世系表》五卷，共计十五卷，其中有的又分子卷，实际共有二十二卷。表中史实虽然有个别错漏，但利用史表查检相关史事，眉目清楚，极为方便。"这对了解唐三百年间宰衡之参错进退，宗室世族之升降隆替以及藩镇势力的消长离合等各提示了清晰、具体而概括的线

---

[1] 赵吕甫：《欧阳修史学初探》，第7页。
[2] 朱力：《〈新唐书·食货志〉〈旧唐书·食货志〉〈通典·食货典〉及〈唐会要〉食货篇目史料价值对比》，《文物鉴定与鉴赏》2022年第1期，第133页。
[3] 朱力：《〈新唐书·食货志〉〈旧唐书·食货志〉〈通典·食货典〉及〈唐会要〉食货篇目史料价值对比》，第132—134页。

第三章
事增于前，文省于旧：欧阳修与《新唐书》

索。"① 这实是《新唐书》的一大贡献。

2.列传

《新唐书》列传一百五十卷，卷数和《旧唐书》相同，但在内容方面，"凡废传六十一，增传三百三十一"②，"所增事迹较旧书多二千余条"③，可见还是增加了不少史料的。如"《后妃传》增载郭贤妃、王贤妃，《创业功臣传》增载史大奈，韩门弟子增载皇甫湜、贾岛，《忠义传》增载雷万春、南霁云，《循吏传》增载韦丹、何易于，《儒学传》增载张齐贤、啖助，《文艺传》增载吕向、张旭，《方技传》增载邢和璞、罗思远，《列女传》增载高愍女、杨烈妇，此搜罗遗佚而有裨于旧史者也"④。

传记中增事比较突出的，有《贞观政要》的作者、唐代著名史学家吴兢。《旧唐书·吴兢传》篇幅甚短，只简单记载其任职履历和史学著述，没有涉及吴兢的政治思想。《新唐书》的吴兢本传篇幅五倍于前，而且罕见地载录了吴兢的大段奏疏，体现了这位优秀史学家的政治见解，显示出他还是一位几番谏诤朝堂的有识之士。比如玄宗即位之初，乾纲独断，群臣畏服，吴兢上疏请帝王纳谏，表示虽然"自古人臣不谏则国危，谏则身危"，但臣子应该"尽节忘身"，为国为君直言极谏而不恤己身，这样的风骨"恰恰契合当朝官方所倡导的忠义大道和重修唐史的指导思想，故修史者不遗余力地加以搜采，完整附于传中"。⑤

《新唐书·吴兢传》还增补了数条重要史实。一是玄宗开元十七年（729）吴兢参与撰录《国史》未成，被贬为荆州司马，《旧唐书》没有记载原因，《新唐书》补充原因"书事不当"，大概是吴兢在写本朝史时直书无隐，

---

① 赵吕甫：《欧阳修史学初探》，第 7 页。
② ［宋］陈振孙：《直斋书录解题》卷四"新唐书"条，转引自［元］马端临《文献通考》卷一九二《经籍考十九》"新唐书"条，第 5583 页。
③ ［清］赵翼：《陔馀丛考》卷一二，第 209 页。
④ ［清］邵晋涵：《南江诗文钞》卷一二"新唐书提要"条，李嘉翼、祝鸿杰点校，浙江古籍出版社，2016 年 7 月，第 2061 页。
⑤ 屈宁：《述往思来：〈新唐书〉的编纂思想和特点》，《求是学刊》2017 年第 2 期，第 158 页。

触犯了忌讳。二是记载了一个细节：吴兢曾参与编撰《武后实录》，其中记述武则天幸臣张昌宗逼迫张说诬陷魏元忠谋反一事，提到了张说当时差点屈服。后来张说做了宰相，读到这一段心中不喜，知道是吴兢所写，就要求他为之避讳，被吴兢严词拒绝，表示"如果为您徇私，那还怎么叫实录呢？"因此被时人称作"当世董狐"。

董狐是春秋时期晋国的史官。当时的国君晋灵公横征暴敛，残害臣民，闹得举国不安。执政大臣赵盾多次劝谏，晋灵公非但不改，还几次派人加害赵盾。赵盾只好出逃，逃到晋国边境时，听说晋灵公被自己的族弟赵穿给杀了，于是返回晋都继续执政。赵盾显贵，又得民心，史官董狐却在史书上记载"赵盾弑其君"，并且按照惯例，在朝廷公示。赵盾觉得冤枉，董狐却说："你还没逃出晋的国境，就仍是晋的正卿。你作为执政大臣，回到都城不讨伐弑君的贼子，弑君之名就该由你承担。"董狐这番话在今天看来可能有些不合情理，却符合当时的礼义逻辑和君臣关系，因此董狐一直被视为史家典范，孔子就曾称赞其为"书法不隐"的"古之良史"。《新唐书》特意补充了吴兢被比作董狐的这段往事，表达了对这位前辈史学家的敬意和宋代史官对秉笔直书的向往与追求。

对传记的去取，明显受到撰史者思想倾向的影响。比如对吴兢的推崇使《吴兢传》尤详，也比如《方技传》的删减。《旧唐书·方技传》有三十人，《新唐书》只取十四人，其余十六人有的改入他传，有的则被删去，另外新增了八人。其中比较明显的倾向，是宋祁因为赞成韩愈排斥佛教，所以删去了玄奘、神秀、一行等僧人的列传。但以玄奘西域取经和翻译佛经的成就，以及一行在天文学上的贡献，史传不载其事，未免遗憾。[①]

《新唐书》中还有不少类传，显然经过了特意的编排，与"纪次无法"的《旧唐书》形成鲜明对比。例如新设的卓行、奸臣、叛臣、逆臣等传，从分类上就能看出明显的褒贬态度。各传的序次也有讲究：在《旧唐书》中排

---

① 张舜徽主编：《中国史学名著题解》，东方出版社，2019年11月，第138—139页。

第三章
事增于前，文省于旧：欧阳修与《新唐书》

第五的《忠义传》被提到第一，其次是《卓行传》《孝友传》《隐逸传》《循吏传》等，最后三个类传则是《奸臣传》《叛臣传》《逆臣传》。玄宗时的奸相李林甫、德宗时的奸相卢杞等入《奸臣传》，平定安史之乱却最终谋反的仆固怀恩、李怀光等入《叛臣传》，发动安史之乱的安禄山、发动黄巢起义的黄巢等入《逆臣传》。编撰者的态度清晰可辨，立场分明，与欧阳修在《新五代史》中贯彻的褒贬史学一脉相承。

3. 本纪

王鸣盛在《十七史商榷》中说："新书最佳者志、表，列传次之，本纪最下。"① 很多人据此认为欧阳修编撰的本纪不如《旧唐书》，批评主要集中在《新唐书》的本纪删减过多，追求"文省"，不如《旧唐书》翔实。记述唐朝二十一帝的本纪，《旧唐书》用了二十卷、三十一万五千余字，《新唐书》只用十卷、八万九千余字，卷数只有前者的一半，字数不及三分之一，可见欧阳修撰写的本纪确实精简许多。② 但本纪作为史书之纲，本就应该简明扼要，如刘知幾在《史通》中所说："既以编年为主，唯叙天子一人。有大事可书者，则见之于年月；其书事委曲，付之列传。此其义也。"如果在帝王本纪中"或杂载臣下，或兼言他事"，事无巨细地都写进去，那就像在写列传，绝非本纪该有的文法。③ 从这个角度讲，《新唐书》本纪的剪裁无疑更加得当。

钱大昕就批评过"旧史本纪，前后繁简不均"。《旧唐书》在睿宗以前，本纪尚且简洁有法，自玄宗、代宗以后就逐渐繁冗，到了最后四朝更是"冗杂滋甚"。④ 就篇幅而言，从高祖到肃宗的一百五十四年用了十卷，自代宗至

---

① ［清］王鸣盛著，陈文和主编：《十七史商榷》卷六九《新旧唐书》"二书不分优劣"条，第943页。
② 彭菊媛：《〈新唐书〉"本纪"研究》，吉林大学硕士论文，2008年，第20页。
③ ［唐］刘知幾，［清］浦起龙通释，王煦华整理：《史通通释》内篇《本纪第四》，第35页。
④ ［清］钱大昕著，陈文和主编：《廿二史考异》卷五七《旧唐书一》"高祖纪"条，凤凰出版社，2016年3月，第994页。

哀帝的一百四十五年也是十卷，但篇幅是前十卷的两倍，可谓头轻脚重。而在重要程度上，唐高祖李渊作为开国之君，在位九年，《旧唐书》中本纪只有六千八百余字，反之唐哀帝被权臣架空，在位不到三年，本纪却有一万三千余字；武则天在位二十年，和太宗、高宗相当，本纪字数却少了一半，与在位五年的中宗、在位两年的睿宗本纪字数相当，可见《旧唐书》详略失当。这是由于《旧唐书》主要依据唐人所留国史、实录编撰，而唐朝的国史在前五朝质量较高，所以言简意赅，中叶以后质量下降，对改唐为周的武则天忌讳颇多，只能压缩字数，对中兴李唐的中宗和玄宗之父睿宗则大书特书；至于宣宗以后，根本没有实录可以依据，后晋史官只能自行搜集史料，又没有仔细甄别，所以卷帙浩冗，事迹矛盾。

  与之相比，《新唐书》对各个皇帝在本纪中的详略安排更加恰当，使本纪各卷的字数比较均衡，编撰之整齐程度远在《旧唐书》之上。具体而言，《新唐书》的太宗至代宗诸帝本纪，因为《旧唐书》所据唐人国史的这部分内容大致剪裁得当，再由欧阳修按照统一标准笔削，所以篇幅缩减到二分之一至三分之一；德宗以下中晚唐诸帝的本纪，因为旧书的编撰极为烦冗，新书只好大加删削，字数只有《旧唐书》的五分之一至十三分之一。这并不意味着欧阳修在本纪中只是一味地删削。《新唐书》中《高祖本纪》和《则天皇后本纪》的字数都未减反增，尤其是武则天的本纪比《旧唐书》多出二千余字，再考虑到欧阳修著述言简意赅，可知实际记载的史事要丰富得多。再比如僖、昭二帝的本纪，与《旧唐书》相比，《新唐书》对这部分内容进行了全盘改写，字数虽然只有前者的三分之一，但记载尤详。[1] 钱大昕敏锐地指出这一点："《新史》本纪以简要胜，独僖、昭二篇繁冗重复，与他卷迥别。"[2] 但他认为这是《新唐书》的刊修者为了胜过《旧唐书》而刻意显摆史料丰富，则未免小觑了欧阳修。

---

[1] 彭菊媛：《〈新唐书〉"本纪"研究》，第22页。
[2] ［清］钱大昕著，陈文和主编：《廿二史考异》卷四二《唐书二》"僖宗纪"条，第798页。

第三章
事增于前，文省于旧：欧阳修与《新唐书》

在本纪中，欧阳修增补事实最多的，莫过于唐高祖、武则天、僖宗和昭宗三个时期的本纪。这当然不是因为欧阳修只掌握了这三个时期的丰富史料，而是因为欧阳修对这三个时期的唐史最为重视，特意详加记载，自有用意。[①]其中，唐高祖李渊是唐朝的开国皇帝，《旧唐书》的记载过于简略，无法体现李唐创业垂统的重要过程；武则天作为中国历史上唯一的女帝，一度推翻唐朝改立武周，这段史事前无古人，关乎唐朝生死；僖宗和昭宗统治时期，唐朝已现衰亡之象，欧阳修不惜笔墨地记述了黄巢起义的发展和各地军阀活动，看似没有聚焦于天子，实则深刻地揭露了唐朝灭亡的根本原因。也就是说，欧阳修对唐朝历史有自己独到的见解，《新唐书》本纪的编排严整有律，为修撰者的关切而服务——有唐三百年，其勃也兴焉，其亡也忽焉，王朝兴衰治乱的走向与背后原因才是赵宋君臣所希望探究的内容，也是重修《新唐书》的根本动机，欧阳修从来没有忽视这一点。

欧阳修对本纪的考据用功不浅，增补了很多重要史实。例如《高祖本纪》中，罗列了一份大业十七年（617）隋末群雄起义的名单：

> 是时，刘武周起马邑，林士弘起豫章，刘元进起晋安，皆称皇帝；朱粲起南阳，号楚帝；李子通起海陵，号楚王；邵江海据岐州，号新平王；薛举起金城，号西秦霸王；郭子和起榆林，号永乐王；窦建德起河间，号长乐王；王须拔起恒、定，号漫天王；汪华起新安，杜伏威起淮南，皆号吴王；李密起巩，号魏公；王德仁起邺，号太公；左才相起齐郡，号博山公；罗艺据幽州，左难当据泾，冯盎据高、罗，皆号总管；梁师都据朔方，号大丞相；孟海公据曹州，号录事；周文举据淮阳，号柳叶军；高开道据北平，张长逊据五原，周洮据上洛，杨士林据山南，徐圆朗据兖州，杨仲达据豫州，张善相据伊、汝，王要汉据汴州，时德睿据尉氏，李义满据平陵，綦公顺据青、莱，淳于难据文登，徐师顺据

[①] 彭菊媛：《〈新唐书〉"本纪"研究》，第20—23页。

任城，蒋弘度据东海，王薄据齐郡，蒋善合据郓州，田留安据章丘，张青特据济北，臧君相据海州，殷恭邃据舒州，周法明据永安，苗海潮据永嘉，梅知岩据宣城，邓文进据广州，俚酋杨世略据循、潮，冉安昌据巴东，宁长真据郁林，其别号诸盗往往屯聚山泽。①

这份名单中共有四十八人，《旧唐书》本纪只零星记载了其中十八人，本纪不见而另见于传、志的有十七人，其中见于《地理志》者最多，"所记或为他事"，《旧唐书》失载者十三人，其中几位已不见于现存唐宋古书之中，可见这份名单十分珍贵。② 更难得的是，《新唐书》在本纪后文中对其中四十七人的下落一一作出交代，散见于各处。钱大昕发现了这一细节，评说："唐初群雄割据四十八人，或灭或降，皆见于本纪，惟（左）才相后事失书，亦纪之疏也。"③ 名单可能摘录自实录或国史，但后文交代的四十七人下落需要逐一考证，虽然有一人遗漏，也足见欧阳修撰写本纪的认真严谨，用功之深。

4. 删削

《新唐书》中增补的事实，大多是不可不载的内容，比如关系到当时局势走向的关键节点，能够体现古代施政措施或个人才学品性的重要事件，只偶尔有些"琐言碎事，但资博雅而已"④。总体而言，无论是欧阳修还是宋祁，都崇尚史笔简净，所以在刊修时删去了很多《旧唐书》中他们认为不重要的内容，其中最明显的是删去了唐朝的许多诏令骈文。王鸣盛就曾批评这一点："而其尤不满人意者，尽削诏令不登，独不思班纪犹多全载诏令，而唐纪反无诏令，恶乎可？且左史记言，右史记动，全削诏令，是记动不记言

---

① ［宋］欧阳修、［宋］宋祁撰：《新唐书》卷一《高祖本纪》，第3页。
② 彭菊媛：《〈新唐书〉"本纪"研究》，第25页。
③ ［清］钱大昕著，陈文和主编：《廿二史考异》卷四二《唐书卷二》"高祖纪"条，第794页。
④ ［清］赵翼著，王树民校证：《廿二史劄记校证》卷一七"新书增旧书处"条，第358页。

第三章
事增于前，文省于旧：欧阳修与《新唐书》

也。"① 诏令体现了国家政策，删去未免使本纪不全。尤其一些诏令处在关键历史节点上，起到了重要作用。比如唐德宗因试图削弱藩镇而激起叛乱，狼狈出奔奉天，生死存亡之际，全靠陆贽起草一封罪己诏，使山东武人悍卒感动流涕，这才转危为安。这样扭转乾坤的一封诏书却失载于《新唐书》，难免遗憾。不独本纪，列传也有删削太过的争议。如祖君彦撰写的李密讨隋炀帝檄文，其中有名句"罄南山之竹，书罪无穷；决东海之波，流恶难尽"；骆宾王撰写的徐敬业讨武后檄文，文气纵横，至今为人称道；狄仁杰谏武则天造大像疏、封常清的临终谢表等文章……它们不仅是重要史料，也有很高的文学价值，《新唐书》一概删去。

《新唐书》尽削本纪所载诏令最主要的原因，是唐朝的诏疏崇尚骈俪，讲究对仗工整、声律铿锵，篇幅一般较长，为了精简本纪内容，只好将这些长篇累牍的诏令删去。对此，四库馆臣的见解可谓持平之论：

> 若夫《史》、《汉》本纪，多载诏令，古文简质，至多不过数行耳。唐代王言，率崇缛丽，骈四俪六，累牍连篇。宋敏求所辑《唐大诏令》，多至一百三十卷，使尽登本纪，天下有是史体乎？祁一例刊除，事非得已，过相訾议，未见其然。②

将唐代骈四俪六的文书删去，也有欧阳修、宋祁皆崇尚古文，反对骈文的缘故，如赵翼所说："欧、宋二公不喜骈体，故凡遇诏诰章疏四六行文者，必尽删之。"对此，他旗帜鲜明地反对道："夫一代自有一代文体，六朝以来，诏疏尚骈丽，皆载入纪传，本国史旧法，今以其骈体而尽删之，遂使有唐一代馆阁台省之文不见于世，究未免偏见也。"③《新唐书》剔除骈文，除了丢

---

① [清]王鸣盛著，陈文和主编：《十七史商榷》卷七〇《新旧唐书二》"新纪太简"条，第947页。
② [清]永瑢等：《四库全书总目》卷四六《新唐书二百二十五卷》，第410页。
③ [清]赵翼著，王树民校证：《廿二史劄记校证》卷一八"新书尽删骈体旧文"条，第379—380页。

失一些诏令中蕴含的史料信息外,最大的损失是没能保留有唐一代优秀的骈体文章,这是文学上的损失。但这点损失,欧阳修和宋祁并不在意——《新唐书》是官修正史,不是文学汇编,编撰目的是"以唐为师",所关注者兴衰治乱、典章制度,不是文苑英华。所以两人才会没有负担地删去大段骈体诏疏,并不觉得可惜。当然,在不影响修史主旨的前提下,两位宋代的文坛泰斗也不介意在史书中表达自己的文学倾向,所以《新唐书》不吝使用欧阳修、宋祁所推崇的韩愈文字;又在《刘禹锡传》中收录其自作《子刘子》一文,彰显其处境之志;在《杜牧传》中载其《罪言》一篇,以见其经世之才,这都是文人相惜的自然流露。

关于"文省于旧"的另一批评,在于《新唐书》完全削去了《旧唐书》的论赞。王鸣盛认为,《旧唐书》的论赞虽然骈体文法稍显呆板,但评断精确,自有可取之处,《新唐书》全部废黜不用,"架空凌虚,自成伟议",在纪传史实方面仍有沿用《旧唐书》的地方,到了论赞就"奋笔全易之",并不可取。①此说颇为可笑:历史事实既然无可更改,记载必然会有与前人重合之处,重新撰史自然不必沿用旧书的论赞,如果一味照搬前书,那么新作的意义何在?何况论赞是最能体现史观的地方,《旧唐书》史臣在修撰时也提到了其书"褒贬或从于新意"②,可见一代修史自有一代褒贬。《旧唐书》论赞代表的是五代君臣的立场,既然不能符合北宋君臣的需求,当然要由今人重写。一味要求《新唐书》沿用《旧唐书》的论赞,是根本没有看清官修史书的意义。对此,《进新修唐书表》已经说得很清楚了:对于唐朝的明君贤臣、隽功伟烈,以及昏虐贼乱、祸根罪首,《旧唐书》不足以暴其善恶,以动人耳目,所以才要重修《新唐书》,"垂劝戒,示久远"!想要做到这一点,欧阳修的

---

① [清]王鸣盛著,陈文和主编:《十七史商榷》卷七〇《新旧唐书二》"新书尽黜旧书论赞"条,第953页。
② [五代]赵莹:《论修唐史奏》,[清]董诰等编《全唐文》卷八五四,中华书局,1983年11月,第8963页。

第三章
事增于前，文省于旧：欧阳修与《新唐书》

褒贬史笔当仁不让。

二、欧阳修的褒贬史学

《新唐书·刘子玄传》中，有这样一段经典的对话：

> 礼部尚书郑惟忠尝问："自古文士多，史才少，何耶？"对曰："史有三长：才、学、识，世罕兼之，故史者少。夫有学无才，犹愚贾操金，不能殖货；有才无学，犹巧匠无楩柟斧斤，弗能成室。善恶必书，使骄君贼臣知惧，此为无可加者。"时以为笃论。①

刘子玄就是著名史学家刘知幾。郑惟忠曾经问刘知幾："为什么自古以来文学家多，史学家却很少呢？"刘知幾回答："史学家应该具备史才、史学、史识三种能力，世上罕有人能兼备这三者，所以稀少。"接着，他进一步解释："有史学而无史才，就像愚笨的商人拿着金子也不会做生意，掌握史料却无法合理地组织利用；有史才而无史学，就像能工巧匠没有材料和工具也建不成房屋，空有文采却没有史料积累也不行。最后还要有史识，就是洞穿历史的见识眼光，或者说正确的价值观，要能秉笔直书，使善恶在笔下彰显，令骄纵的君主和有贼心的臣子都感到畏惧，这才是史学家的最高境界啊！"

我们今天出于研究的需要，有时会陷入单一视角，纯粹以史书所保存的史料的价值来评价史书的价值。从这个角度讲，《新唐书》的"事增于前"固然值得称道，但"文省于旧"的大幅笔削就令人惋惜了，因为保存的原始史料不如《旧唐书》丰富。但《新唐书》修撰的目的，并不是尽可能多地保存唐朝史料做一部资料汇编。在关注"史学"的同时，我们也要看到《新唐书》的"史才"和"史识"。"史才"通过事增文省已经可以充分体现了，"史识"则正是欧阳修的拿手好戏，也就是他在《新五代史》中已经高度提炼过

---

① ［宋］欧阳修、［宋］宋祁撰：《新唐书》卷一三二《刘子玄传》，第4522页。

的褒贬史学。

褒贬史学要有严谨的义例。一是明确什么该褒、什么该贬，在欧阳修所处的时代，忠孝仁义的儒家道德就是唯一标准；二是明确怎么算褒、怎么算贬，比如用春秋笔法行一字褒贬，比如以类分传，比如曲笔或不没其实。在这方面，对于一些历史疑难问题，史家们会有不同的看法，如何处理武则天入纪问题就是一例。

在武则天本纪后的论赞中，欧阳修立场坚定地再次重申了自己"不没其实"的史学原则：

> 昔者孔子作《春秋》而乱臣贼子惧，其于弑君篡国之主，皆不黜绝之，岂以其盗而有之者，莫大之罪也，不没其实，所以著其大恶而不隐欤？自司马迁、班固皆作《高后纪》，吕氏虽非篡汉，而盗执其国政，遂不敢没其实，岂其得圣人之意欤？抑亦偶合于《春秋》之法也。唐之旧史因之，列武后于本纪，盖其所从来远矣。①

欧阳修主张，孔子作《春秋》并不抹杀弑君篡位者曾为国君的事实，这不是承认了他们偷盗来的地位，而是只有直书他们登上国君之位的事实，才能彰显篡位这个莫大的罪行，乱臣贼子才会因此而畏惧。后来的司马迁、班固也遵循这一原则，于是为吕后作本纪。吕雉是汉高祖刘邦的皇后，刘邦死后，她虽然没有倾覆汉朝，却以太后身份执政，僭行了皇帝的权柄。这在儒家道德体系中是很大的恶行，所以史家不敢隐没，如实记载为后人鉴戒。《旧唐书》对于武则天也是这般处理，将武后列入本纪，是遵循《春秋》以来的史学惯例。因此，在《新唐书》中，欧阳修也将武则天列入本纪，作《则天皇后本纪》，承认她曾经是唐朝实际统治者的事实，以著其盗执国政之恶。欧阳修认为，这是符合《春秋》"不没其实"的做法。

欧阳修特意在论赞中阐明自己的观点，是因为对帝制时期的史家们来

---

① ［宋］欧阳修、［宋］宋祁撰：《新唐书》卷四《则天皇后、中宗本纪赞》，第113页。

第三章
事增于前，文省于旧：欧阳修与《新唐书》

说，武则天的书写相当棘手，在当时存在很大争议。武则天最初是唐太宗李世民的妃嫔，太宗死后，按照惯例入感业寺出家为尼，后来被高宗李治纳入后宫，先后击败了家世显赫的萧淑妃和王皇后，成为新任皇后。因为高宗病弱，武后得以协助高宗处理朝政。高宗死后，她大权独揽，作为太后废黜了自己的两个儿子中宗和睿宗，最终自己登上皇位，成为中国历史上唯一的女皇帝，并把国号从唐改为周，相当于推翻了李唐的统治。武周的统治持续了十五年，直到宰相和李唐宗室发动神龙政变，拥立唐中宗李显，唐朝才得以复辟。武则天死后与高宗合葬乾陵，恢复了李唐皇后的身份。

站在唐朝的角度，武则天无疑是一度倾覆社稷的乱臣贼子，性质恶劣，危害巨大。但她的统治跨越李唐与武周，政权和朝臣都基本平稳过渡，不同于一般的改朝换代，而且她是高宗的皇后，又最终还政给自己的儿子，是中宗、睿宗的生母，玄宗的亲祖母，死后葬入乾陵，在身份上与李唐宗室割裂不开。所以吴兢所撰的唐朝《国史》最终把武则天列入本纪，相当于唐朝还是承认了这位女皇的身份和正统。但也有人提出反对意见，比如唐中期的史家沈既济就曾上疏，认为《国史》对武则天的称呼应该从"上"改为"太后"，取消《天后纪》，并入《中宗纪》，记载武则天的执政措施时，必须强调这是在中宗统治时期，所谓"纪称中宗而事述太后"①，至于武则天的个人事迹，则入皇后传，这样才符合礼法。唐朝最终没有采纳这个建议，但武则天的存在对于儒家伦理纲常的挑战，以及史家对此的批判态度是显而易见的。②

《旧唐书》将武则天列入"帝王之纲"本纪，延续唐朝的做法，承认了她的帝王地位，但在记述和论赞中都旗帜鲜明地表达了对她的批判立场，不仅否定了术士袁天纲为武则天看相，预言她若为女子则当为日后天下之主的

---

① ［宋］欧阳修、［宋］宋祁撰：《新唐书》卷一三二《沈既济传》，第4539页。
② 韩宏韬：《武则天入纪公案与"正统"论》，《文史哲》2014年第6期，第68页。

民间传说，用语言猛烈攻击武则天几乎使李唐国破家亡的罪行，还把本纪题为《则天皇后本纪》，强调她的皇后身份，体现了史臣在褒贬伦理纲常与尊重历史事实之间的挣扎态度。① 五代丧乱之世，受儒家道德的约束尚且较松。等到了北宋，欧阳修既然以整饬道德为己任，决心在史书中高举父子君臣、忠义礼教的大旗，《新唐书》对武则天的批判就只会更加严厉。基于"不没其实"的原则，欧阳修在本纪中为武则天保留了一席之地，但也在记叙中表明了自己的态度。

《新唐书·则天皇后本纪》中，增补了几条《旧唐书》没有的史料，颇为意味深长。比如垂拱三年（687），"九月己卯，虢州人杨初成自称郎将，募州人迎庐陵王于房州，不果，见杀"②。庐陵王即被武则天废黜的中宗皇帝，此时被幽禁在房州（治今湖北房县）。有人试图再次拥立他，体现了李唐宗室人心所向。再比如武则天改唐为周的前夕，接连大开杀戒，《新唐书》用将近四百字的名单，详细罗列了武则天"某日杀某某"，体现其篡位的血腥与非正义，同时表彰名单中这些为唐朝殉节之人。③ 同样被补全名单的，还有神龙政变的参与者：

> （长安五年正月）癸卯，张柬之、崔玄暐及左羽林卫将军敬晖、检校左羽林卫将军桓彦范、司刑少卿袁恕己，左羽林卫将军李湛、薛思行、赵承恩，右羽林卫将军杨元琰、左羽林卫大将军李多祚、职方郎中崔泰之、库部员外郎朱敬则、司刑评事冀仲甫、检校司农少卿兼知总监翟世言、内直郎王同皎率左右羽林兵以讨乱；麟台监张易之、春官侍郎张昌宗、汴州刺史张昌期、司礼少卿张同休、通事舍人张景雄伏诛。丙午，（中宗）皇帝复于位。④

---

① 韩宏韬：《武则天入纪公案与"正统"论》，第68—70页。
② ［宋］欧阳修、［宋］宋祁撰：《新唐书》卷四《则天皇后本纪》，第86页。
③ 参见彭菊媛：《〈新唐书〉"本纪"研究》，第27—29页。
④ ［宋］欧阳修、［宋］宋祁撰：《新唐书》卷四《则天皇后本纪》，第105页。

第三章
事增于前，文省于旧：欧阳修与《新唐书》

公元 705 年，武则天病重，张柬之、崔玄暐等十五人趁机发动政变，杀死了武则天的宠臣张易之、张昌宗兄弟等人，逼迫武则天退位。中宗复辟，恢复李唐社稷。《旧唐书》这段记载将事件归因于张易之、张昌宗"谋反"，显然是沿用了唐人的曲笔。欧阳修澄清了事实，用"讨乱"和"伏诛"两个词表明了支持李唐复辟的立场，同时详细记载了参与政变的十五人名单，以示褒奖。①

有趣的是，《新唐书》除了武则天的本纪外，还在列传中另作《则天武皇后传》。同一人分处纪、传，不得不说是这位女皇的"殊荣"。欧阳修在本纪中对武则天的记载，专注于她"参豫国政"的大事，主要从她临朝称制开始记叙，对于武则天之前的经历，只有极为简洁的几句话。武则天作为后妃的言行，更多地体现在宋祁所撰的后妃传中。在列传中，宋祁把武则天的位置置于"高宗废后王氏"之下，并且着重刻画了她的阴狠毒辣。比如武则天十四岁就被选召入宫，母亲恸哭着与之诀别，她却神色自若地说："能见天子，焉知非福，何必做这样的儿女之悲？"这体现了她沉着的性格和勃勃野心。宋祁评价"才人有权数，诡变不穷"，"后城宇深，痛柔屈不耻，以就大事"。②

著名的武则天"扼婴杀女"事件，也是出自《新唐书》的列传。《唐会要》记载："昭仪所生女暴卒。又奏王皇后杀之。上遂有废立之意。"③《唐会要》只说武则天二次入宫后生下的女儿突然去世，她对高宗说是王皇后杀的，高宗于是生出废后心思。至于女婴到底是怎么死的，《唐会要》并没有交代。《新唐书·则天武皇后传》则给出了细致的描写：

> 昭仪生女，后就顾弄，去，昭仪潜毙儿衾下，伺帝至，阳为欢言，发衾视儿，死矣。又惊问左右，皆曰："后适来。"昭仪即悲涕，帝不能

---

① 彭菊媛：《〈新唐书〉"本纪"研究》，第 29 页。
② [宋]欧阳修、[宋]宋祁撰：《新唐书》卷七六《则天武皇后传》，第 3474—3475 页。
③ [宋]王溥撰：《唐会要》卷三《皇后》，中华书局，1960 年 6 月，第 24 页。

察,怒曰:"后杀吾女,往与妃相谗媚,今又尔邪!"由是昭仪得入其訾,后无以自解,而帝愈信爱,始有废后意。①

文中说武则天之前因为诟侍王皇后,进封昭仪。武则天生下女儿后,王皇后可能觉得与她关系不错,就前去看望女婴,逗弄了一会儿。等她离开后,武则天偷偷进来,将女儿杀死在襁褓中。等高宗过来时,她装作若无其事的样子,说笑间拉开婴儿的襁褓,发现尸体,于是又装作惊恐地询问左右侍者,得到回复:"皇后刚刚来过。"武则天立刻悲泣,高宗没发现她的阴谋,愤怒地说:"皇后杀了我的女儿!她以前就和妃嫔争斗,现在又干出这种事!"武则天趁机诋毁,王皇后百口莫辩,高宗由此更加亲近武则天,生出废后之意。虎毒尚不食子,单从这段记载来看,宋祁笔下的武则天心机深沉、恶毒狠辣,简直难以言表。

对比本纪和列传,能明显看出欧阳修和宋祁虽然都对武则天持批判态度,但二人的侧重点并不相同。如赵翼所说:"新书以其称制后政事编作本纪,而猥亵诸迹仍立传于皇后传内。"②本纪更关注作为统治者的武则天,从她执政、滥杀、任用酷吏、最后被推翻等角度发起批判,虽然也强调"武氏之乱",却"从大处着手";列传则无论从叙事还是议论都更强调宫闱生活的"发端",认为后来武则天和中宗韦后的篡弑恶行,都可在其受宠之初窥见端倪。这种不同,一方面当然是由本纪与列传的性质差异所决定,但同时也暴露出了欧阳修与宋祁两位主要编撰者在"武则天是否该被列入本纪"这件事上的意见分歧。欧阳修已经把自己"不没其实"的态度在论赞中表达清楚,宋祁则对武则天持更加摈斥的态度,因此把她排入列传,置于王皇后之下。③很可能的一种推测是,欧阳修在最后统稿时,看到宋祁另撰有武则天列传,

---

① [宋]欧阳修、[宋]宋祁撰:《新唐书》卷七六《则天武皇后传》,第3474—3475页。
② [清]赵翼著,王树民校证:《廿二史劄记校证》卷一六"新书改编各传"条,第352页。
③ 庄兴亮:《北宋中叶史臣对于"女祸"的看法——以〈新唐书〉"永徽六年事件"为例》,《宋史研究论丛》2011年第12辑,第126—135页。

第三章
事增于前，文省于旧：欧阳修与《新唐书》

于是删去了本纪中一些重复的记载，但没有去动宋祁的文稿，于是在《则天武皇后传》中仍保留着许多和本纪重复的内容，由此更加突显了两位史家视角的差异。

欧阳修对历史关注的焦点，始终在天下"兴亡治乱"上。即使谈及历史上的"女祸"，他所褒贬的对象也始终是君主，而非妃嫔。在武则天本纪的论赞中，欧阳修并没有就女主执政发表什么看法，反而在唐高宗的本纪中，痛斥他酿成"武氏之乱"，"毒流天下，贻祸邦家"的昏聩：

> 《小雅》曰："赫赫宗周，褒姒灭之。"此周幽王之诗也。是时，幽王虽亡，而太子宜臼立，是为平王。而诗人乃言灭之者，以为文、武之业于是荡尽，东周虽在，不能复兴矣。其曰灭者，甚疾之之辞也。武氏之乱，唐之宗室戕杀殆尽，其贤士大夫不免者十八九。以太宗之治，其遗德余烈在人者未远，而几于遂绝，其为恶岂一褒姒之比邪？以太宗之明，昧于知子，废立之际，不能自决，卒用昏童。高宗溺爱衽席，不戒履霜之渐，而毒流天下，贻祸邦家。呜呼，父子夫妇之间，可谓难哉！可不慎哉？①

欧阳修首先列举了周幽王宠爱褒姒，最终导致西周灭亡的历史教训。周幽王为了褒姒不惜"烽火戏诸侯"，废黜了自己的王后申后及太子宜臼，改立褒姒所出的伯服为太子。申后的父亲申侯不满，联合犬戎反叛，将周幽王杀死在骊山之下，西周结束；宜臼被立为周平王，东周开始。虽然周朝没有灭亡，但《诗经》说"赫赫宗周，因为褒姒而灭亡"，在欧阳修看来，这不是批评褒姒，而是在严厉地批判周幽王！他使周文王、周武王的功业毁于一旦，历史的车轮滚向春秋，周王室衰微，从这里走向了灭亡。唐朝的"武氏之乱"与此如出一辙，武则天几乎将李唐宗室屠杀殆尽，朝中贤明忠直的士大夫被杀者十之八九，太宗"贞观之治"留下的德泽和功业被一扫而空，造

---

① ［宋］欧阳修、［宋］宋祁撰：《新唐书》卷三《高宗本纪赞》，第79页。

成的恶果岂是区区一个褒姒能比拟的？这首先要怪唐太宗，以他的睿智却看不清自己的儿子，在皇位继承人的问题上犹疑不决，最后传位给李治这样昏聩无能的人！其次要怪唐高宗，他溺爱自己的妻子，放任她的野心变大而不能制止，最终祸害了整个天下，使李唐差点灭亡！最后，欧阳修感慨，可见父子夫妇之间的关系，真是需要谨慎啊。

这番意味深长的讨论，对象是作为父亲的太宗、作为丈夫的高宗，因为欧阳修看得很清楚，在帝制中国这个男权社会，他们才是真正手握权力的人。武则天作为女人、妻子，所掌握的权柄和由此酿成的祸患，归根究底都来自男人的赋予，来自皇帝错误的决策，所以太宗和高宗才是"武氏之乱"的罪魁祸首。比起那些习惯将王朝衰亡都归咎于"红颜祸水"的士大夫，欧阳修显然有着更广阔的胸襟和对历史更洞明的理解。

欧阳修的视野高度，决定他更关注"人君之行事"，把君王作为劝谏的对象。如他在《太宗本纪赞》中，盛情褒扬唐太宗是不世出的"至治之君"，称美其丰功伟业的同时，也指出了他的缺失：

> 唐有天下，传世二十，其可称者三君，玄宗、宪宗皆不克其终，盛哉，太宗之烈也！其除隋之乱，比迹汤、武；致治之美，庶几成、康。自古功德兼隆，由汉以来未之有也。至其牵于多爱，复立浮图，好大喜功，勤兵于远，此中材庸主之所常为。然《春秋》之法，常责备于贤者，是以后世君子之欲成人之美者，莫不叹息于斯焉。[①]

唐朝二十位君主中，欧阳修认为值得称道的只有三位：太宗、玄宗、宪宗。其中玄宗虽然开创"开元盛世"，却在统治后期耽于享乐，酿成安史之乱，使唐朝由盛转衰；宪宗虽然在一定程度上扭转了唐朝藩镇跋扈的局面，史称"元和中兴"，但晚年迷信方士，最终为宦官所杀，都可谓"靡不有初，

---

① ［宋］欧阳修、［宋］宋祁撰：《新唐书》卷二《太宗本纪赞》，第48—49页。

第三章
事增于前，文省于旧：欧阳修与《新唐书》

鲜克有终"①。只有太宗结束隋末乱世，功劳堪比商汤和周武王，开创"贞观之治"，堪比西周"成康之治"，自汉朝以来，再没有像他这样功德兼备的君主了！然而即使是这样的君主，也留下些许遗憾，比如溺爱自己的儿子，在立储之事上优柔寡断，晚年崇信佛教，好大喜功，频繁对外用兵等。最后，欧阳修说太宗犯的这些错误，其实是中等材质的平庸君主常干的事。但《春秋》褒贬的准则，每每对贤明有才的人求全责备，后世史家尽管想要"成人之美"，也不得不叹息着将这些缺憾之事如实记载，使太宗的身后之名难免有些瑕疵。言下之意，如太宗这般贤明的帝王都不免有过，后世的君主们更要严于律己，爱惜自己的羽毛！

在探讨典章制度的沿革时，欧阳修也始终从王朝盛衰的高度着眼，并不只是讨论一时的得失，更寄托着"以为后世戒"的深意。如《兵志》之序曰：

> 古之有天下国家者，其兴亡治乱，未始不以德，而自战国、秦、汉以来，鲜不以兵。夫兵岂非重事哉！然其因时制变，以苟利趋便，至于无所不为，而考其法制，虽可用于一时，而不足施于后世者多矣，惟唐立府兵之制，颇有足称焉。②

《新唐书》为什么要首创《兵志》？欧阳修开篇就说：西周以前的国家，往往都是以德服人，但自战国、秦、汉以来，就变成靠军队打天下了，可见兵制是多么重要！然而制度会基于形势变化，随时间推移而改变，很多当时觉得方便的制度，虽然可用一时，却不一定适用于后世。唯独唐朝确立的府兵制度，欧阳修认为至今颇有可取之处。

> 盖古者兵法起于井田，自周衰，王制坏而不复；至于府兵，始一寓之于农，其居处、教养、畜材、待事、动作、休息，皆有节目，虽不能

---

① ［清］阮元校刻：《十三经注疏》清嘉庆刊本《毛诗正义》卷一八《荡》，第1191页。
② ［宋］欧阳修、［宋］宋祁撰：《新唐书》卷五〇《兵志序》，第1323页。

尽合古法，盖得其大意焉，此高祖、太宗之所以盛也。至其后世，子孙骄弱，不能谨守，屡变其制。夫置兵所以止乱，及其弊也，适足为乱；又其甚也，至困天下以养乱，而遂至于亡焉。①

欧阳修非常敏锐地指出，中国古代的军事制度起源于土地制度——井田制。随着西周衰落，井田制被破坏，最初的兵制也不复存在。至于府兵制，最初也是兵民合一，寓兵于农，府兵的一切活动都符合农业社会运转的规律，井井有条，所以才有高祖、太宗时的兴盛。后来唐朝的统治者日益骄弱，不能谨守府兵制的规则，屡屡改变兵制。当初设置军队是为了平息动乱，等到兵制败坏，军队反倒成了动乱之源；更糟糕的情况如唐后期，以天下的资源养肥了藩镇，中央反倒缚手缚脚，最终导致唐朝灭亡。兴衰治乱的教训，历历在目啊！

盖唐有天下二百余年，而兵之大势三变，其始盛时有府兵，府兵后废而为彍骑，彍骑又废，而方镇之兵盛矣。及其末也，强臣悍将兵布天下，而天子亦自置兵于京师，曰禁军。其后天子弱，方镇强，而唐遂以亡灭者，措置之势使然也。若乃将卒、营阵、车旗、器械、征防、守卫，凡兵之事不可以悉记，记其废置、得失、终始、治乱、兴灭之迹，以为后世戒云。②

接下来，欧阳修从整体上分析了唐朝兵制的三次演变。其最初强盛时，实行的是府兵制；府兵制后来被彍骑取代，彍骑被废后，藩镇之兵就兴起了。府兵制是一种兵农合一的义务兵制，随着唐朝人口流动性增强、户籍掌握能力下降，加上府兵的兵役负担日益沉重，导致唐玄宗时出现了府兵大量逃亡的现象。为了补充京师兵员，唐玄宗在宰相张说的建议下，从京师附近招募军队，最初叫长从宿卫，后来改称彍骑，从府兵制转向了募兵

---

① ［宋］欧阳修、［宋］宋祁撰：《新唐书》卷五〇《兵志序》，第1323页。
② ［宋］欧阳修、［宋］宋祁撰：《新唐书》卷五〇《兵志序》，第1323—1324页。

制。彍骑主要是为了宿卫京师，随着府兵制败坏，地方动乱也时有发生，于是唐朝又不得不在地方尤其是边疆屯以重兵，军队称为藩镇（即"方镇"）。藩镇的首领称为节度使，往往集军民财权于一身，招募来的士兵与地方勾结，势力盘根错节，渐成尾大不掉之势。最终，身兼三镇节度使的安禄山与中央矛盾激化，伙同史思明发动叛乱，史称"安史之乱"，成为唐朝中衰的转折点。安史之乱虽被平定，唐中央却已势力衰弱，只能勉强牵制诸藩，唐朝实际上陷入了藩镇割据的局面，于是有了欧阳修说的"强臣悍将兵布天下"，唐中央则在京师设禁军，由宦官掌控。"天子弱，方镇强"，后来黄巢起义爆发，中央无力镇压，只能依靠朱温、李克用等军阀，唐朝由此走向灭亡。

在欧阳修看来，唐朝的灭亡，实则是兵制措置不当所导致的必然结果。作为史书，唐朝军队诸如"将卒、营阵、车旗、器械、征防、守卫"等细节不可能一一详录，但可以记载其在军事制度上的"废置、得失、终始、治乱、兴灭之迹"，这样就能帮助后来的王朝总结经验，避免重蹈覆辙。

综上所述，无论是本纪中的君臣行事，还是志表中的典章制度，欧阳修关注的核心都是治乱兴衰之迹，目的是以史为鉴，以唐为师，为宋朝的统治提供历史依据，让后世的君臣明辨是非功过。无时或忘对家国天下的现实关照，一代士大夫的理想与担当，才是欧阳修褒贬史学的真正内核。

第三节　欧阳修与宋贤史学

宋代史学是中国史学史上的一座高峰。陈寅恪对宋代史学的评价极高，认为："中国史学，莫盛于宋。……元明及清，治史者之学识更不逮宋。"[1]"有

---

[1] 陈寅恪：《陈垣明季滇黔佛教考序》，载《金明馆丛稿二编》，生活·读书·新知三联书店，2001年7月，第272页。

清一代经学号称极盛，而史学则远不逮宋人。"①他把宋代的史学概括为"宋贤史学"，不止一次说过"宋贤史学，今古罕匹"②。

作为中国现代最负盛名的史学大家之一，陈寅恪的史学"主要渊源于司马光、欧阳修为代表的宋贤史学"③。1935年，陈寅恪在清华大学开设名为"欧阳修"的专题课程，自述课程要旨是"就欧阳修以讲宋学。所谓宋学，非与汉学相对之宋学，乃广义的宋学，包括诗文、史学、理学、经学、思想等等。……故开本课，实为研究宋史第一步"④。陈寅恪曾经计划将对欧阳修的研究作为对整个宋史研究的切入点，可见他对欧阳修学术成就及影响力的认可。

在史学领域，欧阳修与陈寅恪所推崇的"宋贤史学"有什么关系？欧阳修独立撰写的《新五代史》、与宋祁等人合著的《新唐书》又对中国史学的发展产生了哪些重要影响？这是本节主要探究的问题。

一、宋贤史学的特点

陈寅恪曾经概括宋贤史学的突出特点："材料丰富，条理明辨，分析与综合二者俱极其功力，庶几宋贤著述之规模。"⑤

宋贤史学首先是史料丰富，旁征博引。尤其是"以诗证史"、史诗互证，通常被认为起源于宋代，对陈寅恪的史学研究影响很大。⑥司马光主张"实录正史未必皆可据，杂史小说未必皆无凭，在高鉴择之"⑦。欧阳修在编撰

---

① 陈寅恪:《陈垣元西域人华化考序》，载《金明馆丛稿二编》，第269页。
② 陈寅恪:《隋唐制度渊源略论稿》，生活·读书·新知三联书店，2001年4月，第148页。
③ 王永兴:《陈寅恪先生史学述略稿》，北京大学出版社，1998年2月，第2页。
④ 卞僧慧:《陈寅恪先生年谱长编（初稿）》，中华书局，2010年4月，第169页。
⑤ 陈寅恪:《陈垣明季滇黔佛教考序》，第270页。
⑥ 魏宏玉、贺根民:《宋贤精神:陈寅恪史学实践的一个参照坐标》，《河池学院学报》2002年第2期，第127页。
⑦ ［宋］司马光:《答范梦得书》，曾枣庄、刘琳主编《全宋文》第五六册·卷一二一五，第80页。

第三章
事增于前，文省于旧：欧阳修与《新唐书》

《新五代史》时，大量采撷诗歌、小说入史，注意到了文学典籍的史料价值。陈寅恪在读书札记中，多次从"所采材料多于旧书"的角度褒扬《新唐书》，并在其论著中肯定欧阳修"比勘精密"。①

广泛搜集而来的史料，还要进行条理明辨的处理，为有高度的史识服务。宋贤史学继承并发扬了中国"求真实，供鉴戒"的史学思想。②"求真实"需要不畏繁难，进行严谨的考据，如上文提到欧阳修在《新唐书·高祖本纪》中考据隋末起义的四十七人下落，亦如司马光在自述中精辟概括的那样："研精极虑，穷竭所有，日力不足，继之以夜。遍阅旧史，旁采小说，简牍盈积，浩如烟海，抉摘幽隐，校计毫厘。……参考群书，评其同异，俾归一途。"③"供鉴戒"意味着史学并不只是单纯的考据和对一时一事的描述，而要始终把学术和国家的命运联系起来，饱含对现实的观照与担当。陈寅恪推崇的《资治通鉴》，虽然记载的是从战国至五代的历史，却"是为宋朝的治乱兴衰而作的，一定要用真的材料，存真理以为政治服务"④。欧阳修在强调史学的重要性时说："史者，国家之典法也。自君臣善恶功过，与其百事之废置，可以垂劝戒、示后世者，皆得直书而不隐。"⑤他强调记载历史上的君臣善恶功过、制度废置沿革，要直书不隐，因为这些事实要用来昭示后人，以为鉴戒。欧阳修是宋贤史学"求真实，供鉴戒"史学思想当之无愧的践行者和代言人。

因为强调历史指导现实的作用，所以在记述内容上，宋贤史学专取那些关乎国家兴衰、生民休戚的大事，而且更热衷于概括历史发展及人事变

---

① 殷祝胜：《陈寅恪与乾嘉朴学和宋代史学之关系新论》，《广西社会科学》1998年第6期，第97页。
② 王永兴：《陈寅恪先生史学述略稿》，第18—21页。
③ ［宋］司马光编著，［元］胡三省音注：《资治通鉴·进书表》，第9607—9608页。
④ 陈寅恪语，转引自虞云国《陈寅恪史学方法论》，载《学史寻稿》，黄山书社，2009年3月，第185—186页。
⑤ ［宋］欧阳修：《欧阳修全集》卷一一一《论史馆日历状》，第1687页。

化的规律，追求一种贯通适用的道理，以"监（鉴）前世之兴衰，考当今之得失，嘉善矜恶，取是舍非"①。如欧阳修在《伶官传序》中总结出"忧劳可以兴国，逸豫可以亡身""祸患常积于忽微，而智勇多困于所溺"的道理，显然不只适用于后唐庄宗一人，更重要的作用是让北宋及后来的君主引以为戒。出于经世致用的目的，史籍书写被宋代史家赋予了更多的意义，他们往往从更高的视角审视历史，追求综合贯通，形成系统的论述。这意味着，他们不仅有着对史料进行分析、综合的深厚功力，而且会基于对现实的理解对历史进行道德褒贬，在书写中蕴含对儒家理想和民族精神的召唤。②

对于《新五代史》中的大段史论，陈垣曾评价欧阳修是"借史作文，有许多浮词"③。陈寅恪却极为推崇欧阳修的这种笔法，他在晚年对弟子的嘱托中写道：

> 欧阳永叔少学韩昌黎之文，晚撰五代史记，作义儿冯道诸传，贬斥势利，尊崇气节，遂一匡五代之浇漓，返之淳正。故天水一朝之文化，竟为我民族遗留之瑰宝，孰谓空文于治道学术无裨益耶？④

在陈寅恪看来，欧阳修的这些"空文"是对民族气节的召唤，使宋代士人重新树起淳正的纲常伦理和道德节操，具有匡扶世道人心的重要意义。以欧阳修为代表的宋代士人，继承了韩愈建立道统、重塑人伦的志向，以君子相标榜，追求道义、忠信和名节。表现在史学中，就是宋代学者对《春秋》大义的推崇和欧阳修首先树起的褒贬史学旗帜。他在《新唐

---

① ［宋］司马光编著，［元］胡三省音注：《资治通鉴·进书表》，第9608页。
② 殷祝胜：《陈寅恪与乾嘉朴学和宋代史学之关系新论》，第96页。高峰：《为什么是"新宋学"——陈寅恪文化学术理想》，《中国图书评论》2011年第1期，第22—25页。程念祺：《智的安分》，广东人民出版社，2018年7月，第337页。
③ 蔡尚思：《中国近现代学术思想史论》，广东人民出版社，1986年12月，第538页。
④ 陈寅恪：《赠蒋秉南序》，载《寒柳堂集》，生活·读书·新知三联书店，2001年，第182页。

第三章
事增于前，文省于旧：欧阳修与《新唐书》

书》《新五代史》中对武则天、冯道等历史人物的评价，直接引领了后来的评论走向，而这种对道德伦理、忠义气节的高标准严要求，也成为有宋一朝士大夫竞相追求的人格与精神境界。《宋史·忠义传序》记载："靖康之变，志士投袂，起而勤王，临难不屈，所在有之。及宋之亡，忠节相望，班班可书，匡直辅翼之功，盖非一日之积也。"[1] 有宋一朝的民族精神能够"尽去五季之陋"，"中外缙绅知以名节相高、廉耻相尚"，得益于欧阳修等人的不懈努力。[2]

宋贤史学"贬斥势利，尊崇气节"的思想，与陈寅恪强调的"独立之精神，自由之思想"一脉相承。义宁陈氏三代，论学论治皆重视"人心风俗"[3]，陈寅恪的史学更是深受欧阳修、司马光等人的影响。在宋贤史学中，陈寅恪看到了兼收并蓄、严谨求真、心怀天下、崇尚名节的学术风范，因而敢于断言：

> 吾国近年之学术，如考古、历史、文艺及思想史等，以世局激荡及外缘熏习之故，咸有显著之变迁。将来所止之境，今固未敢断论。惟可一言蔽之曰，宋代学术之复兴，或新宋学之建立是已。华夏民族之文化，历数千载之演进，造极于赵宋之世。后渐衰微，终必复振。[4]

二、欧阳修的史学影响

欧阳修是陈寅恪所推崇的"宋贤史学"代表人物，他的两部代表作《新五代史》《新唐书》不仅位列正史、地位崇高，而且诞生时间也早于宋贤史学的另一部巨著《资治通鉴》，对后者有很大影响。可以说，欧阳修还是宋贤史学的奠基者，他的史学在很多方面都有突破创新，为宋代及后世史学的发

---

[1] [元] 脱脱等：《宋史》卷四四六《忠义传序》，第 13149 页。
[2] 魏宏玉、贺根民：《宋贤精神：陈寅恪史学实践的一个参照坐标》，第 125 页。
[3] 高峰：《为什么是"新宋学"——陈寅恪文化学术理想》，第 25 页。
[4] 陈寅恪：《邓广铭宋史职官志考证序》，载《金明馆丛稿二编》，第 277 页。

展指明了方向，开一代风气之先。

当然，对欧阳修史学的广义讨论，还应该包括他在墓志铭、金石学以及谱牒学等方面的成就，这里仅就欧阳修以《新唐书》《新五代史》为代表的正史进行讨论，试图对第二、三章的内容做一简单概括。

首先在史料方面，《新五代史》和《新唐书》因为相较五代的两部旧著成书更晚，所依据的史料更加广泛。如《新五代史》遍采《五代史补》《北梦琐言》《五代史阙文》《玉堂闲话》《洛阳缙绅旧闻记》《南唐近事》《江南别录》《江南野史》等宋人野史笔记，经过谨慎去取，选择其中较为可信的人事记载而剔除谶纬、怪异之说，颇能补旧史之阙。对此，王鸣盛指出"欧史喜采小说，薛史多本实录"，并肯定："大约实录与小说互有短长，去取之际，贵考核斟酌，不可偏执。……采小说未必皆非，依实录未必皆是。"①《新唐书》同样旁征博引，虽然如四库馆臣所言"史官记录，具载旧书，今必欲广所未备，势必搜及小说，而至于猥杂"②，但也补充了许多旧书没有的珍贵史料。

值得注意的是，今人大多推崇《旧唐书》和《旧五代史》的史料价值，因为这两部史书在编纂时都存在大面积照抄旧史的现象，所以保存了大量如今已然散佚的唐朝国史、五代实录等原始文献。但在北宋中叶，这些今天弥足珍贵的史料大多仍保存完好，不需要特别抄录，何况欧阳修撰写《新唐书》《新五代史》两部史学名著的目的也不是排比史料，因此他可以为了编纂旨趣与记述重心而自主裁剪、选摘史料。正如学者所言："不可否认，这一带有鲜明主观取舍倾向的史料采撰原则，势必会造成诸多客观事实的零落……不过，从历史研究的角度客观指出二者在史料价值上的得失与差异固然重要，但不能以此作为衡量两部史书价值高下的主要依据。"③

---

① ［清］王鸣盛著，陈文和主编：《十七史商榷》卷九三《新旧五代史一》"欧史喜采小说薛史多本实录"条，第1370页。
② ［清］永瑢等：《四库全书总目》卷四六《新唐书二百二十五卷》，第410页。
③ 屈宁：《〈新五代史〉编纂思想考论》，第166页。

第三章

事增于前，文省于旧：欧阳修与《新唐书》

北宋中期统治形势严峻，社会危机四伏，宋代史家秉持着"求真实，供鉴戒"的史学思想，述往思来、鉴古训今的意识尤为强烈。欧阳修的著史倾向，很大程度上来自他对史著现实功能的强调。因为宋朝要以唐朝为师法对象，所以《新唐书》于典章制度尤详，志、表最佳；对五代则以鉴戒为主，所以《新五代史》重点记述治乱兴衰之事，司天、方职以考代志，礼乐、职官、食货之沿革干脆削而不书。四库馆臣评价欧阳修"意主断制"，"故其词极工，而于情事或不能详备"①，但欧阳修只不过是走在最前面的那个。"这种选择性的记述原则，堪称北宋中叶以后历史编纂学的一个整体特征，《资治通鉴》《续通鉴长编》《建炎以来系年要录》等继出之作，在记述历史方面都不是平均用力、平铺直叙的，而是各有其重心，在编纂旨趣上与《新五代史》呈前后相继、交相辉映之势。"②

宋代史学的这种突出特征，也与这一时期新儒学的发展紧密相关。宋代的儒学为了与佛老之学对抗，以义理之学取代旧儒的章句之学，并追求经世致用的有用之学。③作为新儒学发展的先锋主力，欧阳修当仁不让，将这种思潮贯彻在史学上，具体表现为以下几个方面：

一是对旧史的大胆质疑和改作。《新唐书》《新五代史》都是在已有《旧唐书》《旧五代史》的基础上，推翻前作重新书写，"在内容取舍、体例、义例、史论等方面均有创意，体现了宋儒'独抒胸臆'的指导思想"④。比如《新五代史》贯通五代另作十国世家的编纂方式，以类分传的创新，以"呜呼"发论一咏三叹，《新唐书》首创《兵志》，删去骈体诏令等，都体现了欧阳修对历史编纂的独到见解和敢为天下先的魄力。至于重人事而轻天命，对传统史学中充斥的祥瑞、谶纬思想大加摈斥，揭露并批判佛道二教的迷信危害，则折射出以欧阳修为代表的宋朝士大夫维护儒学"道统"的高度

---

① ［清］永瑢等：《四库全书总目》卷四六《旧五代史一百五十卷、目录二卷》，第411页。
② 屈宁：《〈新五代史〉编纂思想考论》，第166—167页。
③ 刘复生：《北宋儒学复兴要"复兴"什么》，第1页。
④ 曹家齐：《欧阳修私撰〈新五代史〉新论》，第7页。

自觉。

二是以义理改造史学，主要是取法《春秋》，高举褒贬史学的大旗，弘扬儒家的忠孝礼义之道。中唐以来，以《春秋》义法来修撰史书的"义法史学"思潮随着儒学复兴而兴起。有学者指出，《新五代史》在对《春秋》义法的运用上具有新、精、全的特点：在此之前效仿《春秋》的史籍多为编年体，欧阳修创造性地将《春秋》义法引入纪传体并获得成功，这是"新"；欧阳修对《春秋》研究精深，在撰史时能精准地运用《春秋》义法确立体例、统摄材料、组织语言，最后达到"褒贬谨严"的效果，这是"精"；欧阳修师法《春秋》，无论是语言表达、细节把握、史实甄别、人物评判等修撰义例方面，还是伦理纲常、天人关系、政治主张、民族思想等修撰旨趣方面，都全部吸纳《春秋》义法，这是"全"。[①]《新五代史》因此成为"义法史学"的集大成之作，开拓了史学朝着义理化发展的新方向。

三是经世致用的史学思想。欧阳修在经学上主张"儒者之于礼乐，不徒诵其文，必能通其用；不独学于古，必可施于今"[②]。在史学上，欧阳修也往往流露出深沉的盛衰兴亡之感，言在过去，剑指当下。他的许多政治主张，都能在史论中找到出处。因而有学者指出，欧阳修的史著是他政治观点的另一种反映，通过总结历史，思考解决社会危机的方案，他的修史实践与他的政治活动、古文运动是紧密联系在一起的。[③]比如在北宋"濮议"风波中，时任参知政事的欧阳修主张宋仁宗过继来的继承人英宗称他的生父濮王为"皇考"，即承认过继前的亲生父子关系，引发朝廷争议。在《新五代史·晋出帝本纪》中，他借史论阐明了自己的立场：晋出帝石重贵是晋高祖石敬瑭兄长的儿子，继位后追封自己的生父为宋王，称之"皇伯"。这是因为石敬瑭另有幼子，出帝得位不正，所以讳言自己的真实出身。欧阳修说，如果高祖

---

① 李建军：《试析宋代史学对〈春秋〉义法的吸纳——以〈新五代史〉为考察中心》，第206—207页。
② [宋]欧阳修：《欧阳修全集》卷四八《武成王庙问进士策二首·其二》，第673页。
③ 吴怀祺：《中国史学思想通史：宋辽金卷》，黄山书社，2002年2月，第47页。

第三章
事增于前，文省于旧：欧阳修与《新唐书》

无子，出帝作为侄子继位就是正统，就不需要否认自己的生父以欺骗世人。出帝"臣其父而爵之"的做法"灭绝天性"。①对应到北宋，英宗因仁宗无子而过继，礼法使然，不需要避讳自己的出身，尊崇自己的生父才是符合儒家忠孝规范的做法。欧阳修对后晋这段历史的探讨，显然是为他现实中的政治主张辩护。

对北宋现实的忧虑和以史为鉴的鲜明意识，使欧阳修对历史问题的思考更加深刻，他善于站在历史长时段的高度总结规律，映照现实。以新、旧两部唐书的《食货志》为例，旧志意在突出君主和理财者对社会经济变化的影响，强调君主的"节制""宽简"和选贤任能对国家财用的重要性。新志则在肯定"人治"重要性的基础上，"还着眼于财赋制度本身的因革损益对社会发展的影响"："唐初制度简易，官府用之有节，故'兵虽多而无所损'，'官不滥而易禄'，社会相对安定。后期之所以由盛而衰，主要源于社会危机的凸显，尤其是'兵冗官滥，为之大蠹'，以致'骄君昏主，奸吏邪臣，取济一时，屡更其制'，而致使'经常之法，荡然尽矣'，其连锁反应是'财利之说兴，聚敛之臣进'，与民争利者大行其道，百姓不堪重负，'竭其力而不能供，由是上愈不足而下愈困'，最终'愈烦而愈弊，以至于亡'。"②《新唐书》编纂者对唐朝财政制度沿革的审慎凝视，饱含着对本朝相似弊政的省思。唐朝的"兵冗官滥"与北宋的"三冗""积贫"问题遥相呼应，而对"财利之说兴，聚敛之臣进"的忧虑，放到书成十年后的王安石变法之上，也颇切时弊。

孔子"治史以治世"，《春秋》的核心思想是拨乱反正、惩恶劝善，倡导以儒家礼义来教化天下。欧阳修的史学在新儒学的思想指导下，具有鲜明的"卫道"色彩，因此格外偏重于政治领域，对经济、文化等领域的关注也往往聚焦于典制因革与历史治乱之间的关系，具有强烈的忧患意识和历史鉴戒

---

① ［宋］欧阳修撰，［宋］徐无党注：《新五代史》卷九《晋出帝本纪论》，第98页。
② 屈宁：《述往思来：〈新唐书〉的编纂思想和特点》，第160页。

思想，关注重点不仅在于"往事之不忘"，更在于"来者之兴起"。[①]虽然过于强调史学的现实功用，必然会在一定程度上折损史学的求真价值，但正如学者所说："宋代以后，史学功用日渐卫道，'正史'思想趋向理学，史学形式越加规范，都是以《新唐书》为起点的，这是认识中国传统史学时不能不注意的一个重要问题。"[②]

在欧阳修等人引经入史的不懈努力下，史学在儒学领域的价值日益突显，地位不断提高，乃至与经学分庭抗礼，《新五代史》《新唐书》等史学著作成为新儒学形成时期的重要成果。欧阳修在《新五代史》中首先尝试以义理改造史学，继而在《新唐书》中继续贯彻和完善这一史学路径，很大程度上代表了宋代以后官方史学的发展趋势，对中国的学术发展具有深远影响。

---

① 屈宁：《述往思来：〈新唐书〉的编纂思想和特点》，第161—162页。
② 谢保成：《关于〈新唐书〉思想倾向的考察》，《社会科学战线》1993年第4期，第183页。

第四章

铭志著世，义近于史：欧阳修的碑志文成就

第一节 人生百年，何能不朽：碑志文的发展及特点

一、宋以前的碑志文发展

古人云："死生亦大矣。"① 人生在世，不过百年，如白驹过隙，倏忽而已。在这世上鲜活地存在过、生活过的芸芸众生，有多少人能在历史的长河中留下自己的痕迹？又有多少人能够扬名后世、万古流芳？人生百年，何能不朽，成为我们的先人们不断追问的一个永恒的话题。

《左传》有言："太上有立德，其次有立功，其次有立言，虽久不废，此之谓不朽。"② 立德、立功、立言是古人追求的"三不朽"，高尚的品德、伟大的功绩、深邃的论说不会随着肉身的逝去而毁灭，可以永存于世。然而能做到立德、立功、立言的人，历史上又有几何？于是，古人们找到了一个更为便捷的办法，把自己的生平事迹刻于金石之上，金石不腐，便同乎不朽，所

---

① ［唐］房玄龄等撰：《晋书》卷八〇《王羲之传》，中华书局，1974 年，第 2099 页。
② ［清］阮元校刻：《十三经注疏·春秋左传正义》卷三五，中华书局，2009 年，第 4297 页。

谓"死而不朽,名勒丹书,功著金石,与日月俱"[①],"托有形之物,欲垂无穷之名"[②]。相比于金属器皿,石头则更为普遍易得,于是从东汉开始,碑志逐渐兴起,相应地,产生了碑志文这一文体。

在碑志文的创作发展史上,东汉的蔡邕、唐朝的韩愈和北宋的欧阳修是具有里程碑意义的人物,他们的创作实践使这一文体成为文学史上极为独特的一个存在,碑志因他们而成为集文学艺术、书法艺术和历史价值于一体的重要文化遗产。

蔡邕是东汉末年著名的文学家、书法家,博通经史,才华横溢,在碑志文发展的过程中具有奠基之功。东汉时期,越来越多的人采用树碑的方式来追求生命的不朽。刘勰在《文心雕龙》中记载:"自后汉以来,碑碣云起。"[③] 树碑表墓以追不朽的风气流行开来,碑志文应运而生。刘勰接着写道,在众多的碑志文创作者中,"才锋所断,莫高蔡邕"[④]。蔡邕的碑志文逐节敷写墓主世系、履历、身后境况,铭的部分多用四言韵语,奠定了后世的碑志文创作规范。蔡邕所作文章众多,但到了南宋的时候,只有九十余篇流传于世,在其中,"铭墓"的碑志文就占据一半,可见其碑志文流传之久远。

到了魏晋南北朝时期,受当时文学风气的影响,碑志文日趋骈化;而门第观念的盛行,使这一时期的碑志文所述世系部分更加繁复。这导致墓志铭记述墓主本身事迹的部分简短空泛,呈现出千人一面、千篇一律的程式化特征。除了感受碑志文作者的文采斑斓外,较难从碑志文内容本身解读出有关墓主和墓主所生活时代的更多历史信息。

---

① [东汉]杜笃:《大司马吴汉诔》,载[清]严可均编《全上古三代秦汉三国六朝文》卷二八,中华书局,1958年,第1255页。
② [宋]欧阳修:《欧阳修全集》卷一三六《集古录跋尾·后汉郎中王君碑》,第2135页。
③ [南朝梁]刘勰:《增订文心雕龙校注》卷三,黄叔琳注,李详补注,杨明照校注拾遗,中华书局,2012年,第155页。
④ [南朝梁]刘勰:《增订文心雕龙校注》卷三,第155页。

第四章

铭志著世，义近于史：欧阳修的碑志文成就

直至中唐韩愈的出现，才彻底改变了魏晋碑志文骈化严重、千人一面的现象。韩愈"文起八代之衰，而道济天下之溺"①，他所领导的古文运动，反对骈文、提倡古文，重振道统，一扫文坛的浮华侈丽之风。在碑志文创作中，韩愈打破了蔡邕所开创的逐节敷写墓主世系、履历的格局，选择二三鲜明事迹来刻画人物形象，给碑志文创作带来一股清新自由之风。此外，韩愈将史传的创作笔法引入碑志文之中，这对于以欧阳修为代表的后代碑志文创作产生了非常深远的影响。②

钱基博先生曾对蔡邕和韩愈的碑志文成就有过一段精彩总结。他认为碑志文有两种范式：一种是蔡邕体，以人物履历为纬而文辞多夸张虚赞之语，魏晋南北朝及隋唐的碑志文多是宗法蔡邕；一种是韩愈体，体裁仿照正史的传记，如实记述人物的事迹，唐以后的欧阳修、三苏、曾巩、王安石等人多是宗法韩愈。③

但到了唐末五代，文坛浮靡之风复起，碑志文又重回至骈体的格式。再次扭转碑志文创作弊风的重任，便落在了北宋古文运动的领导者欧阳修肩上。

二、欧阳修的碑志文创作

碑志的特殊性质决定了志文的一大特点就是歌功颂德、褒善扬名。欧阳修说："铭者，所以名其善功以昭后世也"④"铭所以彰善而著无穷也"⑤。人生一世，谁不想流芳后世呢？如果是美德与功业兼具之伟人，再加上名家如椽之笔的加持，美名与文采彼此成就，无疑更有利于声名的传播。即使是没

---

① ［宋］苏轼：《苏轼文集》卷一七《潮州韩文公庙碑》，孔凡礼点校，中华书局，1986年，第509页。
② 景祥、李贵银编著：《中国历代碑志文话》，辽海出版社，2017年。
③ 钱基博：《中国文学史》，中华书局，1993年，第360页。
④ ［宋］欧阳修：《欧阳修全集》卷二六《尚书虞部员外郎尹公墓志铭》，第400页。
⑤ ［宋］欧阳修：《欧阳修全集》卷二八《永州军事判官郑君墓志铭》，第428页。

有什么非凡事迹和丰功伟绩的普通人，借助于创作者的生花妙笔，也能从其平凡的人生中发掘出点滴闪光的德行，成为碑志文中垂范后世的主人公。所以，在某种程度上，一个人能否流芳百世，不仅仅取决于其个人的生平，还取决于碑志文出自何人之手。所以，历史上像韩愈、欧阳修这样著名的文学家往往成为碑志文请托最抢手的优秀作者。

那碑志文如何让碑主流芳后世呢？首先，从碑志文所记载的内容来看，多是记载碑主的丰功伟绩和善德嘉行，古人所谓立德、立功、立言"三不朽"，生平功绩和美好德行自然是碑志文所大书特书的部分。"若功建而颂不兴，德立而辞不作，则千载之下曷闻？百代之后曷述？"[1]丰功伟绩和善德嘉行借助坚硬的碑石而流传千古。而如何选择人物的事迹，怎样书写人物的德行，就要看创作者的创作取向和个人才情了。韩愈虽是碑志文的创作大家，是碑志文发展史上举足轻重的人物，但他本人猎奇心比较重，喜好奇人奇事，所写的碑志文多奇崛险谲，打上了深深的个人烙印，而碑志文的可信度便因此打了折扣。相比之下，欧阳修"蓄道德而能文章"[2]，既是文坛宗主，文笔绝妙，文章能够流传千古，又品德高尚，为世人所敬重，其碑志文的写作，注重历史的真实与文辞的平实，既能够取信于当时，又能够传信于后世，成为孝子贤孙请托撰写碑志的不二人选。

正因为如此，欧阳修的"文债"不断，尤其是碑志文"订单"应接不暇。欧阳修在给好友刘敞的信中说道："某为之翰家遣仆坐门下要志铭，所以两日不能至局。大热如此，又家中小儿女多不安，更为人家驱逼作文字，何时免此老业？"[3]请托之家的仆从整日坐在家门口催要文章，以至于欧阳修都不能正常工作，不免向好友诉苦抱怨。可见欧阳修所作的碑志文备受时人推崇。

---

[1]《魏故世宗宣武皇帝嫔墓志》，载赵超《汉魏南北朝墓志汇编》，天津古籍出版社，2008年，第184页。
[2]［宋］曾巩：《寄欧阳舍人书》，载《曾巩散文选集》，百花文艺出版社，2005年，第26页。
[3]［宋］欧阳修：《欧阳修全集》卷一四八《与刘侍读二十七通之十六》，第2424页。

第四章
铭志著世，义近于史：欧阳修的碑志文成就

欧阳修所作的碑志文目前存世的有一百一十一篇，为两宋创作碑志文较多的名家之一，在这一领域取得了很高的成就。欧阳修不像韩愈那样追求奇绝，在他看来，碑志就是一个人的历史，他以史家的身份和笔法撰写碑志文，标志着宋代以史笔为碑志走向成熟，对后世碑志文的撰写产生了深远影响。

第二节　铭而载道，以昭后世：欧阳修碑志文所追慕的士大夫精神

欧阳修传世的一百一十一余篇碑志文中，很大一部分的写作对象是文人士大夫，包括名臣、贤官、良吏、处士等。欧阳修的碑志文折射出真宗、仁宗朝士大夫的精神和风貌，从这些文字中，可以感受到欧阳修所追叙仰慕的士大夫精神。

一、赵宋王朝涵养士人的文化环境

在中国历代王朝中，赵宋王朝是典型的崇尚文治的朝代。宋朝是天子与士大夫共治天下的时代，宋人不无骄傲地说，本朝家法"规模一以经术，事业付之书生"[①]。但宋朝的文治局面不是一朝一夕形成的，"以天下为己任"的士大夫群体也并非是随着赵宋王朝的建立而突然产生的。

北宋之前的五代十国是极乱之世，五十多年的时间里，帝王更易八姓，战乱不息，生灵涂炭。社会崇尚武功，轻薄文士，后汉大将史弘肇曾直言，镇安朝廷，平定祸乱，需要的是长枪大刀，"毛锥子"（代指文士）有何用处？当此之际，文运衰颓，士人零落，欧阳修在《新五代史·一行传序》中感叹："呜呼，五代之乱极矣，传所谓'天地闭，贤人隐'之时欤！当此之时，

[①] ［宋］陈傅良：《乾道壬辰进士赐第谢太上皇帝表》，载曾枣庄、刘琳主编《全宋文》第二六七册·卷六〇二五，第181页。

臣弑其君，子弑其父，而搢绅之士安其禄而立其朝，充然无复廉耻之色者皆是也。"①

北宋的开国皇帝宋太祖赵匡胤虽然是行伍出身，却喜好读书，在后周为将时，即使行军打仗也经常手不释卷。赵匡胤在攻下寿州后，不掠金银，不抢珠宝，却装载了几车书，由此还受到小人的中伤，诬告他私藏财货。赵匡胤称帝后，深知马上打天下而不能马上治天下的道理，想要振兴文教，以文治国。乾德年间发生的一件事情深深刺激了宋太祖，使他更加深信以文治天下的重要性和必要性。

宋太祖曾命宰相范质、王溥等人草拟未曾被前代帝王使用过的新年号，于是宰相上奏了"乾德"这一年号。乾德三年（965），北宋灭后蜀，后蜀宫廷中的部分宫人被纳入北宋宫廷。有一天，宋太祖随意翻看后蜀宫人的妆奁首饰，无意之中看到一面旧铜镜，铜镜背面刻有"乾德四年铸"的字样，太祖大惊，把这面铜镜拿给宰相们观看，并且质问道："现在是乾德三年，怎么会有乾德四年所铸的铜镜呢？"宰相们面面相觑，不能回答。于是宋太祖又询问学士陶穀、窦仪，窦仪说："这一定是蜀地的东西，前蜀皇帝王衍有'乾德'这一年号，这面铜镜应当是王衍在位时所铸造的。"宋太祖不禁感慨道："宰相须用读书人！"从此宋太祖更加器重儒臣，经常劝导宰相大臣多多读书。宋太祖还想让武臣读书，力图扭转唐末五代以来尚武轻文的风气。

宋太宗在位时，更加崇文抑武。一方面，宋太宗大大增加科举取士名额，"博求俊彦于科场中"②；另一方面，建崇文院、置秘阁，搜集、整理历代典籍，广召天下文士。从太平兴国二年（977）开始，宋太宗命饱学之士编纂《太平御览》《太平广记》《文苑英华》三部书，大兴文化事业。在统治者的大力倡导之下，宋朝社会的读书之风日盛，官僚群体的文化素质整体大为提高。

---

① ［宋］欧阳修撰，［宋］徐无党注：《新五代史》卷三四《一行传序》，第369页。
② ［元］脱脱等：《宋史》卷一五五《选举志》，第3607页。

第四章
铭志著世，义近于史：欧阳修的碑志文成就

五代时期的宰相，多为不学无术之徒，如后唐宰相马胤孙不通世务，人称"三不开"，即不开口论议、不开印行事、不开门以延士大夫。宰相如此，皇帝自然无尊崇之意。后唐废帝曾看着宰相李愚说："此粥饭僧尔！"[①]指责其饱食终日而无所用心。

北宋初年的宰相大臣多是自五代十国进入北宋朝廷，大多如马胤孙、李愚辈不晓世务、不善文翰。即使是太祖、太宗时的名相赵普，也是长于吏道、寡于学术，太祖还经常劝诫他要勤奋读书、多加学习。宋真宗即位时，北宋立国已将近四十年，在宋朝崇文政策下成长起来的文人士大夫开始进入庙堂，走上历史舞台。到了仁宗朝，更是文教兴盛、人才辈出。《宋史·文苑传序》盛赞："自时厥后，子孙相承，上之为人君者，无不典学；下之为人臣者，自宰相以至令录，无不擢科，海内文士彬彬辈出焉。"[②]这说的是宰相以下至县之令长和州之录事参军等地方基层官员，都是由科举考试选拔出来的文士担任。真宗、仁宗朝，即北宋中期，"士人意识"逐渐觉醒，这一时期"真正形成具备明确的主体意识、道德责任感张扬、兼具才学识见与行政能力的新型士大夫群体"，确立了"有宋一朝士大夫与帝王'共治天下'的格局"。[③]

欧阳修碑志文所记载的人物，大多是真宗、仁宗时期的士大夫，他们有的是真宗、仁宗朝的宰相名臣，有的是造福一方的贤官良吏，也有的是终身不仕但贤名达于乡野的逸民处士，无论是居庙堂之高，还是处江湖之远，他们都"以名节相高，廉耻相尚"[④]，身上都有达则兼济天下、穷则独善其身的儒家精神，都有忧国忧民、修齐治平的理想与担当。欧阳修通过为这些士大夫撰写神道碑或墓志铭，记录并塑造着宋朝士大夫的风骨，也在记录和塑造

---

① ［宋］欧阳修撰，［宋］徐无党注：《新五代史》卷五四《李愚传》，第622页。
② ［元］脱脱等：《宋史》卷四三九《文苑传序》，第12997页。
③ 邓小南：《走向再造：试探十世纪前中期的文臣群体》，载《朗润史学丛稿》，中华书局，2010年，第73页。
④ ［元］脱脱等：《宋史》卷四四六《忠义传》，第13149页。

中表达他所追慕的士人精神。

二、欧阳修碑志文中的名臣良相

《欧阳修文集》中所收录的碑志文有百余篇，其中写作对象为真宗、仁宗朝宰执的约占十分之一，王旦、陈尧佐、晏殊、范仲淹的神道碑铭，薛奎、杜衍、王尧臣、吴育的墓志铭，程琳的神道碑铭和墓志铭，均是出自欧阳修之手。这些真宗、仁宗朝的名臣良相是北宋士大夫的代表，他们的功德事迹在欧阳修的撰述下勒于金石，传之不朽；欧阳修也在撰述这些名臣良相的功德事迹中追慕他理想中的士大夫精神。下面以陈尧佐、王旦、范仲淹的神道碑铭为例，剖析欧阳修所追慕的士大夫精神。

1.《太子太师致仕赠司空兼侍中文惠陈公神道碑铭》

陈尧佐（963—1044），祖籍博州（治今山东聊城），其先人五代时迁至阆州（治今四川阆中），其父陈省华曾在后蜀为官，北宋平定后蜀后，仕宦于北宋。陈尧佐是陈省华的次子，长兄陈尧叟是太宗端拱二年（989）的状元、真宗朝的宰相；三弟陈尧咨是真宗咸平三年（1000）的状元，官至节度使；陈尧佐本人也在仁宗朝拜相。兄弟三人位列将相，使陈氏一族显赫一时。

庆历四年（1044），宰相陈尧佐去世，陈尧佐的儿子拿着亡父的生平事迹、太常寺拟定的谥号、墓志铭等来请求欧阳修撰写神道碑铭。

和尧叟、尧咨兄弟相比，陈尧佐"贵且寿"[①]，享年八十二岁，历仕太宗、真宗、仁宗三朝，是北宋"右文"政策涵养下成长起来的第一批士大夫的代表。在神道碑铭中，欧阳修重点描述陈尧佐"立德"，以重点事迹功业体现其"德"。

在简述完陈尧佐的仕宦履历后，欧阳修对陈尧佐的"德"进行了精当的概括："公为人刚毅笃实，好古博学。居官无大小，所至必闻。其仁足以庇民，智足以利物，忠足以事上，诚足以信于人。"陈尧佐治民仁厚，处事智

---

① ［元］脱脱等：《宋史》卷二八四《陈尧佐传》，第 9584 页。

第四章
铭志著世，义近于史：欧阳修的碑志文成就

慧，事君忠诚，待人诚信。有什么证据可以证明陈尧佐做到了这几点呢？欧阳修选取了陈尧佐一生中的几个片段，用以证明他的仁、智、忠、诚。

潮州（治今广东潮州）境内有鳄溪，又名恶溪，溪内鳄鱼时常为患。真宗咸平年间，陈尧佐做潮州通判。当地百姓张氏和她的儿子在溪中洗澡，鳄鱼尾随吃掉张氏的儿子，尸骨无存，张氏号啕痛哭，但只能眼睁睁地看着自己的儿子葬身鳄口。陈尧佐听闻后，既悲且愤，命属下驾舟持网前去捕捉鳄鱼。鳄鱼凶猛残暴，捕捉它绝非易事，以前的潮州地方官都无能为力，就连唐朝的韩愈也只能以祭祀的方式告诫鳄鱼不要为患地方，陈尧佐却为了百姓的利益，不畏凶兽，决意命人捕捉。捕捉到鳄鱼后，陈尧佐命人在闹市中戮杀鳄鱼，并作《戮鳄鱼文》，自此之后潮州再无鳄患。

陈尧佐做寿州知州时，遭逢饥荒，就把自家的米拿出来熬成稀粥，赈济饥民。境内的官吏百姓听说知州的这一举动，争相献出自家的粮食，救活了数万百姓。陈尧佐对人言："我这么做，难道是把此事当成私人的恩惠吗？只是因为与其用政令命令官民，不如以身作则，让大家乐于效仿罢了。"孔子曾云："君子之德风，小人之德草。草上之风，必偃。"[1] 领导身体力行、以身作则，以善政善行来引导、教化百姓，百姓自然会纷纷效仿。陈尧佐践行了儒家善政德化的理念，真正做到了"仁足以庇民"。

钱塘江涨潮时潮水汹涌，往往冲垮堤岸，以往的防御方法是在竹笼中填装石块，垒成堤坝来阻挡潮水。这种方法虽然能收到一时之效，但潮水侵蚀竹笼，几年后竹笼松坏，石块散出来，堤坝就会再次被潮水冲垮。陈尧佐任两浙转运副使时，认为筑堤本来是为了防止潮水泛滥，但原来的筑堤方法反而劳民伤财，于是提出以"薪土"代替竹石来修筑堤坝。朝中与陈尧佐政见不同的人认为这种方法不如旧法，并借此中伤陈尧佐，陈尧佐争辩不已。最终陈尧佐被调离两浙，当地官员仍用旧法筑堤，但修了几年都没有修成，民力大困。最后他们采纳了陈尧佐的建议，堤坝很快便建成了，可见陈尧佐有

---

[1] ［宋］朱熹：《四书章句集注·论语集注卷六》，中华书局，1983年，第138页。

· 145 ·

先见之明。

真宗天禧年间（1017—1021），黄河泛滥，朝廷起用陈尧佐任滑州知州，治理黄河。到任后，陈尧佐亲自巡查堤防，勘察水情，废寝忘食，昼夜督促，创制了一种名为"木龙"的防汛拦水工具，又用秫秸、石块、树枝筑成"埽"巩固河堤，最后在外围修筑长堤来加以防护，这样层层推进，形成了一套完整的防洪系统，有效预防了黄河泛滥。当地百姓为纪念陈尧佐的治水功绩，把这条长堤命名为"陈公堤"。此外，陈尧佐在河东任转运使时，奏除石炭税，减轻冶铁课税，凿山开路，以通太行之险。修堤、治水、除税、开山，为官一任，造福一方，陈尧佐有决心、有能力、有办法解决百姓的实际问题，可见其"智足以利物"。

陈尧佐无论在何地为官，无论官职大小，为政之道，"一以诚信"。开封府为北宋帝都，事务繁杂。每年正月，京城燃放花灯，热闹非凡，为保证京城治安，以前的开封府尹会把有前科的恶少年登记在册，提前关押起来。而陈尧佐任开封府尹时，把这些少年们召集起来，对他们说："以前的府尹把你们当恶人来对待，你们怎么会做善事呢？我把你们当好人来看待，你们又怎么忍心做坏事呢？"陈尧佐把他们全部释放，一连五晚，没有一人犯法。陈尧佐以诚待人，百姓也以诚报之。

陈尧佐事君忠诚，无论在朝廷还是在地方，别人所不敢言的事情，他都能直言不讳；平生所上奏疏很多，但陈尧佐将其全部焚毁。无论是奏人之善，还是论人之恶，陈尧佐都是针对国事而非针对个人，一从本心，"忠足以事上"。

"仁足以庇民，智足以利物，忠足以事上，诚足以信于人"，正是欧阳修所追慕、向往的士大夫精神。"仁"是儒学思想的核心，仁者爱人，一个理想的好官最基本的品格是要本于仁义，急百姓之所急，想百姓之所想，解百姓之所难，以庇佑、造福一方百姓。古代士大夫为政，注重德治，注重教化，陈尧佐以身作则，捐献粮食赈济饥民，引得官民争相效仿，不仅以仁义庇护百姓，而且以仁义教化民众。

第四章
铭志著世，义近于史：欧阳修的碑志文成就

急百姓之所急、想百姓之所想不是难事，解百姓之所难却需要智慧，所以行政智慧和行政能力是衡量一个优秀士大夫的重要标准之一。此外，忠于君主、诚信待人也是欧阳修理想中的士大夫所不可缺少的品行。仁、智、忠、诚精当概括了陈尧佐的德行，也表达了欧阳修所向往的文人精神。

2.《太尉文正王公神道碑铭》

宋朝很多宰相像陈尧佐一样，虽然位至宰相，但更多的时间是在地方为官，在一生的仕宦生涯中，为相的时间并不长。但在宋代的历史上，还是有一些长期身居相位、辅佐君主的宰相，比如在真宗朝掌权十八载的王旦。

宋仁宗至和二年（1055），身为翰林学士、史馆修撰的欧阳修为王旦撰写了神道碑铭。欧阳修与王旦没有交集，王旦去世时，欧阳修只有十岁。欧阳修详细考证国史、实录的记载，并向其他士大夫打听关于王旦的事迹，写成了这篇《太尉文正王公神道碑铭》。王旦掌权十八年，可书写的事迹自然很多，但欧阳修仅选取几个典型事例来刻画王旦的形象。从欧阳修对王旦事迹的裁剪、选取中，可以品味出在欧阳修心目中，真正的宰相应当具备什么品质。

在《太尉文正王公神道碑铭》中，欧阳修记述了王旦做宰相的一大原则便是慎守法度。宋真宗时，北方的辽朝和北宋订立澶渊之盟，西北的西夏向北宋称臣盟誓，北宋的边患暂时缓和。外患既平，就会有一些人将关注点转移至国家的内政上来，想要整顿内政。而王旦认为祖宗的法度，务必要遵行已有的制度，如果要有所改变，一定要十分慎重。

和王旦一样，同为真宗朝宰相的李沆也曾说自己做宰相，没有特殊的才能，只是能不改朝廷的法制，以此来报效国家，欧阳修称赞李沆"有大臣体"[①]。欧阳修曾是庆历新政的核心人物之一，是改革派的代表和坚定拥护者，但经历了庆历新政的失败，到写作王旦墓志铭时，离庆历新政已有十余年，欧阳修的改革思想已经缓和了很多，不再像庆历年间那么激进。在反思庆历

---

① [宋]欧阳修：《归田录》卷一，李伟国点校，中华书局，1981年，第7页。

147

新政失败的过程中,欧阳修逐渐意识到盲目的改革非但不能扫除积弊,反而会耗费民力,激化矛盾。因此,欧阳修虽然仍认为现在的国家行政制度存在很多弊端,但他逐渐认同王旦"慎所改作"的观点,认同改革绝不能操之过急,认为慎守法度是宰相的必备素质之一。

仁宗朝的贤相王曾曾说宰执大臣不能够"收恩避怨"[①],既不能施加恩惠以笼络人心,也不能为避免结怨而唯唯诺诺。欧阳修曾盛赞王曾反对"收恩避怨"的观点,而王旦的所作所为完美诠释、践行了这一观点。王旦主政期间,"荐士尤多",向朝廷推荐了很多人才。王旦举荐人才,不是依据名誉,而是依据实际才能。王旦从不凭借举荐人才收买人心,完全是出自公心。欧阳修举了一个事例。寇准罢职枢密使时,托人找到王旦,想要成为使相[②],王旦大惊道:"将相的任命,怎么可以请托强求呢?况且我从不接受私人请托。"寇准由此心怀怨憾。不久,寇准除授武胜军节度使、同中书门下平章事,如愿以偿成为使相,朝见真宗时,真宗说出实情,告诉他此任命是出自王旦的举荐。寇准得知真相后十分惭愧,自叹德量远不如王旦。王旦去世后,史官修撰《真宗实录》时得到宫廷所保存的奏章,人们才知道朝廷中的很多人才,其实都是出自王旦的举荐,而王旦生前从未对人说过这些事情。

遇到了有损国家法度的事情,王旦从不讳言,直言敢谏。宦官刘承规深受真宗宠信,在临死之际,向真宗求取节度使的职位,真宗知道这是刘承规临终前最大的愿望,便同王旦商议此事。王旦认为从来没有宦官成为节度使的先例,因此不能答应刘承规的请求,并说:"如果日后有宦官请求担任枢密使,那该如何呢?"最终真宗没有答应刘承规的请求。王旦并没有因为惧怕结怨而奉迎皇帝的宠臣,而是直言不讳,捍卫了朝廷的法度。唯才是举、不收恩、不避怨,是欧阳修所认为的宰相必备素质之一。

---

① [宋]欧阳修:《归田录》卷一,第7页。
② 宋初,节度使、枢密使、亲王、留守、检校官兼中书令、侍中、同中书门下平章事,为使相。

第四章
铭志著世，义近于史：欧阳修的碑志文成就

宰相作为百官之首、皇帝的股肱之臣，需要以大局为重。真宗时，西夏向北宋称臣盟誓，此后却屡屡违背誓言，侵扰边境。大中祥符三年（1010），西北大饥，党项人向朝廷求借粮食，很多大臣认为西夏臣服朝廷后仍屡屡犯边，应当下诏书加以责备，不应借给他们粮食。王旦却请求真宗令有关部门在京师准备百万粟米，下诏令党项人来开封取粮，如此既显示出朝廷的仁德雅量，又能试探党项人对朝廷的忠心，真宗听后十分赞赏。而党项人得到诏书后，望粮兴叹，感叹朝廷有能人，十分惭愧。王旦从大局出发，不争一时之利，不逞一时之强，巧妙地稳定了西北的局势。

在《太尉文正王公神道碑铭》中，欧阳修选取了王旦为相生涯中的几个片段，生动地勾画出一位慎守法度、唯才是举、顾全大局的贤相形象，并在记叙中反映出欧阳修心目中宰相之器的具体表现。

3.《资政殿学士户部侍郎文正范公神道碑铭》和范吕解仇公案

说到北宋中期乃至整个宋朝士大夫的代表，便不得不提到范仲淹。范仲淹在朝堂直言敢谏，在地方惠泽一方，领导宋夏战争，主持"庆历新政"，有《范文正公文集》传世，古人所谓的立德、立功、立言，范仲淹皆有建树。他所追求并倡导的"先天下之忧而忧，后天下之乐而乐"的精神，更成为士大夫精神和文人风骨的思想内核之一。

宋仁宗皇祐四年（1052）五月，一代名臣范仲淹与世长辞，其子范纯仁请富弼和欧阳修分别撰写墓志铭和神道碑铭，二人作为范仲淹的同道兼好友，自然义不容辞。六个月后，即当年的十一月，富弼就写成了《范文正公仲淹墓志铭》，刻石埋入墓中；而欧阳修的神道碑铭，迁延至至和元年（1054）才最终完成。这篇两千余字的神道碑铭为何会耗时近两年之久？在给好友韩琦的书信中，欧阳修说为范仲淹所作的这篇神道碑铭极为难写，那么困难之处在哪里呢？

当时欧阳修正在颍州为母亲丁忧，欧阳修说"哀苦中无心绪作文字"[①]，

[①] ［宋］欧阳修：《欧阳修全集》卷一四五《与孙威敏公二通之二》，第2362页。

丁忧期间，心情哀痛，没有心情创作文章。但这不是最主要的困难，最主要的困难还是在于文章内容本身。一方面，范仲淹"道大材闳"①，可书写的事迹太多，如何从范仲淹波澜壮阔的一生中选取最能体现其品德才能的事迹，是欧阳修面临的一大困难；另一方面，记叙范仲淹的功业，必然会牵涉近三十年的北宋政治史，彼时范仲淹的政敌及其门人仍在当朝具有不容小觑的政治势力。况且神道碑不是深埋于地下，而是立于地上供人观览，稍有不慎，则稍稍平抑的党争便会死灰复燃。因此，欧阳修对范纯仁兄弟说，他们父亲的这篇神道碑铭极为难写，"敌兵尚强，须字字与之对垒"②。欧阳修说："此文出来，任他奸邪谤议近我不得也。要得挺然自立，彻头须步步作把道理事，任人道过当，方得恰好。……但言所以迟作者，本要言语无屈，准备仇家争理尔。如此，须先自执道理也。"③欧阳修以笔为刀，力图做到此文一出，字字在理，句句得当，让政敌无从置喙。

范仲淹在当时即为士人楷模，内自山林处士、乡野民夫，外至夷狄，无人不知范仲淹之名。关于范仲淹的事迹有很多，但为了避免和墓志铭、家谱等重复，也为了突出范仲淹的才德，欧阳修只记载了范仲淹所做的关乎天下国家的四件大事：直言敢谏、对夏战争、庆历新政、与吕夷简解仇。

仁宗天圣年间（1023—1032），因为皇帝年幼，太后刘氏临朝听政。天圣七年（1029）十一月，刘太后打算在冬至大朝会这一天让仁宗率领文武百官为自己庆贺。这一举动非同小可，透露出刘太后想要效法武则天的野心。很多官员清楚太后这一举动的政治内涵，但都缄默不言。而当时刚到朝廷担任秘阁校理的范仲淹上疏极力反对，认为天子是一国之君，不能和百官一样参拜太后，而且此举会开启后世贬抑君权、强化母后之权的祸端。不久，范仲淹又上书请求太后还政于仁宗。虽然仁宗没有采纳范仲淹的意见，范仲淹

---

① ［宋］欧阳修：《欧阳修全集》卷一四四《与韩忠献王四十五通之十五》，第2337页。
② ［宋］叶梦得：《避暑录话》卷上，涂谢权点校，山东人民出版社，2018年，第66页。
③ ［宋］欧阳修：《欧阳修全集》卷一五〇《与姚编礼二通之一》，第2482页。

第四章
铭志著世，义近于史：欧阳修的碑志文成就

也因为得罪太后而自请离开朝廷，但这种不畏强权、直言敢谏的精神得到世人的称颂，范仲淹的名望在士人之中迅速提升。

刘太后驾崩后，仁宗亲政，召还范仲淹，拜为右司谏。赤胆忠心、不畏权贵的范仲淹被任命为谏官，可以直言朝廷得失，深孚众望，士人为之一振。时任西京留守推官的欧阳修听闻这一消息，也是激动不已，虽然他与范仲淹素不相识，但二人都以天下为己任。欧阳修写下《上范司谏书》，热烈地讨论谏官的职责和自己对于朝政的看法，二人一拍即合，成为志同道合的好友。

欧阳修在神道碑铭中继续描写范仲淹直言敢谏。范仲淹任左司谏后，依旧直言不讳。他反对立杨太妃为太后，率领谏官、御史反对仁宗废黜郭皇后，由此贬知睦州（治今杭州建德梅城）。召还后，他依然不改耿直秉性，"益论时政阙失，而大臣权幸多忌恶之"。欧阳修在此处没有明言"大臣"是谁，但宋朝人说的"大臣"一般是指宰执大臣，此处暗指范仲淹的老对头宰相吕夷简。早在此前，范仲淹就因直言敢谏而得罪了吕夷简，此时范仲淹进献《百官图》，阐述朝廷升迁、除授官员的弊端，更是惹怒了他，被吕夷简指斥为狂妄放肆，贬知饶州。

后来，西北党项族元昊起兵反宋，宋仁宗复以吕夷简为相，而任命范仲淹为陕西经略安抚副使，后又任命其为环庆路经略安抚招讨使，指挥对西夏的战争。范仲淹身为一军之帅，谨慎持重，不急功近利。戍边期间，修筑城寨，招徕边境部族，整肃军队，操练兵将。范仲淹治军，军纪严肃，赏罚分明，戍边三年，将士勇于奋战，边防得以巩固。范仲淹的很多守边之法，一直为后世所沿用。

在神道碑铭中，欧阳修并没有回避范吕结仇一事，"自公坐吕公贬，群士大夫各持二公曲直，吕公患之，凡直公者，皆指为党，或坐窜逐"。从吕夷简开始，朝廷中朋党之论渐兴，吕夷简指斥范仲淹及其同道结为朋党，而范仲淹认为自古以来物以类聚、人以群分，君子相聚共谋善举，对于国家而言何害之有？欧阳修更是从此出发，创作了流传千古的《朋党论》。但在记

· 151 ·

载范吕结仇之后，欧阳修还特意记载了范吕解仇一事。元昊反叛后，边境再起战端，仁宗起用吕夷简为相、范仲淹为将，"于是二公欢然相约勠力平贼"，大敌当前，范吕二人释私仇而全大义，勠力同心，共赴国难，"天下之士皆以此多二公"，获得天下人的称赞。

神道碑铭的最后，欧阳修记叙范仲淹领导庆历新政一事。庆历三年（1043），宋仁宗拜范仲淹为参知政事，在农业、政治、教育等各领域进行改革，试图扭转大宋立国八十年以来的弊政。但改革遇到了巨大的阻力，范仲淹任参知政事仅一年就被罢免，庆历新政的改革措施一一被废，范仲淹自请守边。

通过记述范仲淹一生中的四个片段，欧阳修描绘了一位文韬武略、刚正不阿、以天下为先的贤明士大夫的形象。对于范仲淹与吕夷简之间的政治斗争，欧阳修处理得比较谨慎，既未回避，也没有扩大。然而，欧阳修耗时近两年精心创作的神道碑铭，虽然没有引起政敌的攻讦，却引起了自己的好友富弼和范仲淹之子范纯仁兄弟的强烈不满。引起争议的是范吕解仇一事，范纯仁坚持认为父亲没有和吕夷简解仇和好，要求欧阳修订正这一段文字。欧阳修得知范纯仁的请求后非常生气，说："此吾所目击，公等少年，何从知之？"[①] 被欧阳修拒绝后，范纯仁兄弟便在刻石时自行删去了这一段。欧阳修得知后，更为气愤，认为这不再是自己的文章，并且在给友人的信中，强调"范公家神刻，为其子擅自增损，不免更作文字发明，欲后世以家集为信"[②]，后人若要读范仲淹神道碑铭，当以自己的文集为准。

为何欧阳修执意保留范吕解仇一事呢？首先是因为范吕解仇确属事实，司马光的《涑水记闻》和苏辙的《龙川别志》都记载了范吕解仇的经过。此外，范仲淹曾亲自写了一封解仇书呈交吕夷简，南宋吕祖谦编纂的《皇朝文鉴》收录了这封解仇书，就是我们今天所见到的《上吕相公书》。因此，

---

① ［宋］叶梦得：《避暑录话》卷上，第67页。
② ［宋］欧阳修：《欧阳修全集》卷七〇《与杜欣论祁公墓志书》，第1020页。

第四章
铭志著世，义近于史：欧阳修的碑志文成就

范吕解仇符合事实，欧阳修认为当然可以记载在神道碑铭中。更为重要的是，记述范吕解仇一事，更能彰显范仲淹人格的伟大。欧阳修说："述吕公事，于范公见德量包宇宙，忠义先国家。"①虽然在范仲淹神道碑铭中记载范吕解仇之后，欧阳修实事求是地记载道"然朋党之论遂起而不能止"，但欧阳修还是希望通过范仲淹的格局、德量引导士大夫顾全大局，以国家大义为先。

三、欧阳修碑志文中的贤官良吏

在中国古代的历史长河中，能够出将入相、跻居高位的士人毕竟占少数，大多数士大夫官位并不高，更有很多人久沉下僚。但"位卑未敢忘忧国，事定犹须待阖棺"②，虽然职位低微，很多士人忧国忧民之心始终未改。欧阳修认为仕宦显达的人闻名于世，而善良贤德的人往往会因为声名不显而默默无闻，这样如何能够劝诫当世之人积德行善？又如何能让后世之人学习先辈的高贵品质呢？③所以，欧阳修身体力行，用一支笔为这些默默无闻的士人发声，为很多贤官良吏撰写墓志铭或神道碑铭，用文字记录他们的事迹，彰显他们的功德。

欧阳修笔下的贤官良吏，虽然每个人的生平事迹不同，但具有一些共同点：为人刚直不阿，为官恪尽职守。例如庆历年间和欧阳修同为谏官，并且和欧阳修并称庆历"四谏"的余靖，虽然言谈恭谨温顺，喜怒不形于色，但为人资重刚劲，做谏官时侃侃谔谔、直言无忌，使得奸佞权幸屏息畏惧。④

又如在《尚书度支郎中天章阁待制王公神道碑铭》中，欧阳修特意记载了墓主王质的一件事。仁宗景祐年间（1034—1038），范仲淹与宰相吕夷简不

---

① ［宋］欧阳修：《欧阳修全集》卷一五〇《与渑池徐宰六通之四》，第 2474 页。
② ［宋］陆游《病起书怀》，江守义注评《陆游诗词选》，安徽出版集团，2007 年，第 78 页。
③ ［宋］欧阳修：《欧阳修全集》卷二四《永春县令欧君墓表》，第 371 页。
④ ［宋］欧阳修：《欧阳修全集》卷二三《赠刑部尚书余襄公神道碑铭》，第 366—369 页。

和，吕夷简指斥范仲淹"越职言事，荐引朋党，离间君臣"[1]，范仲淹被贬外放，与范仲淹亲近或同情范仲淹的人，均被指为朋党。当此之际，很多人努力撇清与范仲淹的关系，也没有多少人愿意送别范仲淹，王质却抱病率子弟为范仲淹饯行，和范仲淹相处数日。有人指责王质："您身为忠厚长者，怎么能做这种事情呢？何苦自陷于朋党之中呢？"王质却徐徐地说："范公是现今天下贤德之人，我怎么能比得上他呢？如果我能够被认为是范公一党，对我而言是天大的幸事啊！"人们听他这么说，都为之缩颈。欧阳修盛赞王质"有仁者之勇，君子之刚"[2]。

刚直不阿、明知不可为而为之即为勇，孔子云："仁者必有勇，勇者不必有仁。"[3]"勇"是君子仁人所必备的品质之一。《中庸》言："知、仁、勇三者，天下之达德也。"[4]余靖、王质都可称得上有仁者之勇，为欧阳修所称赞。另外，欧阳修笔下的贤官良吏，在地方为官时，都是施仁政、兴教化，为官一任，造福一方。

孔子云："道之以政，齐之以刑，民免而无耻；道之以德，齐之以礼，有耻且格。"[5]一味地用刑罚、政令治理百姓，虽然能够止恶，却不能够劝善。儒家追求"有耻且格"的教化效果，要使老百姓能够自发地向善行善，这就要求为政者施行仁政，既要惩恶，更要劝善，宽简有度，有张有弛。欧阳修在为官员撰写墓志铭时，经常会提到这一点。

曾巩的祖父曾致尧为两浙转运使时，严厉打击倚仗权势作威作福的官

---

[1] [宋]李焘：《续资治通鉴长编》卷一一八"景祐三年五月丙戌"条，中华书局，2004年，第2784页。
[2] [宋]欧阳修：《欧阳修全集》卷二一《尚书度支郎中天章阁待制王公神道碑铭》，第337页。
[3] [宋]朱熹：《四书章句集注·论语集注卷七》，第149页。
[4] [宋]朱熹：《四书章句集注·中庸章句》，第28页。
[5] [宋]朱熹：《四书章句集注·论语集注卷一》，第54页。

第四章
铭志著世，义近于史：欧阳修的碑志文成就

吏，而"至其小易，则务为宽简"①。检校司农少卿张九思"为政以慈仁厚下为先"②，如果有人相互争斗，张九思常常两相调停，若双方态度强硬，没有一方肯退步屈服，那张九思必会用仁义礼法来教导双方，使得双方自发改过向善。

景祐五年（1038）③，欧阳修任乾德县（治今湖北老河口一带）县令。乾德位于汉水西岸，汉水在此处汇合南流。汉水水势汹涌，堤岸极易崩塌。欧阳修到任后，发现乾德百姓安定富足，虽然汉水波涛翻滚，但乾德安好无损。欧阳修感到十分奇怪，经过打探，才知这是因为乾德县有一条坚固的石堤，阻挡住了汹涌的水势，保护了一方百姓。欧阳修向当地人打听石堤的修筑者，乃知是前任长官李仲芳。欧阳修认为李仲芳的所作所为属于莫大的善政仁政，德泽后世，于是亲自撰写了《尚书屯田员外郎李君墓表》以彰显他的功德。④

在地方为官，诸事烦琐，官员除了需要具有仁心外，更需要有治理的智慧。古代的地方官，尤其是基层官吏，必然要面对大量的民间讼狱纠纷，这时便十分考验官员的能力和智慧。如钱冶在宣州（治今安徽宣城）为官时，多次裁断疑难大狱，甚至连周边郡县的疑狱，都会让钱冶来裁决。⑤都官郎中王世昌明察秋毫，无论大案小案，都把嫌疑人叫过来，当面质问其罪，如果中间有被冤枉的人，王世昌能够立刻辨认出来，当堂释放，因此他所到之处，都有治声。⑥李仲芳做冀州（治今河北衡水一带）通判时，遭遇饥荒，他主张将官府仓库中的粮食借贷给百姓，等到丰年时再让百姓归还，这样既

---

① ［宋］欧阳修：《欧阳修全集》卷二〇《尚书户部郎中赠右谏议大夫曾公神道碑铭》，第328页。
② ［宋］欧阳修：《欧阳修全集》卷六二《检校司农少卿致仕张公墓志铭》，第905页。
③ 本年十一月，改元宝元。
④ ［宋］欧阳修：《欧阳修全集》卷二四《尚书屯田员外郎李君墓表》，第371—373页。
⑤ ［宋］欧阳修：《欧阳修全集》卷二五《尚书屯田员外郎赠兵部员外郎钱君墓表》，第383—385页。
⑥ ［宋］欧阳修：《欧阳修全集》卷六二《都官郎中王公墓志铭》，第903—904页。

没有损害朝廷的利益，又救活了数十万饥民，可谓有仁有智。①

欧阳修的叔父欧阳颖一连做过七任知州，大州事务繁杂，小州民风奸恶，极难治理。其中最难治理的当属歙州。歙州百姓人人熟读律令，深谙律法，喜欢打官司，每家每户都有一个小账本，每天没事就把别人的言行举动记下来，一旦打官司就拿出来作为呈堂证供。歙州的老百姓对于进大牢、戴枷锁，就好像穿衣戴帽、上床睡觉一样毫不在意。对于这样一个民风刁顽的地方，欧阳颖治理得井井有条。欧阳修在墓志中举了几个事例。歙州有一人在大街之上杀了一个姓董的人，三年都没有抓捕归案，欧阳颖一到任，就捉拿住真凶，将其绳之以法。又有一户富贵人家夜间失盗，官府一方面大力搜捕，一方面重金悬赏，都没能捉住盗贼，欧阳颖却停止了搜捕和悬赏，独独把这个富贵人家的两个儿子投入大牢，严加审讯。很多吏民都说这两个人是好孩子，对于知州的行为感到非常疑惑不解。欧阳颖坚持己见，审讯更加严厉，最终这两个人服法认罪。但还是有人怀疑欧阳颖冤枉好人，等到欧阳颖派人从某个地方取来了赃物，正是富贵人家所丢失之物，人们都叹服欧阳颖断案如神。②

欧阳修所记载刻画的贤官良吏，都具备一些共同的闪光点：他们是具有智、仁、勇的正人君子，是造福百姓、惠泽后人的贤良官吏。他们的事迹通过欧阳修的文字流传千古，而欧阳修的碑志文通过刻画这些性格各异的官吏形象，传递出熠熠生辉的士人精神。

四、欧阳修碑志文中的布衣处士

欧阳修所撰写的百余篇碑志文，大多数是受人之托，也有的是奉命而作，主动撰写的则不多。欧阳修愿意主动撰写碑志文，很多情况下是因为故去之人与他关系匪浅，或是他的至亲至爱，或是他的至交好友，但也有与他

---

① [宋]欧阳修:《欧阳修全集》卷二四《尚书屯田员外郎李君墓表》，第371—373页。
② [宋]欧阳修:《欧阳修全集》卷六二《尚书职方郎中分司南京欧阳公墓志铭》，第907—908页。

第四章

铭志著世,义近于史:欧阳修的碑志文成就

非亲非故的亡者,仅仅因为他钦佩亡者的为人,愿意为其留下文字,传之后世。《连处士墓表》即是一例。

古代的士人群体经常会陷入出世与入世的人生悖论中,辗转纠结。一方面,学成文武艺,货与帝王家,追求"学而优则仕",想要在官场之上施展毕生所学,报效国家;而另一方面,"志意修则骄富贵,道义重则轻王公"①,把避世修身看作超凡脱俗的高雅之举。仕途失意者,往往会寄情山水,从隐逸、修心中获得某种平衡。当然,也不乏真正看淡功名富贵者,选择"不事王侯,高尚其事"②,做隐匿民间山林的逸民处士。连舜宾就是真宗、仁宗时期应山的一位处士。

连舜宾年轻时曾参加过科举,但没有考中,恰逢其父卧病在家,他便在父亲身边悉心照料了十多年,也因此终生未进入仕途。虽然身为布衣,无一官半职,但连舜宾在应山当地极具影响力。当连舜宾客死异乡,其灵柩运回应山时,应山的老百姓在离县城数十里处迎接连处士的灵柩,哭声彻地,人们争相为他扶灵。当灵柩进入县城时,所过之处,无人不为之哭泣,全县为之罢市三日。即使去世二十多年,仍有应山人一直思念着他,家中老人如果要教育子弟孝友、恭谨、礼让、温仁,一定会以连舜宾为榜样。如此持久巨大的人格魅力,让欧阳修深深为之折服、震撼。连舜宾如何做到这一点呢?

欧阳修在墓表中记载了三件事,集中表现了连舜宾的人品和性格。连舜宾家境殷实,灾荒年月,从家中拿出万斛谷米到市场上出卖,使得市场上的谷价没有因为饥荒而大幅上涨,保护了当地及周边地方百姓的利益。有一次,连舜宾家丢了一头牛,官府大力追捕盗牛贼,盗贼走投无路,把牛送了回来,连舜宾非但没有责备他,反而向他道谢:"劳烦您把牛送了回来。"说完重重酬谢了这个盗贼。连舜宾的忠厚仁义远近闻名。一次外出办事,他在

---

① [清]王先谦:《荀子集解》卷一《修身篇》,沈啸寰、王星贤点校,中华书局,1988年,第27页。
② [宋]朱熹:《周易本义》卷一,廖名点校,中华书局,2009年,第95页。

途中遇到了强盗，旁人告诉强盗，这位是连舜宾连处士，强盗说："他是忠厚长者，不可冒犯。"于是连舜宾平安归来。

连舜宾身上体现了古代逸民处士的一些典型特点：品德高尚，忠厚仁义。"儒者在本朝则美政，在下位则美俗"[1]，逸民处士以身作则，能够达到兴教化的效果。

《连处士墓表》作于庆历八年（1048）。庆历新政失败后，欧阳修因政治迫害被贬知滁州（治今安徽滁州）。庆历新政的失败，想必让欧阳修不得不反思士大夫致君行道的方法和路径。庆历八年正月十六日，朝廷重新起用欧阳修，徙知扬州（治今江苏扬州），半个月后，欧阳修写下了这篇《连处士墓表》。欧阳修写作此墓表的原因为：

> 自（连舜宾）卒至今二十年，应山之长老识处士者，与其县人尝赖以为生者，往往尚皆在，其子弟后生闻处士之风者，尚未远，使更三四世至于孙曾，其所传闻，有时而失，则惧应山之人不复能知处士之详也。乃表其墓，以告于后人。[2]

欧阳修主动为连舜宾撰写墓表，除了用文字对抗遗忘、传扬善德外，应当也体现了欧阳修的一种士人精神追求："居庙堂之高则忧其民，处江湖之远则忧其君"[3]，即使终身布衣也可修身行道，身份、地位并不影响自身价值的发挥和理想抱负的实现。连舜宾的一生，没有留下著作言论，也没有开创不朽的功业，但他的道德品行有口皆碑，可以传之久远。

五、欧阳修碑志文中的士大夫精神

苏轼在《欧阳修文集》的叙中写道："宋兴七十余年，民不知兵，富而教之，至天圣、景祐极矣，而斯文终有愧于古。士亦因陋守旧，论卑而气

---

[1] ［清］王先谦：《荀子集解》卷四《儒效篇》，第120页。
[2] ［宋］欧阳修：《欧阳修全集》卷二四《连处士墓表》，第377页。
[3] ［宋］范仲淹：《范仲淹全集》，李勇先、王蓉贵点校，四川大学出版社，2022年，第195页。

第四章
铭志著世，义近于史：欧阳修的碑志文成就

弱。自欧阳子出，天下争自濯磨，以通经学古为高，以救时行道为贤，以犯颜纳说为忠。长育成就，至嘉祐末，号称多士，欧阳子之功为多。"[①] 北宋终结五代乱世，偃武兴文，虽然经济得到恢复，政局逐渐稳定，百姓的生活日益安稳，但在文化上，还没有形成宋朝本朝的文化特色，因陋守旧的士人还没有蜕变为新一代拥有独立意识的士大夫群体。而自仁宗朝开始，世人普遍崇拜通经学古的博学之士，仰慕以救时行道为己任的贤德之人，敬重犯颜直谏、刚直不阿的忠鲠之臣，北宋的"士人意识"逐渐觉醒，士大夫精神逐渐形成。在这一过程中，是谁几乎以一人之力扭转了百年的士风呢？"欧阳子之功为多"，欧阳修起到了重要的作用。

为何"欧阳子之功为多"呢？首先，欧阳修及其同道范仲淹、韩琦、富弼等人身体力行，率先垂范。他们学识广博、通览古今，不畏权贵、直言敢谏，共同推行庆历新政，治乱救弊。他们的学识、品行与胸怀，成为天下士子学习的榜样。另外，欧阳修大力提携、鼓励后进，王安石、苏轼、曾巩等在北宋政坛、文坛灿烂耀眼的明星，都是在欧阳修的提携之下冉冉升起。此外，欧阳修以文载道，以文字颂扬、宣传他理想中的士大夫形象，追慕他理想中的士大夫精神，为当时及后世士人提供了学习的方向，而这一点在他的碑志文创作中体现得尤为明显。

虽说碑志文相比于史书而言，记善不记恶，记载懿言嘉行是碑志文写作的通例，但在墓主的众多善行之中，如何选择、撰写则体现了碑志文作者的精神追求。欧阳修碑志文中的北宋士大夫，无论是位极人臣的名臣良相，还是深扎民间的贤官良吏，抑或是终生不仕的逸民处士，他们都有一种"自觉精神"。这种"自觉精神"正如钱穆先生所说，是"那辈读书人渐渐自己从内心深处涌现出一种感觉，觉到他们应该起来担负着天下的重任"[②]。于是，得君则"为生民立道""为万世开太平"，如王旦、范仲淹、陈

---

① ［宋］苏轼：《苏轼文集》卷一〇《六一居士集叙》，第316页。
② 钱穆：《国史大纲》，商务印书馆，1994年，第558页。

尧佐、李仲芳、欧阳颍等；不得于君则"为天地立志""为去圣继绝学"①，如连舜宾等。

欧阳修以平实凝练的语言为同时代的杰出士大夫树碑立传，其言"简而明，信而通"②，不虚美、不隐恶。这些士人身上的美好精神经过欧阳修的挖掘与塑造之后更加光辉灿烂，盖棺定论之后，闪耀在这些文人士大夫身上的点点光辉经过时间的沉淀，凝聚成后人所仰慕的文人风骨。

第三节　哭而铭志，文寄哀情：欧阳修碑志文中的情感寄托

碑志文的出现，既是为了铭记亡者生前的功德事迹，也是为了寄托生者的绵绵哀思。欧阳修为自己亲友所作的碑志文，字字传情，句句达意，寄托了欧阳修对逝去至亲和挚友的无尽哀思和依恋。

一、父母之恩，云何可报：《泷冈阡表》

宋真宗大中祥符三年（1010），欧阳修的父亲欧阳观在泰州（治今江苏泰州）军事推官的任上去世，时年五十九岁，次年安葬于吉州吉水县的泷冈（今江西永丰南凤凰山）。欧阳观去世时，欧阳修年仅四岁，由母亲郑夫人抚养长大。宋仁宗皇祐四年（1052），母亲郑夫人去世，欧阳修护送母亲灵柩回乡，和父亲合葬于泷冈，并于次年撰写了《先君墓表》。但《先君墓表》完成后，欧阳修并没有将之刻石，而是到了宋神宗熙宁三年（1070），欧阳修在《先君墓表》的基础上修改为《泷冈阡表》，才将之刻石立碑。此时距离欧阳观去世，已经过了整整六十年。

为什么过了整整六十年，欧阳修才为亡父树碑呢？《泷冈阡表》中说：

---

① ［宋］张载：《张载集·张子语录》，章锡琛点校，中华书局，1978年，第320页。
② ［宋］苏轼：《苏轼文集》卷一〇《六一居士集叙》，第316页。

第四章
铭志著世，义近于史：欧阳修的碑志文成就

"惟我皇考崇公卜吉于泷冈之六十年，其子修始克表于其阡，非敢缓也，盖有待也。"是因为"有待"，是谁"有待"？他又在等待什么呢？

父亲去世时，欧阳修只有四岁，他对于父亲的记忆是久远而模糊的。但对于欧阳修而言，父亲的形象不是朦胧的，因为母亲还在。母亲经常为小欧阳修讲述父亲的事情。父亲的形象，因为母亲的深情回忆而越来越清晰可见；父亲的精神，因为母亲的动情讲述而越来越具体生动，成为激励欧阳修一生努力进取的不竭动力。

在《泷冈阡表》中，欧阳修选取了母亲叙述的关于父亲的三件事情，来勾勒父亲的形象。在母亲的印象中，父亲为官至"廉"，尽管俸禄十分微薄，仍旧乐善好施，喜结宾客。父亲曾说钱财乃身外之物，不要让这些身外之物成为累赘。到父亲去世时，欧阳家"无一瓦之覆，一垄之殖"，家无余财，十分贫困。

在母亲的印象中，父亲为子至"孝"。郑夫人嫁到欧阳家时，欧阳观的母亲已经过世，逢年过节举行家族祭祀，父亲总是"涕泣"着说："祭而丰不如养之薄也。"虽然如今的祭祀十分丰厚，但母亲已逝，终究不能尽孝于膝前了。当家中享用美酒佳肴时，欧阳观也会"涕泣"着说："昔常不足而今有余，其何及也！"母亲生前，家境贫困，不能好好孝养，如今俸禄渐丰，家境渐好，母亲却已不在人世，无福享用了。欧阳观在世时每遇到这两种场合，总会想到逝去的亲人，涕泣哀伤，哀痛思念之情溢于言表。

在母亲的印象中，父亲为政至"仁"。父亲为官处理刑狱案件时，经常叹息，忧愁不已。母亲询问原因，父亲说："这是一个被判死刑的犯人，我想为他寻找可以活命的证据和理由，却怎么也找不到！"母亲好奇地问道："已经判了死罪的犯人，还可以为他寻找活路吗？"父亲说："如果我想方设法为他寻找和争取活命的机会，可他确实罪有应得，难逃一死，那么他和我就都没有什么遗憾了。况且真的存在因为误判重判而获得死罪的人啊！因为确实存在这样的情况，如果不尽力为死囚争取活命的机会，那么蒙冤而死的人就会含恨而终。像我这样常常有意为死囚开脱求生，有时尚且难

免错判误杀,而这世上还有很多官吏千方百计地置人于死地呢!"言语之中,满含悲天悯人的仁慈,也饱含对草菅人命的贪官酷吏的批判。随后,欧阳观看着乳母怀抱中的欧阳修,对郑夫人说:"算命的术士说我将寿终于戌年,假使真是这样的话,我恐怕见不到我儿长大成人了,以后你一定要把我的这些话告诉他。"于是,郑夫人经常用欧阳观的言行勉励、教导欧阳修,希望他能够继承父亲的遗志,也成为一个为官至廉、为子至孝、为政至仁的贤德君子。

欧阳观去世后,只留下孤儿寡母艰难度日,是什么信念支撑着郑夫人将年仅四岁的小欧阳修抚养成人呢?还是因为"有待"。"有待"不仅是父亲的期待,也是含辛茹苦抚育自己成人的母亲的期待。郑夫人深知自己的夫君廉孝仁厚,坚信以欧阳观的道德人品,欧阳家绝不会出现不肖子孙,小欧阳修长大成人后,一定会光大其父的品德,光大欧阳家的门楣。

"有待"是否有结果呢?宋仁宗天圣八年(1030),欧阳观去世二十年后,欧阳修登进士第,步入仕途,能获取朝廷俸禄奉养母亲;庆历元年(1041),欧阳修位列朝官,可以封赠双亲;嘉祐五年(1060),欧阳修拜枢密副使,次年拜参知政事,成为副宰相,位极人臣。宋朝惯例,每逢国家庆典,一般会给宰相的先人加赠封号,以示皇帝恩宠。于是,自嘉祐年间开始,欧阳修的曾祖父母、祖父母、父母屡加封号,备受礼敬。

《孝经》有云:"身体发肤,受之父母,不敢毁伤,孝之始也;立身行道,扬名于后世,以显父母,孝之终也。"[①]古人认为,人子行孝的起点,在于不损害父母给予的身体发肤;而行孝的终点,在于立身行道,自己显贵之后,使得祖先显名、光耀门楣。欧阳修位列副相,获赠三代,扬名显亲,光宗耀祖。但欧阳修父母的"有待"不止于此,欧阳修在父亲去世六十年后才梳理墓表的原因也不止于此。欧阳修为官三十余年,恪守父母教诲,也像其父一样,居官廉洁奉公,为政仁德宽厚。直至熙宁三年(1070),欧阳修即将告

---

① 胡平生译注:《孝经译注》,中华书局,2009年,第1页。

第四章
铭志著世，义近于史：欧阳修的碑志文成就

别官场（熙宁四年，欧阳修致仕）之时，他才为父母树立墓表，是因为回顾自己的仕宦生涯，自信"幸全大节不辱其先者"，没有辜负父母的期待，没有辱没先人的名节。《泷冈阡表》既是表明欧阳观夫妇的"有待"有了结果，也是欧阳修对本人价值观、人生观的总结和反思。

在写作《泷冈阡表》时，欧阳修打破了传统碑志文单一叙事的模式，创造性地采用了一笔双写的手法，明表其父，暗表其母。在母亲的叙述中，父亲廉孝仁厚的形象跃然纸上，同时，母亲温良贤淑、深明大义、刚毅坚强的形象也逐渐立体。合表父德母节，父德因母而显，母节因父而立，相辅相成，相得益彰。此外，《泷冈阡表》没有使用华丽的辞藻和繁复的句式，文字平实却字字传情。明人薛瑄认为此文与《诗经》《楚辞》、诸葛亮的《出师表》、李密的《陈情表》、陶渊明的诗、韩愈的《祭十二郎文》一样，出自真情，"皆所谓出于肺腑者也"[①]。欧阳修的《泷冈阡表》与韩愈的《祭十二郎文》、袁枚的《祭妹文》并称古代三大祭文，成为后人撰写碑志祭文的典范。

二、倾盖如故，白头如新：欧阳修的无常之痛与故友之思

"人生所贵在知己，四海相逢骨肉亲。"[②] 人生在世，结交三五知己，把酒言欢，谈古论今，是人生一大幸事。欧阳修一生交友无数，大多与他志同道合、肝胆相照。但人生一世，"如轻尘栖弱草"[③]，何时风雨，难以逆料。欧阳修的很多好友都先他而去，欧阳修悲痛之余，为这些故交好友撰写碑志文，言辞之间，难掩无常之痛与故友之思。

欧阳修为很多好友如尹洙（尹师鲁）、张先（张子野）、谢绛（谢希深）、苏舜钦（苏子美）、石延年（石曼卿）、黄梦升、张谷、张汝士等撰写过墓志

---

① ［明］薛瑄：《读书录》卷七，孙浦桓点校，凤凰出版社，2017年，第142页。
② ［元］萨都剌：《留别同年索士岩经历》，载杨镰主编《全元诗》，中华书局，2013年，第224页。
③ ［唐］姚思廉：《梁书》卷二八《鱼弘传》，中华书局，1973年，第422页。

铭或墓表。每一篇碑志文，都在追忆作者与故友的一段段过往，饱含着作者对故友的无尽思念。其中两类碑志文用情至深、感人肺腑：一种是感慨好友怀才不遇而又年寿不永，如《石曼卿墓表》《黄梦升墓志铭》《湖州长史苏君墓志铭》等；一种是对西京故友的思念，在思念中感慨故友零落、世事无常，如《张子野墓志铭》《尚书屯田员外郎张君墓表》《河南府司录张君墓表》等。

1. 无常之痛，叹息故友怀才不遇

康定二年（1041）[①]二月四日，欧阳修的好友石延年（字曼卿）因病去世，享年四十八岁。欧阳修与石延年相识于景祐元年（1034），彼时二人同在东京任馆阁校勘。石延年比欧阳修年长十余岁，二人一见如故，相见恨晚。多年以后，欧阳修回忆二人的相识，感慨"嗟我识君晚，君时犹壮夫"[②]。

石延年祖籍幽州（治今北京、天津、河北北部及辽宁一带东北），气貌雄伟。幽燕之地，风俗尚刚劲勇武，"燕赵古称多感慨悲歌之士"[③]。石延年年轻时也是豪气干云的任侠之士，读书不喜欢剖章析句、咬文嚼字，只仰慕古代那些具有奇节伟行、建立过非常功勋的奇伟丈夫，世俗之人终日追求的功名利禄，他不屑一顾、不为所动。凭此一点，石延年本身就是一个奇男子。每当欧阳修回忆起自己的这位好友，第一个想到的就是"奇"字。在《哭曼卿》诗中，他写道："信哉天下奇，落落不可拘。"[④]在《归田录》中，他写道："石曼卿磊落奇才，知名当世。"[⑤]

石延年胸怀奇志，却仕途坎坷，年轻时三举进士而不中。真宗皇帝推

---

① 本年十一月，改元庆历。
② [宋]欧阳修：《欧阳修全集》卷一《哭曼卿》，第19页。
③ [唐]韩愈：《韩愈文集汇校笺注》卷一○《送董邵南游河北序》，刘真伦、岳珍校注，中华书局，第1055页。
④ [宋]欧阳修：《欧阳修全集》卷一《哭曼卿》，第19页。
⑤ [宋]欧阳修：《归田录》卷一，第7页。

第四章
铭志著世，义近于史：欧阳修的碑志文成就

恩，三次参加科举而不中者可授予三班奉职，但这不是凭借自己的真才实学取得的功名，为世人所轻。石延年耻之，不肯就任，当时的朝中重臣张知白对他说："你的母亲年事已高，你还要另待时机，挑选俸禄高、名声好的职位吗？"石延年矍然而惊，同意就职。石延年在地方为官，均有治声。石延年志大才宏，具有远见。早在明道年间，他就曾上书言十事，认为澶渊之盟以来，三十年间边境安定，朝廷休兵养息、武备松弛，而居安思危，应当选将练兵，防备北方和西北边境狼烟再起。但他的建议并未引起朝廷的重视，后来元昊叛命，西北再起战火，朝廷才想起石延年的进言，逐渐采纳他的建议，在河北、河东、陕西等地征集乡兵。正当朝廷即将重用石延年之际，他却一病不起，不久撒手人寰。

石延年平生好酒，喜欢豪饮。喝酒时，他狂放不羁的性格就表现得淋漓尽致。有时被发跣足，戴枷痛饮，谓之"囚饮"；有时爬上树梢纵饮，谓之"巢饮"；有时身上覆盖蒿草，伸头饮酒，饮完缩回草中，谓之"鳖饮"。[①] 世人认为他狂纵，欧阳修却深知好友每每纵饮背后的辛酸和落寞。欧阳修在《石曼卿墓表》中写道："自顾不合于时，乃一混以酒，然好剧饮，大醉，颓然自放，由是益与时不合。而人之从其游者，皆知爱曼卿落落可奇，而不知其才之有以用也。"石延年胸怀韬略、腹有良谋，但他放浪不羁的性格不合时宜，只能借酒抒怀，如此却更与时宜不合。和石延年交游的人都喜欢他超群的气度，但欧阳修知道曼卿有真才实学，而他的真才实学正是当今时代所缺少所需要的。"曼卿为人廓然有大志，时人不能用其材，曼卿亦不屈以求合"[②]，石延年有鸿鹄之志，有经世之才，可惜怀才不遇，自己也不愿曲意逢迎当权者，以致久沉下僚，郁郁不得志。正当马上要受到朝廷重用，即将实现自己的志向时，他却天不假年，抱憾而终，令人为之扼腕叹息。

欧阳修在写作《石曼卿墓表》时，痛惜之情贯穿始终，最后欧阳修发表

---

① ［宋］沈括：《梦溪笔谈》卷九，金良年点校，中华书局，2015年，第98页。
② ［宋］欧阳修：《欧阳修全集》卷四三《释秘演诗集序》，第611页。

了这样一段议论：

> 呜呼曼卿！宁自混以为高，不少屈以合世，可谓自重之士矣。士之所负者愈大，则其自顾也愈重，自顾愈重，则其合愈难。然欲与共大事，立奇功，非得难合自重之士不可为也。古之魁雄之人，未始不负高世之志，故宁或毁身污迹，卒困于无闻，或老且死而幸一遇，犹克少施于世。若曼卿者，非徒与世难合，而不克所施，亦其不幸不得至乎中寿，其命也夫！其可哀也夫！①

欧阳修深知石延年是因为不曲意迎合世俗而壮志难酬，他理解和钦佩这种做法，盛赞他是自重之士。抱负愈大的士人愈自重，而愈自重的人，与世俗就愈不合。然而想要和人一起谋大事、建奇功，正需要这种不迎合世俗的自重之士。古时像石曼卿一样的奇伟男子，都具有高于世俗的远大志向，所以他们宁愿损坏自己的身体和名声，最终困苦于默默无闻，也不苟合世俗，有的直到老之将死之时才有机遇，能够为世人做出少许贡献。而像石曼卿这样，难以迎合世俗，不能稍有贡献于世间，这固然是他的不幸，但更不幸的是未至中寿而亡，便更令人哀痛不已。

二十余年之后的治平四年（1067），已至暮年的欧阳修又想起好友石曼卿，写下了更为婉曲动人的《祭石曼卿文》，对好友的痛惜之情，没有因为时间的流逝而削弱，反而愈加浓烈。

如果说《石曼卿墓表》饱含痛惜之情，笔法委婉曲折，如泣如诉，那么欧阳修为苏舜钦所写的《湖州长史苏君墓志铭》则是饱含不平之气，直抒胸中块垒。墓志铭开篇，便记叙苏舜钦的贤妻杜氏夫人自苏舜钦去世后，节衣缩食，抚养孤子，收集整理苏舜钦的生平文章，向自己的父亲杜衍哭着请求："吾夫屈于生，犹可伸于死。"于是杜衍将此言告知欧阳修，欧阳修为苏

---

① ［宋］欧阳修：《欧阳修全集》卷二四《石曼卿墓表》，第374—375页。

第四章
铭志著世，义近于史：欧阳修的碑志文成就

舜钦的文集撰写序文，"以著君之大节与其所以屈伸得失，以深消世之君子当为国家乐育贤材者，且悲君之不幸"。苏舜钦安葬之后，杜氏夫人对其父哭泣道："吾夫屈于人间，犹可伸于地下。"此言前后重复两次，既表达出杜氏夫人的不平之气，也吐露出欧阳修对好友遭遇的愤懑与怅然。

苏舜钦出身名门，祖父苏易简是宋太宗朝的参知政事，父亲苏耆官至工部郎中、直集贤院。在文学上，苏舜钦和穆修在天圣年间便倡导古文，写作古文的时间比尹洙、欧阳修还要早，欧阳修言："子美之齿少于予，而予学古文反在其后。"[①] 在政治上，苏舜钦年少时便慷慨有大志，想要在政治上有一番作为。苏舜钦因为父荫进入仕途后，先在地方为官，"所至皆有善政"。调入京城后，虽然位卑官小，但屡屡上书议论朝廷大事，"敢道人之所难言"，表现出强烈的责任意识。

然而就当苏舜钦的政治前途一片光明之际，他被卷入政治纷争之中，因为一次失误而被捕入狱，前途尽毁。在墓志铭中，欧阳修对苏舜钦的仕宦经历一笔带过，全文围绕着这件影响苏舜钦一生的事情展开，将好友之屈"伸于地下"。

北宋自960年开国，至宋仁宗庆历年间，已立国八十余年，冗兵、冗官、冗费的现象日益严重，地方反叛、盗寇渐多，加之宋夏战争爆发，北宋与西夏多次交锋，败多胜少，兵出无功，北宋军队的战斗力令朝野担忧。于是宋仁宗愤然思变，自庆历三年（1043）开始，重用范仲淹、韩琦、杜衍、富弼、欧阳修等人主持改革，轰轰烈烈的"庆历新政"拉开帷幕，一时之间，与范、韩等人志同道合且奋发有为的革新人士汇聚东京开封府。当时，因为范仲淹的举荐，苏舜钦被召回京城，任集贤校理、监进奏院。与此同时，范仲淹、富弼等人的政敌密切关注朝廷动向，伺机而动，寻找机会打击革新派。苏舜钦文思敏捷，议论朝政不避权贵，早已得罪了保守派，加之他为范仲淹所荐，又是当时革新派的主要人物——宰相杜衍的女婿，因此，便成为

[①] ［宋］欧阳修：《欧阳修全集》卷四三《苏氏文集序》，第614页。

保守派借以打击革新派的重要突破口之一。

庆历四年（1044）十一月，进奏院祠神，举行一种常规的祭祀活动。按惯例，祠神之后，进奏院的所有官吏会举行一次聚餐。担任集贤校理、监进奏院的苏舜钦按照先例，变卖办公废纸，用这些钱置酒邀伎，大宴宾客。而这次循旧例的常规活动却被小人抓住机会，大做文章，兴起大狱，史称"进奏院狱"。苏舜钦因为"监主自盗"而被除名勒停。"除名"即削职为民，开除出官员队伍；"勒停"指停止所任官职的所有职守和权力。对于宋朝官员来说，除名勒停是除死刑外最为严厉的惩罚，这对于苏舜钦而言，是莫大的冤屈和打击。不仅如此，苏舜钦名重一时，他所邀请的宾客基本上都是当时的英杰俊才，他们也因为"进奏院狱"而遭到贬逐。中伤苏舜钦的人却喜出望外，说："吾一举纲尽之矣！"

"进奏院狱"之后，苏舜钦忿郁交加，心中不平之气难以抒怀，他曾在给文彦博的书信中吐露心境："某心膂血气人也，家世受朝廷重恩，庐墓在京师，平生厉名节，勤文墨，未尝一施胸中之才，岂云衔冤恨，困处无人之墟，以终此身乎？"[①]出身名门，胸怀壮志，未及施展却遭受不白之冤，苏舜钦心中的愤懑可想而知。但不幸远不止于此，四年之后，郁郁不得志的苏舜钦竟衔恨而终，年仅四十一岁。欧阳修不禁感慨，自从苏舜钦去世后，仁宗认为对"进奏院狱"的相关人员处罚太重，凡是因此案而被放逐的官员陆续得到复用，甚至在朝中担任显要职位，但没有人再敢提起"进奏院狱"，没有人敢为苏舜钦伸冤昭雪。于是欧阳修感叹："宜其欲求伸于地下也，宜予述其得罪以死之详，而使后世知其有以也。"悲咽惋惜之情，溢于言表。

多年之后，欧阳修还是会时常想起这两位怀才不遇、英年早逝的好友，叹惋"君不见曼卿子美真奇才，久已零落埋黄埃"[②]。

---

① ［宋］苏舜钦：《苏舜钦集编年校注》卷九《上集贤文相书》，傅平骧、胡问陶校注，巴蜀书社，1991年，第675页。
② ［宋］欧阳修：《欧阳修全集》卷五《和刘原父澄心纸》，第89页。

第四章
铭志著世，义近于史：欧阳修的碑志文成就

2.故友零落，感慨人生苦短、世事无常

天圣八年（1030），二十四岁的欧阳修进士及第，他获得的第一份实职是西京留守推官。北宋定都汴梁，以汴梁为东京，而以古都洛阳为西京，隶属河南府。洛阳物华天宝，人杰地灵，交通便利，物产丰饶。北宋时洛阳作为陪都，吸引着大批缙绅士夫来此定居，"西都搢绅之渊薮，贤而有文者，肩随踵接"[①]。欧阳修充西京留守推官时，西京留守是吴越王钱俶之子钱惟演。钱惟演博学多识，礼贤下士，西京留守府内一时群贤毕至，少长咸集，所谓"幕府足文士，相公方好贤"[②]。

西京留守府内的文士有谁呢？有风骨出尘、号为"文中虎"的谢绛（字希深），有胸怀磊落、议论英发的尹洙（字师鲁），有不善言谈却"诵书坐千言"的尹源（字子渐），有豪饮海量、此后成为一代名相的富弼（字彦国），有风流倜傥、从容闲适的王复（字几道），有洒脱不羁、不拘小节的杨愈（字子聪），有内心善良端正的张先（字子野），有才思敏捷、长于政事的孙长卿（字次公），有终朝苦吟的诗坛主将梅尧臣（字圣俞）。此外，还有刚直耿介、仁孝诚信却体弱多病的张谷，有静默修洁、温文儒雅的张汝士，等等。可谓名士荟萃、人才济济。西京留守钱惟演礼遇文士，不责以吏事，给这些名士才俊提供了自由闲适的文化环境。欧阳修经常与好友探访名山，游览古迹，品茗赏花，饮酒赋诗。欧阳修在洛阳度过了一生中最为快意欢乐的时光，在洛阳结交的英杰名流，也成为他一生的至交好友。

但仕宦中人，宦游四方，随着朝廷人事调动，钱惟演的幕府中人渐渐离散。欧阳修与这些西京故友，总是聚少离多。随着时间的流逝，西京故友逐渐凋零，欧阳修为他们撰写墓志铭时，总是不自觉地想起当年的西京时光，感慨时过境迁、物是人非。

明道二年（1033），张汝士因病卒于河南府司录的任上，年仅三十七岁。

[①] ［宋］司马光：《司马温公集编年笺注》卷六六《仵瞻堂记》，李之亮笺注，巴蜀书社，2009年，第208页。

[②] ［宋］欧阳修：《欧阳修全集》卷五二《书怀感事寄梅圣俞》，第730页。

尹洙为之作志，欧阳修为之作铭，王顾书丹，欧阳修及其他送别者将之安葬，痛哭而别。宝元二年（1039），谢绛去世，享年四十五岁。欧阳修撰写《尚书兵部员外郎知制诰谢公墓志铭》，"乃不暇具书公之事，而特著其大者略书之"，著录好友生平大事，寄托哀思。谢绛去世后不久，欧阳修又接到了好友张先的讣闻。西京好友先后离去，让欧阳修不得不慨叹世事无常、人生苦短。在为张先所写的《张子野墓志铭》中，欧阳修用动人的笔触描写了当年西京幕府之盛：

> 初，天圣九年，予为西京留守推官。是时，陈郡谢希深（谢绛）、南阳张尧夫（张汝士）与吾子野，尚皆无恙。于时一府之士，皆魁杰贤豪，日相往来，饮酒歌呼，上下角逐，争相先后以为笑乐。而尧夫、子野退然其间，不动声气，众皆指为长者。予时尚少，心壮志得，以为洛阳东西之冲，贤豪所聚者多，为适然耳。①

当年魁杰贤豪相聚一堂，饮酒赋诗，好不欢乐。其间张汝士、张先恬然旁观，不动声色，众人目之敦厚长者。而如今张汝士、谢绛已先后离世，张先也与世长辞，不觉斯人易逝、盛会难再。欧阳修悲从中来，说："初在洛时，已哭尧夫而铭之；其后六年，又哭希深而铭之；今又哭吾子野而铭。于是又知非徒相得之难，而善人君子欲使幸而久在于世，亦不可得，呜呼，可哀也已！"

庆历七年（1047），四十六岁的尹洙病逝。为纪念好友，也是出于对这位古文运动先导者的敬意，欧阳修追摹尹洙"简而有法"的文风，创作了《尹师鲁墓志铭》。全文言简而意深，对尹师鲁进行了崇高而客观的评价。虽然这篇文风简古的碑志文名作引起了尹洙家属的不满，但欧阳修认为这篇文章既符合古文作法，又遵循了信史原则，对好友给予了极高而公正的评价，自己无愧于亡友，自己和师鲁一生相知，亡友若地下有知，也必定会接

---

① ［宋］欧阳修：《欧阳修全集》卷二七《张子野墓志铭》，第410页。

第四章
铭志著世，义近于史：欧阳修的碑志文成就

受此文。

皇祐五年（1053），西京好友张谷去世。两年后，欧阳修为其撰写墓表《尚书屯田员外郎张君墓表》，在撰写过程中，不禁又想起了当年的洛阳风光：

> 其在河南时，予为西京留守推官，与谢希深、尹师鲁同在一府。其所与游，虽他掾属宾客，多材贤少壮驰骋于一时，而君居其间，年尚少，独苦羸，病肺唾血者已十余年。幸其疾少间，辄亦从诸君饮酒。诸君爱而止之，君曰："我岂久生者邪？"虽他人视君，亦若不能胜朝夕者。其后同府之人皆解去，而希深、师鲁与当时少壮驰骋者丧其十八九，而君癯然唾血如故，后二十年始以疾卒。①

当年在洛阳，张谷虽然年岁尚轻，但已是疾病缠身，十分羸弱。其后西京留守府的人分散各地，谢绛、尹洙都不及五十而终，其他年轻时身强体健之人如今也大多凋零，而张谷虽仍咳血体弱，但享年五十有九。欧阳修在悲痛之余，亦感到一些安慰。张谷虽然常年患病，但居官为吏，从未废弃学问，自勉为善，因此欧阳修感叹道："乃知夫康强者不可恃以久，而羸弱者未必不能生，虽其迟速长短相去几何，而强者不自勉，或死而泯灭于无闻，弱者能自力，则必有称于后世，君其是已。"

"少年乐新知，衰暮思故友"②，越是年老，欧阳修越是思念故友，越是怀念年轻时在洛阳的欢愉时光。嘉祐二年（1057），欧阳修权知礼部贡举，试天下贡士，西京故友张汝士的幼子张山甫也来参加科举考试，并且告知欧阳修想要将亡父改葬，并请欧阳修为亡父撰写墓表。这时，欧阳修才惊觉，倏忽之间，好友张汝士已然亡故二十五年。张汝士去世时，长子张吉甫才几岁，幼子张山甫才刚刚出生。如今，张山甫已经成人，来京参加科举。

撰写张汝士墓表时，欧阳修再次追忆缅怀当年洛阳幕府的盛况：

---

① [宋]欧阳修：《欧阳修全集》卷二四《尚书屯田员外郎张君墓表》，第381页。
② [唐]韩愈：《韩昌黎诗集编年笺注》卷一一《除官赴阙至江州寄鄂岳李大夫》，[清]方世举编年笺注，郝润华、丁俊丽整理，中华书局，2012年，第621页。

初天圣、明道之间,钱文僖公(钱惟演)守河南。公,王家子,特以文学仕至贵显,所至多招集文士。而河南吏属,适皆当时贤材知名士,故其幕府号为天下之盛,君其一人也。文僖公善待士,未尝责以吏职,而河南又多名山水,竹林茂树,奇花怪石,其平台清池上下,荒墟草木之间,余得日从贤人长者赋诗饮酒以为乐。①

在回忆之中,幕府中人的音容笑貌也逐渐清晰。

行文之间,欧阳修想到西京盛况不复存在,当年好友亡故大半,不禁怆然。自从张汝士死后,钱惟演贬死汉东,幕僚属吏各自散去。就连为张汝士作志的尹洙已然亡故十余年,书丹的王顾也死了六七年,当年与张汝士交游、送别安葬张汝士的人,十之八九已经故去,而自己虽还幸存于世,却已疾病缠身、日渐衰老了。今昔对比之间,欧阳修的孤独落寞、感慨悲痛之情,令人唏嘘不已。这篇《河南府司录张君墓表》,感怀伤时,追昔抚今,表面上是哀悼亡友,实际上是欧阳修对一去不返的青春岁月的凭吊与怀念。明人归有光称此篇为文章中的《国风》、墓表中的绝调。

嘉祐五年(1060),欧阳修的挚友梅尧臣一病不起,不久辞世。挚友的离去,让欧阳修备受打击,当年的西京旧友已经所剩寥寥。在《祭梅圣俞文》中,欧阳修写道:"念昔河南,同时一辈,零落之余,惟予子在。子又去我,余存无几。凡今之游,皆莫余先……"②随着一篇一篇墓志铭的创作,属于欧阳修的时代渐行渐远,一去不复返。

欧阳修为西京故友所撰写的碑志文,大多抒情胜于叙事,辞情并茂,读之令人声泪俱下,感人至深。后人评价欧阳修的此类碑志文:"工于写情,略于序事,极淋漓骚郁之致。"③

---

① [宋]欧阳修:《欧阳修全集》卷二五《河南府司录张君墓表》,第386页。
② [宋]欧阳修:《欧阳修全集》卷五〇《祭梅圣俞文》,第701页。
③ [明]归有光:《欧阳文忠公文选》卷九《张子野墓志铭》评语,转引自洪本健编《欧阳修资料汇编》,中华书局,1995年,第547页。

第四章
铭志著世，义近于史：欧阳修的碑志文成就

第四节 褒善贬恶，简约精当：欧阳修的碑志文创作理念

一、用春秋笔法撰写碑志

在欧阳修看来，碑志就是一个人一生事迹的历史记载。在欧阳修的很多碑志文中，有"史臣修""史馆修撰欧阳修"等文辞，他以史家的身份、史传的标准去写作碑志文。欧阳修是一位文学家，同时也是一位史学家，他撰写过《新唐书》和《新五代史》，他有着史家的自觉，也有着史家的追求。欧阳修写史，所追求效法的就是《春秋》。在《新五代史》中，欧阳修的"春秋笔法"十分鲜明，其实在碑志文中也是如此。

所谓春秋笔法，其精髓之一便是褒善贬恶。欧阳修一生精研春秋学，他曾在《春秋论》中说："孔子何为而修《春秋》？正名以定分，求情而责实，别是非，明善恶，此《春秋》之所以作也。"[1]他又在《魏梁解》中言："圣人之于《春秋》用意深，故能劝戒切，为言信，然后善恶明。"[2]孔子之所以删削《春秋》，其用意正在于辨别是非、辨明善恶，以作为后人的戒鉴。《春秋》是鲁国之史，所以后世的史家也应效法圣人，追法《春秋》，以褒善贬恶作为写史的宗旨。碑志文作为个人史，也应如此。所以，欧阳修说"铭者，所以名其善功以昭后世也"[3]，"铭所以彰善而著无穷也"[4]。

那如何做到褒善贬恶呢？首先就是考辨事情的真伪，然后直书其事。秉笔直书，则善恶自见。朱熹说："圣人作《春秋》，不过直书其事，美恶人自

---

[1] ［宋］欧阳修：《欧阳修全集》卷一八《春秋论中》，第307页。
[2] ［宋］欧阳修：《欧阳修全集》卷一七《魏梁解》，第299页。
[3] ［宋］欧阳修：《欧阳修全集》卷二六《尚书虞部员外郎尹公墓志铭》，第400页。
[4] ［宋］欧阳修：《欧阳修全集》卷二八《永州军事判官郑君墓志铭》，第428页。

见。"① 孔子在删削《春秋》时"考其真伪,而志其典礼"②,因此"直书其事"的前提就是考辨事情的真伪,保证所记载的文字符合事情的真相。

欧阳修深知《春秋》之意,碑志文既然要传之不朽,既然要褒善贬恶,自然要十分慎重,他在写给友人的信中说,撰写墓志铭"然须慎重,要传久远,不斗速也"③,不能因为要在限期之内完成文章而胡编乱写,不考辨事情的真伪。每当受人之托撰写碑志时,对于其家人送来的材料,如果其中有不详尽的地方,欧阳修必定再三询问,确保事情翔实可靠,力求做到碑志中的每一个字都是真实不虚的,都能流传于后世。如在为真宗朝宰相王旦撰写神道碑铭时,欧阳修不仅查阅国史、实录,还向认识王旦的士大夫打探求证,以求"昭示后世"。

在应陈尧佐之子的请求为其亡父撰写《太子太师致仕赠司空兼侍中文惠陈公神道碑铭》时,陈尧佐的儿子曾说过陈氏世代都有显要人物。为此,欧阳修"为考其世次,得其所以基于初、盛于中、有于终而大施于其后者",详细考证陈氏的发迹、兴盛与发展,最后得出"信哉!陈氏载德,晦显以时。其畜厚来远,故能发大而流长"④的结论,可见其严谨慎重的态度。

有一次,曾巩请求欧阳修为自己的祖父曾致尧撰写神道碑铭,并附上了自己的家族世系。曾巩的家族世系中说曾元的曾孙曾乐是汉代的都乡侯,到四世孙曾据的时候遭遇王莽之乱,离开了都乡,迁徙到了豫章。但欧阳修仔细翻检《史记》,发现曾氏的记载和《史记》的记载对应不上,而且"曾乐"和"曾据"这两个名字,均不见于《史记》的《诸侯年表》。为此欧阳修专门致信曾巩,写了《与曾巩论氏族书》,请他详加考证。在最终写成的《尚书户部郎中赠右谏议大夫曾公神道碑铭》中,欧阳修没有叙述曾氏在汉朝的

---

① [宋]黎靖德:《朱子语类》卷一三三,王星贤点校,中华书局,1986年,第3198页。
② [清]阮元校刻:《十三经注疏》卷一,第3699页。
③ [宋]欧阳修:《欧阳修全集》卷七〇《与杜诉论祁公墓志书》,第1020页。
④ [宋]欧阳修:《欧阳修全集》卷二〇《太子太师致仕赠司空兼侍中文惠陈公神道碑铭》,第323页。

第四章
铭志著世，义近于史：欧阳修的碑志文成就

世系，只是说"及为曾氏，而葳、参、元、西始有闻于后世，而其后又晦，复千有余岁而至于公"①，体现了欧阳修审慎求真的写作精神。

除了考辨真伪、直书其事外，春秋笔法的另一特征是"微而显""志而晦"，微言大义，用词精当而意蕴深远。欧阳修在写史时尤为注意这一点，他参与编撰的《新唐书》"其事则增于前，其文则省于旧"②，独自撰写的《新五代史》更是文笔洁净，寓褒贬于叙事之中。欧阳修在撰写碑志文时也是如此，文辞简约精当，他在给朋友的信中说："然能有意于传久，则须纪大而略小。"③

欧阳修的文笔简略，往往会引起孝子贤孙的不满。对此，欧阳修坚持自己的原则，他自言："缘修文字简略，止记大节，期于久远，恐难满孝子意。但自报知己，尽心于纪录则可耳。"④欧阳修认为彰显墓主的功业美德不在于文字多少，文字多有时往往是不自信的表现。他曾在《内殿崇班薛君墓表》中阐述了自己的这一主张：

> 然予考古所谓贤人、君子、功臣、烈士之所以铭见于后世者，其言简而著。及后世衰，言者自疑于不信，始繁其文，而犹患于不章，又备其行事，惟恐不为世之信也。⑤

欧阳修认为自己的文章虽然简略，但绝不简单，所谓"文简而意深"，足以彰显碑主的善德嘉行，足以传信于后世。

欧阳修用春秋笔法撰写碑志，考辨真伪、直书其事、纪大略小的创作理念受到后世的推崇和赞赏，后人评价欧阳修的碑志文："叙事能扼其大，措

---

① ［宋］欧阳修:《欧阳修全集》卷二〇《尚书户部郎中赠右谏议大夫曾公神道碑铭》，第330页。
② ［宋］欧阳修:《欧阳修全集》卷九一《进新修唐书表》，第1341页。
③ ［宋］欧阳修:《欧阳修全集》卷七〇《与杜诉论祁公墓志书》，第1020页。
④ ［宋］欧阳修:《欧阳修全集》卷七〇《与杜诉论祁公墓志书》，第1020页。
⑤ ［宋］欧阳修:《欧阳修全集》卷二四《内殿崇班薛君墓表》，第376页。

词不觉其繁,是欧公极意经营文字。"① 欧阳修的碑志文叙事精当,措辞简约,体现了高超的文字功底和寓褒贬于叙事的史家追求。

二、人物刻画有史迁风神

明人茅坤在评价韩愈与欧阳修的碑志文时指出:"予独以韩公碑志多奇崛险谲,不得《史》、《汉》序事法,故于风神处或少遒逸,予间亦镌记其劳。至于欧阳公碑志之文,可谓独得史迁之髓矣。"② 在茅坤看来,韩愈的碑志文过于追求奇人奇事,不像《史记》《汉书》那样叙事具有章法,相比于韩愈,欧阳修的碑志文可谓深得司马迁的精髓。清人方苞也说:"永叔摹《史记》之格调,而曲得其风神。"③

在中国浩如烟海的史学著作中,司马迁的《史记》是一座无法逾越的高峰。司马迁撰写的《史记》被称为"史家之绝唱,无韵之《离骚》"④,是后世史家不懈追摹的典范。班固评价司马迁的《史记》"其文直,其事核,不虚美,不隐恶,故谓之实录"⑤,《史记》的实录精神和《春秋》的秉笔直书一脉相承,体现了中国古代史家求真存真的不懈追求。欧阳修写作碑志文,相当于为碑主撰写个人传记,在叙事和刻画人物方面深得司马迁《史记》的神韵。在写作过程中,欧阳修详细考证、力求真实的创作理念和创作态度,既是祖述《春秋》,也是对司马迁实录精神的继承。

欧阳修在撰写碑志文时,效法司马迁的《史记》,普遍运用"互见法"。如果碑主的相关事迹在其他文体如墓志铭、祭文、神道碑铭中有所记载,欧阳修就使用此法,避免文字雷同,也避免碑志文过于冗长,达到"简而著"

---

① [清]王文濡:《评校音注古文辞类纂》卷四四,转引自洪本健编《欧阳修资料汇编》,第1349页。
② [明]茅坤:《唐宋八大家文钞论例》,转引自洪本健编《欧阳修资料汇编》,第559页。
③ [清]方苞:《古文约选序例》,转引自洪本健编《欧阳修资料汇编》,第825页。
④ 鲁迅:《汉文学史纲要》,载《魏晋风度及其他》,上海古籍出版社,2019年,第216页。
⑤ [汉]班固:《汉书》卷六二《司马迁传》,[唐]颜师古注,中华书局,1962年,第2738页。

第四章
铭志著世，义近于史：欧阳修的碑志文成就

的效果。比如欧阳修为薛奎之弟薛塾作墓表，关于薛氏的世系，薛奎的墓志铭和神道碑铭皆有详述，故欧阳修只以"薛之世德终始，有简肃公（薛奎）之志与碑"[①]一句带过。欧阳修为胡瑗作墓表，着重记载胡瑗为人师传授儒业、教化诸生的事迹，对于胡瑗的世次、官职履历等，则言："其世次、官邑与其行事，莆阳蔡君谟（蔡襄）具志于幽堂。"[②]幽堂指的是墓室，就是说蔡襄给胡瑗撰写的墓志铭对其世次、官邑与行事已有详细记述。

再如范仲淹作为一代名臣，功业、才华、品德、遭遇等，可记载的事情太多了，但欧阳修撰写的范仲淹神道碑铭，全文仅一千四百多字，为什么会如此精简呢？范仲淹的世系、官职履历等在墓志铭、家谱和官方文件中都有详细的记载，所以欧阳修说："及其世次、官爵，志于墓、谱于家、藏于有司者，皆不论著，著其系天下国家之大者，亦公之志也欤！"[③]对于墓志铭、家谱中已经记载的事情，欧阳修不再赘述，而是使用"互见法"，使神道碑铭和墓志铭、家谱相互参证、相互补充。

使用"互见法"能够避免文字冗余，言简而意赅，文简而意深，这样欧阳修就可以将更多的笔墨用于刻画人物形象。司马迁的《史记》在刻画人物方面具有很深的造诣，无论是帝王将相，还是贩夫走卒、刺客游侠，经过司马迁的记叙，全都栩栩如生、跃然纸上。在刻画人物方面，欧阳修深得史迁风神。他所撰写的碑志文虽然精简，但人物形象生动突出，一人一面，绝不会给人留下千篇一律、千人一面的印象。

还是拿范仲淹的神道碑铭举例，全文只有一千四百余字，只记载了范仲淹一生中的四件大事。但直言敢谏体现了范仲淹刚正不阿的性格；对夏战争和庆历新政是范仲淹一生中最重要的两项功业，既有文治又有武功，体现了范仲淹为国为民的精神和文武双全的才华；而与吕夷简解仇能够体现出范仲

[①] [宋] 欧阳修：《欧阳修全集》卷二四《内殿崇班薛君墓表》，第 375 页。
[②] [宋] 欧阳修：《欧阳修全集》卷二五《胡先生墓表》，第 390 页。
[③] [宋] 欧阳修：《欧阳修全集》卷二一《资政殿学士户部侍郎文正范公神道碑铭》，第 336 页。

淹的格局度量与家国大义。欧阳修通过四件事情的记述，使一位"先天下之忧而忧，后天下之乐而乐"的开明政治家的形象呼之欲出。再如欧阳修为王质撰写神道碑铭，记其在范仲淹被贬谪饶州时，朝中很多人对范仲淹避之唯恐不及，而王质"独扶病率子弟饯于东门，留连数日"，毫不畏避流言，短短十几个字，就精准地表现出王质的"仁者之勇"和"君子之刚"。[1]

欧阳修以史迁笔法刻画人物的创作理念备受后世赞赏。明人茅坤称："太史公没，上下千余年间，所得太史公序事之文之髓者，惟欧阳子也。"[2]明末艾南英在《与沈昆铜书》中指出："古文一道，其传于今者，贵传古人之神耳。即以史迁论之，昌黎碑志，非不子长也，而史迁之蹊径皮肉尚未浑然。至欧公碑志，则传史迁之神矣。然天下皆慕韩之奇，而不知欧之化，乃知识者之功侔于作者。"[3]韩愈的碑志文在刻画人物方面尚显刻意，欧阳修则浑然天成，"传史迁之神矣"。

欧阳修以史家的笔法撰写碑志，对后世的史家和碑志文作者都产生了深远的影响。记载宋代历史的主要史书，如李焘的《续资治通鉴长编》、宋人撰写的国史、元修《宋史》等，很多都采用了欧碑、欧志的内容，体现出欧阳修的碑志文具有极高的史学价值。可以说，欧阳修的碑志文奠定了后世以史笔为碑志的基本格局，标志着碑志文的成熟。

---

[1] ［宋］欧阳修：《欧阳修全集》卷二一《尚书度支郎中天章阁待制王公神道碑铭》，第337页。
[2] ［明］茅坤：《与唐凝庵礼部书》，转引自洪本健编《欧阳修资料汇编》，第553页。
[3] ［明］艾南英：《与沈昆铜书》，转引自洪本健编《欧阳修资料汇编》，第626页。

第五章

集古千卷，以开金石：欧阳修与《集古录》

第一节 颛而嗜古，好集金石：欧阳修对金石拓本的搜集与收藏

一、从祥瑞到玩赏，从玩赏到研究

欧阳修晚年号六一居士，在《六一居士传》中，他解释了何为"六一"："吾家藏书一万卷，集录三代以来金石遗文一千卷，有琴一张，有棋一局，而常置酒一壶。"[①] 加上"以吾一翁，老于此五物之间"，是为"六一"。琴一张、棋一局、酒一壶，不足为奇；藏书一万卷，对于像欧阳修这样的饱学硕儒来说，也不足为奇。而"集录三代以来金石遗文一千卷"，在两宋三百余年的时间里，能够与之匹敌者屈指可数，确实是一件颇可引以为傲的事情。

夏商周时期，青铜被认为是坚硬不朽之物，被制作成各种礼器及生活器皿。秦汉以降，"庸器渐缺，故后代用碑，以石代金，同乎不朽"[②]，青铜器和

---

① ［宋］欧阳修：《欧阳修全集》卷四四《六一居士传》，第634—635页。
② ［南朝梁］刘勰：《增订文心雕龙校注》卷三，第155页。

石刻合称"金石"。人们在青铜器和石碑上篆刻文字,以期传之不朽,因此,青铜器上的铭文和石刻上的文字便成为后人了解前朝史事的重要途径。墨子有云:"吾非与之并世同时,亲闻其声,见其色也。以其所书于竹帛,镂于金石,琢于盘盂,传遗后世子孙者知之。"①

魏晋南北朝时期,人们开始收集金石碑刻,南朝的刘之遴喜欢收集古器奇玩,曾经在荆州搜集了上百种古器,向当时的东宫太子进献了几种,古器上都篆刻有金错铭文。②时人还将收集来的金石铭文著录成书,如晋朝陈勰辑有《杂碑》二十二卷、《碑文》十五卷,车灌有《碑文》十卷,南朝梁的谢庄撰有《碑集》十卷,梁元帝撰有《释氏碑文》三十卷。不过,在宋朝以前,收集金石碑刻的现象并不普遍。从汉至唐,古器属于罕见之物,如果偶然得到一只古鼎,甚至会被认为是天降祥瑞,"或至改元,称神瑞,书之史册。儒臣有能辨之者,世惊为奇"③。到了北宋,由于发掘的古墓越来越多,古墓中流出的古器物也越来越多,人们才开始不以古器为神奇祥瑞,而把它当作鉴赏把玩之物。

因此,北宋时期,赏玩古器金石在文人士大夫阶层逐渐成为风尚,近代著名学者王国维称"汉、唐、元、明时人之于古器物,绝不能有宋人之兴味"④。北宋中期以前的人收集古器金石,大多是为了收藏把玩;到了北宋中期,文人士大夫开始将金石古器用作学术研究,这与当时的学术思潮和文化背景有着密不可分的关系。

从唐朝中期至五代十国,兵连祸结,烽鼓不息,文化凋敝,礼乐崩坏。北宋建立后,偃武兴文。北宋君臣着手重建礼乐制度,大兴文教。宋太祖时,令儒学之士审定太常博士聂崇义所上《重集三礼图》,又命诸儒修撰《开宝通礼》。仁宗时期大正乐律,试图恢复古乐。但在修正乐律的过程中,

---

① 吴毓江:《墨子校注》卷四,孙启治点校,中华书局,2006年,第178页。
② [宋]蔡絛:《铁围山丛谈》卷四,惠民、沈锡麟点校,中华书局,1983年,第79页。
③ [清]阮元:《揅经室三集》卷三,邓经元点校,中华书局,1993年,第634页。
④ 王国维:《宋代之金石学》,载《王国维讲考古学》,团结出版社,2019年,第166页。

第五章

集古千卷，以开金石：欧阳修与《集古录》

该以什么为标准？当时的士大夫意识到，三代的钟鼎古器可以提供参考。皇祐三年（1051），仁宗下诏令太常礼院将收藏的三代钟鼎古器交付修太乐所，让他们以这些钟鼎古器为参考，校正乐律，同时命人拓下古器物的器型铭文，赐给宰执。欧阳修知太常礼院时，就曾以宝龢钟为标准，考订五代时王朴所主持制作的编钟的形制和音色，最后得出"乃知朴为有法也"①的结论。

到了北宋中期，受"右文"政策浸润的士大夫群体成长起来，他们掀起了一股疑古惑经的学术风潮。士大夫们不再将汉唐注疏视作不可更改的圭臬，开始冲破章句注疏之学的束缚，主张从经典本身出发，发明经旨。欧阳修云："余尝哀夫学者知守经以笃信，而不知伪说之乱经也，屡为说以黜之。而学者溺其久习之传，反骇然非余以一人之见，决千岁不可考之是非，欲夺众人之所信，徒自守而世莫之从也。"②既然汉唐注疏不可尽信，那么该如何考千岁之是非，让世人信服呢？金石文献为宋儒尊经明道、发明经旨提供了有力的证据。欧阳修的同道好友刘敞，也是金石古器的痴迷者。他曾指出金石文献的三大学术价值："礼家明其制度，小学正其文字，谱牒次其世谥。"③金石文献可以考证礼乐制度、校正文字、考订家族世系。刘敞所著的《七经小传》首破注疏之学，"庆历以前，学者尚文辞，多守章句注疏之学。至刘原父（刘敞字原父）为《七经小传》，始异诸儒之说"④。刘敞"始异诸儒之说"与他爱好收集金石古器不无关系。

正是在重建礼乐、疑古惑经的学术思潮和文化背景之下，金石收藏和研究热潮渐渐兴起，"赏鉴之趣味与研究之趣味，思古之情与求新之念，互相错综"⑤。金石文献的学术价值逐渐被北宋士大夫挖掘出来，宋儒"考古释

---

① ［宋］欧阳修：《欧阳修全集》卷一三四《集古录跋尾·古器铭》，第2071页。
② ［宋］欧阳修：《欧阳修全集》卷四三《廖氏文集序》，第615页。
③ ［宋］刘敞：《先秦古器记》，载曾枣庄、刘琳主编《全宋文》第五九册·卷一二九四，第363页。
④ ［宋］吴曾：《能改斋漫录》卷二，商务印书馆，1941年，第26页。
⑤ 王国维：《宋代之金石学》，载《王国维讲考古学》，第165页。

文，日益精核"①，而在这一风潮之中，倡风气之先且为后世确立典范者当属欧阳修。

二、好古之僻：欧阳修对金石碑刻的痴迷

欧阳修之子欧阳发等人所写的《先公事迹》记载："先公平生于物少所嗜好，虽异物奇玩不甚爱惜，独好收蓄古文图书。"②这里的"古文"，特指金石文字。欧阳修自己也说："予性颛而嗜古，凡世人之所贪者，皆无欲于其间，故得一其所好于斯。"③欧阳修"性颛而嗜古"，应该与他童年的生活经历有关。

欧阳修四岁丧父，家无余财，生活清苦，母亲郑夫人用沙地画荻的方式教年幼的欧阳修认字，教他诵古文、学作诗。等到欧阳修稍稍长大的时候，家里没有书籍，就经常找读书人家借书来读，或者抄书来读。而欧阳修在外出游玩时，发现山川寺庙之间，经常立有古代石碑，刻有古人文章。这些碑刻不仅文辞优美，记载前朝史事，而且往往是由书法名家所写，笔力苍劲，龙飞凤舞。

欧阳修幼年时，当地孔庙内的碑刻是唐代大书法家虞世南所书，欧阳修便经常来到孔庙，在石碑前盘桓，学习书法。几十年后，欧阳修抚摸着所收藏的《孔子庙堂碑》的墨拓，感慨万千：

> 右《孔子庙堂碑》，虞世南撰并书。余为童儿时，尝得此碑以学书，当时刻画完好。后二十余年复得斯本，则残缺如此。因感夫物之终敝，虽金石之坚不能以自久，于是始欲集录前世之遗文而藏之。④

也许是年幼时家贫力学的经历让欧阳修从小对古碑石刻产生了浓厚的

---

① ［清］阮元：《揅经室三集》卷三，第635页。
② ［宋］欧阳发等：《先公事迹》，《欧阳修全集》附录卷二，第2641页。
③ ［宋］欧阳修：《欧阳修全集》卷四二《集古录目序》，第600页。
④ ［宋］欧阳修：《欧阳修全集》卷一三八《集古录跋尾·唐孔子庙堂碑》，第2187页。

第五章

集古千卷，以开金石：欧阳修与《集古录》

兴趣，对碑刻上的片语只言都十分珍惜。二十余年后，欧阳修得到幼年时多次研读的《孔子庙堂碑》拓本时，却发现当年刻画完好的唐碑如今已残缺不全，不禁感叹即使坚硬如金石，也不能传之永久，于是萌生了集录金石遗文的想法，用十八年的时间收集了一千卷古代金石遗文，纂成《集古录》。欧阳修对古碑石刻的兴趣，没有因为年龄的增长而逐渐消磨，反而日益浓烈。

外出游玩或公干时，如果遇到古碑石刻，即使是断碑残石，欧阳修也会上前仔细研读上面的文字。例如在天圣年间，欧阳修赴京赶考时途经湖阳（治今河南南阳唐河一带），看到道旁立有东汉樊安的墓碑，欧阳修立刻下马，细细品读碑上的文字，在碑前徘徊良久才肯离去。在邓州（治今河南邓县一带）界内，看到一座汉墓前面石兽的臂上刻有文字，欧阳修便上前观看，只见上面刻有"天禄""辟邪"四字。欧阳修任乾德县令时，曾因为公事路过谷城（治今湖北襄阳谷城），见到杂草间有几座荒冢古墓，旁边有已经倾倒的古碑，有一半已经埋在了黄土之中，便向村民打听是何人的墓葬，村民都答不上来。由于碑文模糊不清，加上公事紧急，他当时没有来得及识读古碑上的文字便离去了。但他一直对此碑念念不忘，后经多年打探搜求终于获得此碑的拓本，并且考证出荒冢的主人和碑上的文字。

在《六一居士传》中，欧阳修解释了藏书、《集古录》、琴、棋、酒等五物对于他这个"老翁"的意义："吾之乐可胜道哉！方其得意于五物也，太山在前而不见，疾雷破柱而不惊。虽响九奏于洞庭之野，阅大战于涿鹿之原，未足喻其乐且适也。"①欧阳修用夸张而浪漫的文笔描写出这五物给自己带来的快乐。在《集古录跋尾》中，经常可以看到"玩物以忘忧""玩之忘倦""玩此以忘暑"的字句，甚至"秋暑困甚"之时，"览之醒然"。玩赏着自己毕生所集的金石墨拓，欣赏着古人遒劲有力的书法，欧阳修忘记了疲倦，忘记了

---

① ［宋］欧阳修：《欧阳修全集》卷四四《六一居士传》，第 635 页。

忧愁，忘记了酷暑的炎热，徜徉其间，乐不自胜。

三、欧阳修对金石拓本的搜集和收藏

欧阳修虽然自幼就对古碑石刻产生了浓厚的兴趣，成年后在游历各地时也留意寻访当地的古碑，但真正的集古收藏活动是从庆历四年至庆历五年（1044—1045）任河北都转运按察使的时候开始的。在给好友蔡襄的信中，欧阳修明确提到："向在河朔，不能自闲，尝集录前世金石之遗文，自三代以来古文奇字，莫不皆有。……盖自庆历乙酉，逮嘉祐壬寅，十有八年，而得千卷。"①庆历乙酉即庆历五年，至嘉祐壬寅即嘉祐七年（1062），一千卷的《集古录》正式成书。

这一千卷金石遗文，欧阳修是如何搜集的呢？首先是欧阳修自己留心搜集。欧阳修在年轻时无论走到何地，都留意当地的古碑刻，但当时只是爱好，没有特意进行墨拓。多年之后，欧阳修开始搜集金石遗文，便想方设法地获取碑拓。如天圣年间，欧阳修在湖阳所看到的东汉樊安墓碑，三十年后才被欧阳修所集录；在邓州所见的"天禄""辟邪"石刻，三十年后多次托人搜求也没能得到，最终是家在邓州的职方员外郎谢景初特意为欧阳修摹印此石刻，欧阳修才得到了拓本，但已经笔画讹缺，令他十分惋惜。天圣十年（1032）②，欧阳修任西京留守推官时，和好友同游嵩山，见到唐人韩覃所作的《幽林思》，认为此诗的文辞书法皆不俗，当时就拓了下来。等到十多年后集录金石时，欧阳修翻找书箱，居然没有丢失，喜不自胜。

景祐三年（1036），欧阳修贬谪夷陵（治今湖北宜昌夷陵），经过荆南时拜谒吕公（唐肃宗时宰相吕諲）祠堂，在廊檐之下见到已经半埋入土中的《吕諲碑》，便拓印了下来。在夷陵期间，欧阳修还拓印了《神女庙诗》、王蕊诗，从百姓家获得《景福遗文》。景祐五年（宝元元年，1038），

---

① ［宋］欧阳修：《欧阳修全集》卷七〇《与蔡君谟求书集古录目序书》，第 1022—1023 页。
② 本年十一月，改元明道。

第五章

集古千卷，以开金石：欧阳修与《集古录》

欧阳修从夷陵县令移任光化军乾德县令。在乾德县，欧阳修根据《光化军乾德县图经》找到了东汉的《玄儒娄先生碑》；登临岘山时，墨拓了唐代书法家李邕所撰、萧诚所书的《独孤府君碑》；又得到了西晋《南乡太守颂》的拓本。

庆历四年至庆历五年，欧阳修任河北都转运按察使时，开始了真正的集古活动。欧阳修派人在原先的九门县[①]境内，寻访到了隋代的《李康清德颂》和《钳耳君清德颂》。在真定府（治今河北石家庄正定一带），欧阳修看到府衙门外有一块倒塌的石碑，已经半埋入土中，于是命人把石碑挖掘出来，立于廊檐之下，并拓印下来阅读碑文，才知是唐代的《陶云德政碑》。

庆历五年，欧阳修自河北都转运按察使贬知滁州。在滁州，欧阳修拓印了唐代书法大家李阳冰撰写并书丹的《庶子泉铭》，并且经常到刻石处游玩欣赏。在许州临颍县（治今河南漯河临颍一带）的一处庄稼地里，有一块颜真卿撰写并书丹的《张敬因碑》。因为颜真卿的名气实在太大，知道此碑的人纷纷前往摹拓，当地农民担心前来临摹的人会践踏庄稼，于是在庆历初年就把石碑击碎了。在滁州时，欧阳修得知此事，连忙派人四处搜求此碑的拓本，最终得到七段残缺的文字，万分痛惜。另有一次，欧阳修派推官陈诜到辖内全椒县（治今安徽滁州全椒）办事，陈诜经过县内的花林寺时，见到寺旁的一块岩石之上隐隐有字，回来后将此事告诉了欧阳修，他急忙让人将之拓印下来，这就是《集古录》中的《唐花林宴别记》。

庆历八年（1048）在扬州时，欧阳修得到唐代窦叔蒙所撰的《海涛志》，十分喜爱，将它张贴在自己座位左边的墙壁上，希望每天都能看到，可惜在一天夜里被一场暴风雨所损坏。后来欧阳修为重得《海涛志》拓本，又整整搜求了十五年，才如愿以偿。

欧阳修一生经历丰富，每宦游一处，都喜欢访古寻碑，搜求碑拓。除

---

① 九门县，治所在今河北省石家庄市藁城区西北。北宋开宝六年（973），九门县省入藁城县，故欧阳修在《集古录跋尾》中称"废九门县"。

了自己千方探求外，欧阳修的好友门生知道他有此雅好，经常送给他一些金石铭文的拓本。比如欧阳修的学生苏轼任凤翔府判官时，在终南山下得到一只古敦，便把敦上的铭文拓印下来赠送给了老师。裴煜在地方为官时，得到一盏铜雁足灯，制作十分精巧，根据灯上文字，得知其为汉宣帝黄龙元年所造。裴煜便将此灯铭文摹印下来，赠予欧阳修。好友施昌言任陕西都转运使时，专门为他摹拓了东汉的《殽坑君神祠碑》。韩琦知定州时，特意为欧阳修摹拓了唐代书法家蔡有邻书丹的《卢舍那珉像碑》。此外，《秦泰山刻石》得自江休复，《唐颜鲁公法帖》得自故友王质，《唐颜真卿射堂记》得自韩琦，《唐濠州劝民栽桑敕碑》得自张昇，等等。所以欧阳修说："余所集录自非众君子共成之，不能若此之多也。"[1]

而在欧阳修的众多好友中，同样痴迷金石古器，对于欧阳修集录千卷金石遗文帮助最大的，当属刘敞。

四、欧阳修与刘敞的"金石"情谊

刘敞，字原父，临江新喻荻斜（今属江西樟树）人，庆历六年（1046）进士，历任右正言、起居舍人、翰林侍读学士等。刘敞学识十分广博，"自六经、百氏、古今传记，下至天文、地理、卜医、数术、浮图、老庄之说，无所不通"[2]。刘敞以才思敏捷著称，一次在紫薇阁值班，下班之际接到一项任务，要为九位皇子和公主草拟册授制书，刘敞一挥而就，洋洋洒洒共有千言，文辞无不典雅，这令欧阳修十分钦佩。

刘敞和欧阳修一样，也十分痴迷于收藏金石古器。不过，欧阳修偏爱收集古碑石刻，刘敞则更钟爱三代青铜古器。嘉祐时，刘敞出任永兴军路安抚使，治所在长安。长安为十三朝古都，地上地下藏宝无数。刘敞在长安购买收藏了不少古奇器物，离开长安时，装了满满一车。这些器物上，很多都有

---

[1] [宋]欧阳修:《欧阳修全集》卷一三九《集古录跋尾·唐蔡有邻卢舍那珉像碑》，第2215页。
[2] [宋]欧阳修:《欧阳修全集》卷三五《集贤院学士刘公墓志铭》，第526页。

第五章
集古千卷,以开金石:欧阳修与《集古录》

篆刻铭识,而刘敞能够识读古文字,并用之考证前代制度和人物事迹,撰有《先秦古器记》一书。刘敞晚年疾病缠身,除了让子弟为自己读书以消磨时光外,最大的乐趣就是把玩欣赏自己毕生收藏的金石古器。

刘敞知道好友欧阳修和自己志趣相投,所以在长安时,如果遇到稀见古器,他一定会摹印铭文,赠送给欧阳修。嘉祐七年(1062),刘敞遣人送给欧阳修两张拓本,一为《韩城鼎铭》,一为西汉的《博山盘记》,两者都是稀见之物,欧阳修收到后十分欢喜。当时欧阳修所记录的金石遗文,自夏商周三代以至于唐,历朝历代大都有集录,唯独缺少西汉文字,苦苦搜求,终不能得,欧阳修常常以此为憾。刘敞馈赠的《博山盘记》弥补了他的遗憾,"今遽获斯铭,遂大偿其素愿,其为感幸,自宜如何?"[1] 嘉祐七年九月十五日,刘敞又寄给欧阳修一些古器铭文,欧阳修打开书信,不觉"惊喜失声"[2]。当时欧阳修在朝任参知政事,公务繁多,刘敞所送来的古器铭文,往往能一扫欧阳修终日的疲惫和劳累,让他感到久违的快乐和惊喜。

刘敞所赠的器铭碑拓,大大丰富了《集古录》中的收藏。刘敞馈赠的《毛伯古敦铭》,使欧阳修金石收藏的年代上限从周穆王提至周武王;《林华宫行灯铭》和《莲勺宫铜博山炉下盘铭》(即《博山盘记》)弥补了《集古录》无西汉铭文的空白。此外,《韩城鼎铭》《伯冏敦铭》《张仲器铭》等,都是得自刘敞。所以欧阳修说:"余所集录既博,而为日滋久,求之亦劳,得于人者颇多,而最后成余志者原甫也。"[3]

刘敞博识古文字,经常为欧阳修考释铭文。两人的友情,因为共同的爱好而更加坚固。他们经常在书信之中互赠铭文,讨论集古心得。二人同为宋朝的金石收藏大家,又学识广博,博古通今,利用金石文献考古证史,对宋代金石学的产生和发展有定鼎之功,宋人称士大夫收藏金石之风,"始则有刘

---

[1] [宋]欧阳修:《欧阳修全集》卷一四八《与刘侍读二十七通之二十五》,第2429页。
[2] [宋]欧阳修:《欧阳修全集》卷一四八《与刘侍读二十七通之二十六》,第2429页。
[3] [宋]欧阳修:《欧阳修全集》卷一三四《集古录跋尾·前汉二器铭·刘原父帖》,第2087页。

原父侍读公（刘敞）为之倡，而成于欧阳文忠公（欧阳修）"①。

五、《集古录》的形成

欧阳修自年轻时便留意搜集碑石拓本，从庆历五年（1045）开始正式集录，有意编纂成册。由于欧阳修早年已搜录了不少拓本，加上自己的用心搜求和好友门生的馈赠，至庆历末年，欧阳修的收藏已达千卷，初具规模。庆历八年（1048），欧阳修将自己所集录的金石遗文展示给好友梅尧臣观看。皇祐二年（1050），欧阳修又派人把《集古录》送给好友王回看。在给王回的书信中，欧阳修写道："《集古录》未始委僮奴，昨日大热，艰于检寻，今送，不次。"②

随着碑拓逐渐积累，至嘉祐六年（1061），《集古录》大体成书；嘉祐七年（1062），正式成书。此后随着金石拓本不断增加，欧阳修对《集古录》还略有订补。千卷《集古录》的形成，历经十八年；而欧阳修对于金石遗文的搜集，则是穷极一生。在《集古录目序》中，欧阳修说："物常聚于所好，而常得于有力之强。有力而不好，好之而无力，虽近且易，有不能致之。"③进行大规模的收藏需要具备两个条件，一是浓厚的兴趣，一是足够的能力。欧阳修"性颛而嗜古"，对金石碑刻近于痴迷，加上他官至参知政事，学识博通古今，有足够的能力集录三代以来的金石遗文。但欧阳修又说："夫力莫如好，好莫如一。"能力强不如兴趣浓，兴趣浓不如持之以恒。正是坚持不懈的搜集，才有一千卷《集古录》的诞生。《集古录》的内容十分丰富，"上自周穆王以来，下更秦、汉、隋、唐、五代，外至四海九州，名山大泽，穷崖绝谷，荒林破冢，神仙鬼物，诡怪所传，莫不皆有"④。

---

① ［宋］蔡絛：《铁围山丛谈》卷四，第 79 页。
② ［宋］欧阳修：《欧阳修全集》卷七〇《与王深甫论世谱帖》，第 1017 页。
③ ［宋］欧阳修：《欧阳修全集》卷四二《集古录目序》，第 599 页。
④ ［宋］欧阳修：《欧阳修全集》卷四二《集古录目序》，第 600 页。

第五章

集古千卷，以开金石：欧阳修与《集古录》

欧阳修对《集古录》十分珍爱，装帧十分讲究。因为担心转写失真，欧阳修就把收集来的拓本用绢纸精心装裱成轴，系以缥带，外有书帙，标注碑刻的名称、时间和来源地点，在题签上标注卷帙次第，并且每卷都加盖名印。不过因为是随时收录，并没有按照时代顺序来编排。

《集古录》成书后，欧阳修经常拿出来欣赏品鉴，以此消遣娱乐。在碑拓铭文之后，欧阳修会撰写跋尾，或是考证史实，或是抒发感慨，或是追念往事。《集古录》纂成之时，欧阳修已至晚年，视力严重衰退，读书写字都比较困难，只有《集古录》可以供他把玩鉴赏、消磨时光，"寓心于此，其乐可涯"[1]。欧阳修晚年在朝任参知政事，政务十分繁忙，但一有闲暇，便拿出《集古录》来赏玩。如治平元年（1064）四月，因为气候大旱，皇帝下令开宫寺祈雨五日，其中一天欧阳修休假，便拿出《集古录》，撰写了东汉《公昉碑》的跋尾；闰五月九日，欧阳修在垂拱殿奏事完毕后，赴延和殿审阅回馈契丹使者的礼物，审阅完毕便回家休息，拿出《张公庙碑》把玩欣赏。现存跋尾中，以治平元年为最多，达一百三十九篇，平均两三日便写一篇，足见欧阳修抚玩《集古录》次数之多。

为了使自己未来的退休时光有事可做，欧阳修甚至不敢经常翻阅《集古录》，就是担心翻阅的次数太多，等到自己退休后再来翻阅，就体会不到太多的乐趣了，"盖物维不足，然后其乐无穷，使其力至于劳，则有时而厌尔"[2]。保持足够的新鲜感，适当的"饥饿营销"，才能体会其中的无穷乐趣，足见欧阳修对《集古录》的喜爱。

但由于《集古录》是以卷轴的形式珍藏于欧阳氏家中，而且卷帙浩繁，所以保存起来十分不便。靖康之难时，欧阳修的子孙南下避难，仓皇之际，不能够将千卷《集古录》尽载而行，只好把欧阳修亲手所书的诸篇跋尾保留下来，而放弃了那些裱有碑刻拓本的卷轴。可惜欧阳修毕生集录的千卷《集

---

[1] ［宋］欧阳修：《欧阳修全集》卷一四三《集古录跋尾·杂法帖六之四》，第2315页。
[2] ［宋］欧阳修：《欧阳修全集》卷一四三《集古录跋尾·杂法帖六之六》，第2316页。

古录》,佚失于兵革灾祸之中。

六、《集古录目》与《集古录跋尾》

欧阳修在四方搜求金石遗文的时候,于扬州结识了淮南江浙荆湖发运副使许元。许元对欧阳修说:"集聚多且久,无不散亡,此物理也。不若举取其要,著为一书,谓可传久。"① 许元认为事物都是有聚有散,今日集古千卷,难免他日散亡,便建议欧阳修摘举重要部分,著成一书,可以传得更为长久。于是在皇祐四年(1052)至至和元年(1054),欧阳修在颍州为母亲守丧期间,写作了《集古录目》八九十篇。在《集古录目序》中,欧阳修言:"又以谓聚多而终必散,乃撮其大要,别为录目,因并载夫可与史传正其阙谬者,以传后学,庶益于多闻。"② 写作《集古录目》,一是为了保存《集古录》的精华内容,二是为了与史书相参证,纠正谬误,以传后学。

《集古录》成书后八年,欧阳修嘱托其子欧阳棐:"序(即《集古录目序》)所谓可与史传正其阙缪者,已粗备矣。若撮其大要,别为目录,则吾未暇,然不可以阙而不备也。"③ 可知欧阳修所作的八九十篇《集古录目》,多为考证史实,已经大体完成,而"撮其大要"的工作,欧阳修还未来得及进行。只是此时的欧阳修已经疾病缠身,尤其是视力减退,书写不便,嘱托欧阳棐完成此项工作④。于是欧阳棐搜检千卷《集古录》,列举碑石的所在地、名称、刻石年代、字体、字数、大概内容等,著成《集古录目》

---

① [宋]欧阳修:《欧阳修全集》卷一四八《与刘侍读二十七通之六》,第2420页。
② [宋]欧阳修:《欧阳修全集》卷四二《集古录目序》,第600页。
③ [宋]欧阳棐:《集古录目记》,《欧阳修全集》卷一四三《集古录跋尾附录》,第2325页。
④ 一说欧阳修所作《集古录目》即为《集古录跋尾》,与欧阳棐所作《集古录目》为两书。但欧阳修在《集古录目序》中明确说"撮其大要,别为录目",则"录目"是与《集古录》分开的,而欧阳修所作跋尾是附于每轴拓本之末。另外,欧阳修曾把写成的八九十篇《集古录目》寄给好友刘敞,如果欧阳修所作《集古录目》就是《集古录跋尾》,则欧阳修需要寄送八九十幅画轴,似不合理。所以,本书认为欧阳修的《集古录目》不是《集古录跋尾》。后来欧阳棐在欧阳修的《集古录目》基础之上继续补充,而成《集古录目》二十卷。

第五章

集古千卷，以开金石：欧阳修与《集古录》

二十卷①。

除了曾作八九十篇《集古录目》外，欧阳修"又跋于诸卷之尾者"，即在《集古录》所收拓本之后书写的跋尾亦不在少数。但跋尾在欧阳修在世时并没有纂集成书。欧阳修去世后不久，他的儿子们整理父亲的文集，编定《集古录跋尾》十卷，后人称为"集本"。欧阳修亲手书写的跋尾（见图5-1），在北宋末年就已流出，《汉西岳华山庙碑》《汉杨君碑》《唐陆文学传》《平泉山居草木记》四跋真迹，拖尾处有赵明诚于崇宁五年（1106）、政和丙申（1116）、重和戊戌（1118）、宣和壬寅（1122）②所写的题记，并且流传至今，藏于台北"故宫博物院"。而更多的欧阳修跋尾真迹，则散失于靖康之难中。至南宋时，方崧卿四处访求《集古录跋尾》的真迹，旁搜远取，共获得二百五十余篇，并在绍熙年间（1190—1194）刊印行世。

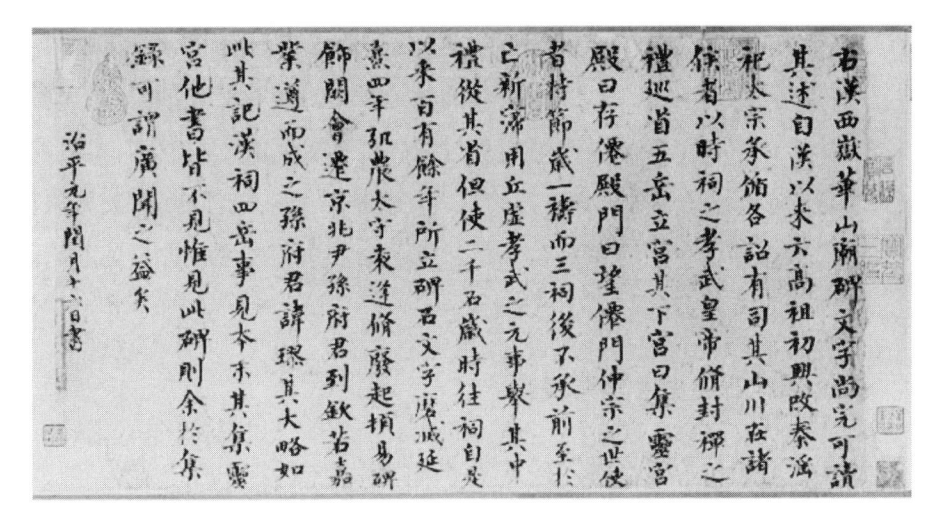

图5-1 欧阳修书《集古录跋尾》局部（台北"故宫博物院"藏）

周必大等南宋学者全面整理欧阳修的文集时，没有按照原有"集本"中

---

① 欧阳棐之子欧阳愿所作《欧阳棐墓志铭》言"二十卷"，但欧阳棐《集古录目记》言"一十卷"，后世所见《集古录目》为二十卷。
② 均为宋徽宗的年号。

《集古录跋尾》的卷次，而是按照金石碑拓的断代顺序进行重新编排。内容上则多选取方崧卿所刊刻的真迹；如果没有真迹，则选取"集本"；如果两者差异较大，则二者并存收录。周必大等人整理、刊定的《集古录跋尾》，奠定了我们今日所见《集古录跋尾》的基本样貌，共有四百二十篇。据此，可以充分了解欧阳修的金石成就和学术思想。

第二节　补正史文，以传后人：《集古录》及其跋尾的史学价值

金石碑刻主要记载了当时之人、当时之事，以求传于后世，这为后人了解前朝史事提供了重要的依据，郑樵所谓"方册者，古人之言语。款识者，古人之面貌"[①]。但若将金石碑刻和传世史书两相参证，则常常有抵牾矛盾之处，如赵明诚所言："若夫岁月、地理、官爵、世次，以金石考之，其抵牾十常三四。"[②] 欧阳修不仅是古文大家，而且博通经史，对于前代史事如数家珍，每每玩赏《集古录》，经常就金石内容与史书相互参验，或是以碑补史之阙、正史之误，或是以史补碑之阙、正碑之误，或是根据碑刻记载了解前代典章制度和风俗人情，于是欧阳修在录目、跋尾中"并载夫可与史传正其阙谬者，以传后学，庶益于多闻"[③]。

一、以金石正史书之舛误

欧阳修在赏玩《集古录》时，如果遇到碑文与史传记载不合之处，会详加考证，若考证出史传记载的人物、官名或事迹存在谬误时，便十分自得，认为自己并非"独取世人无用之物而藏之"[④]，而是对于后人考证前史大

---

① [宋]郑樵：《通志二十略·通志总序》，王树民点校，中华书局，1995年，第9页。
② [宋]赵明诚：《金石录序》，刘晓东、崔燕南点校，齐鲁书社，2009年，第1页。
③ [宋]欧阳修：《欧阳修全集》卷四二《集古录目序》，第600页。
④ [宋]欧阳棐：《集古录目记》，《欧阳修全集》卷一四三《集古录跋尾附录》，第2325页。

第五章
集古千卷，以开金石：欧阳修与《集古录》

有裨益。

嘉祐八年（1063）十一月十四日，欧阳修品玩曹魏时期的《贾逵碑》时，凭借史家的敏锐，发现碑文记载的贾逵事迹似乎与《三国志》所载有所出入，于是翻阅陈寿所撰的《三国志·贾逵传》。陈寿所记贾逵事迹十分生动。东汉末年，贾逵做绛邑之长时，郭援率兵前来攻打绛邑。在城池即将被攻下之时，绛邑父老与郭援达成约定：只要不杀害贾逵，就会投降。郭援攻下绛邑后，想要贾逵为自己所用，贾逵不为所动。左右士兵逼迫贾逵下跪叩头，贾逵宁死不跪，叱骂郭援。郭援大怒，想要杀了贾逵。绛邑百姓听闻郭援将要杀掉贾逵，全都登上城墙高呼道："如果你杀了我们的贤明长官贾逵，我们宁愿和他一起去死！"郭援身边的很多人都十分钦佩贾逵，替他求情，于是郭援便放了贾逵。裴松之所引《魏略》与陈寿的记载不同。《魏略》记载郭援捉住贾逵后，因为贾逵不肯跪拜自己，十分愤怒，催促左右把他处斩。由于手下将领求情，贾逵保住一命，被囚禁于一个土窑之中，后来被一个叫祝公道的人救走。

欧阳修仔细阅读《贾逵碑》，碑中只是记载郭援捉住贾逵后，兵刃相加，威胁逼迫贾逵投降，而贾逵宁死不屈，并没有记载绛邑百姓和郭援约定不杀贾逵以及援救贾逵的事情。欧阳修以情理考证此事，按照《三国志》的记载，不仅仅贾逵对绛邑百姓有德，而且绛邑百姓在大难临头时能够与贾逵共进退、同生死，也可称得上一个壮举。而自古碑刻多为表彰碑主功德事迹，甚至会有意夸大碑主的功德，假如《三国志》记载的贾逵与绛邑百姓的德义之举是真实事件的话，碑刻怎么会不大书特书呢？所以欧阳修怀疑陈寿所记载的这件事，完全属于虚构猎奇而不是事实。另外，裴松之引《魏略》记载贾逵享年五十五岁，而《贾逵碑》言贾逵享年五十四岁，欧阳修认为应当以碑刻为准。

后世史家在记载前代史事时，除了因为猎奇心理而把传闻逸事载入史册外，还往往因为疏于考证而产生很多谬误，这一点在人名、地名、官职、年寿上体现得尤为突出。如欧阳修的《集古录》收藏有隋代《尔朱敞碑》，记载尔朱敞字"天罗",曾为徐州总管,而《隋书·尔朱敞传》却记载尔朱敞字"干罗",曾为金州总管,可见史书记载阙谬。于是,欧阳修不无得意地说:"余于《集录》,正前史之阙谬者多矣。"①

欧阳修曾以《智乘寺禅院碑》考校李唐宗室世系。此碑为唐高祖李渊第十三子郑惠王李元懿所作,碑后列有李元懿十位儿子的姓名,独缺第五子乐陵公的姓名。欧阳修检阅《新唐书·宗室世系表》,得知乐陵公名李球。而在翻阅史书的过程中,欧阳修发现《新唐书·宗室世系表》中多有谬误。比如《宗室世系表》中郑嗣王的名字为"李璬",而碑文为"李敬";《宗室世系表》中李珪为"乐安公",而碑文为"乐平公";《宗室世系表》中新平公为"李遂",而碑文为"李璲"。欧阳修认为这三处均是史家之失,应当以碑刻为准。为什么呢?因为家族世系、谱牒往往会因年岁久远、屡经传抄转易而渐渐产生差谬,甚至失载、失传,而碑碣基本都是当时所刻所立,年代最近,可信度很高。所以欧阳修言:"故《集古》所录于前人世次,是正颇多也。"②

又如一代儒学大师孔颖达,《旧唐书》记载他字"仲达",而欧阳修所收藏的《孔颖达碑》记载孔颖达字"冲远",二者相差如此之远,足可见史书中因为文字转写差谬而造成的史实失真,岂可胜数?碑文还记载了孔颖达去世时的年寿,以及和魏徵共同奉敕撰修《隋书》的事情,这些事情《旧唐书》都没有记载。因此,金石碑刻能够补充和订正史传的很多细节,对于校正史实、还原历史真相具有不可替代的价值。欧阳修再次感叹道:"以冲远为仲达,以此知文字转易失其真者,何可胜数?幸而因余《集录》所得,以正其讹舛者,亦不为少也。乃知余家所藏,非徒玩好而已,其益岂不博哉!"③

---

① [宋]欧阳修:《欧阳修全集》卷一三八《集古录跋尾·隋尔朱敞碑》,第2180页。
② [宋]欧阳修:《欧阳修全集》卷一三八《集古录跋尾·唐智乘寺碑》,第2200页。
③ [宋]欧阳修:《欧阳修全集》卷一三八《集古录跋尾·唐孔颖达碑》,第2194页。

第五章
集古千卷，以开金石：欧阳修与《集古录》

二、以金石补史书之阙失

金石文献不仅可以正史书之谬误，还可以补史书之阙失。为保存历史资料，后世修撰史书，绝大多数情况下记载的都是帝王将相等重要人物的事迹，有时甚至连重要历史人物，史书上都缺少记载。金石文献往往会弥补很多空白。

《集古录》收藏有《吴广碑》的拓本。据《吴广碑》记载，吴广字黑闼，唐朝初年曾和程知节（程咬金）、秦叔宝一起跟随李世民南征北战，为唐朝的建立与巩固立下了汗马功劳；后来还参与了玄武门之变，帮助李世民登上帝位；至唐高宗时，卒于洪州都督的任上。对于这样一位参与过唐初重要历史事件、在唐初历史上具有重要地位的人物，新旧《唐书》中却不见他的姓名，仅在《唐会要》中可以找到零星的线索。《唐会要》列举陪葬唐太宗昭陵的人物，其中有"洪州刺史吴黑闼"，这"吴黑闼"应该就是吴广。看到《吴广碑》，欧阳修感到万分庆幸："其名字事迹，幸见于后世者，以有斯碑也。"[①] 吴广的英雄事迹，因为这块石碑的存在而为后世所知，也因为欧阳修收录在《集古录》中而流传至今。清人赵绍祖云："今世尚知有吴黑闼，独赖欧公一跋。"[②] 当初欧阳修将其收入《集古录》，并没有细看其内容，而是因为碑文字体笔画工整，书法俊美，所以欧阳修曾对好友蔡襄言："书虽学者之余事，而有助于金石之传者，以此也。"[③] 有时候，书法也有助于金石的流传，有助于史事的补缺。

又如《集古录》载有《魏载墓志铭》，根据墓志铭的记载，魏载的祖父是唐初名臣魏徵，父亲叫魏叔玉，做过光禄卿。魏载曾以弘文馆学生的身份参加对策，中高甲，授职太常寺奉礼郎，但因为疾病没有就职，后调怀州司

---

① ［宋］欧阳修：《欧阳修全集》卷一三八《集古录跋尾·唐吴广碑》，第2198页。
② ［清］赵绍祖：《古墨斋金石跋》卷三《唐南安公张琮碑》，载《赵绍祖金石学三种》，牛继清、赵敏校点，黄山书社，2011年，第353页。
③ ［宋］欧阳修：《欧阳修全集》卷一三八《集古录跋尾·唐吴广碑》，第2198页。

兵参军。其后来的事迹，墓志铭记载："属惟扬诡道，不戢斯焚，谴及宗姻，旋加此累。以垂拱三年（687）终于岭外，春秋三十有二。"[1]欧阳修联系唐朝历史，所谓"惟扬诡道"，应是指徐敬业起兵扬州一事。唐高宗去世后，武则天废黜中宗李显，改立睿宗李旦，临朝称制，英国公徐敬业在扬州起兵，讨伐武则天，兵败被杀。而所谓"谴及宗姻"，欧阳修怀疑魏载之死与魏思温有关。徐敬业起兵反武时，以魏思温为军师，而魏载与魏思温应为同宗。徐敬业兵败被杀后，魏载因为魏思温的牵连而贬死岭南。但在《新唐书·宰相世系表》中，查找不到魏思温和魏载的名字，魏叔玉下只记有一子魏膺，官至秘书丞。史书为什么没有记载魏载之名呢？欧阳修推测是因为魏载官职卑小，且贬死岭南，没有后代，所以未被史书记载。魏载的一生已十分不幸，更可悲的是家谱将他除名，史书中也没有记载他的事迹。如果《魏载墓志铭》没有记载此事，如果欧阳修没有将这篇墓志铭收入《集古录》，恐怕魏载其人其事便消逝在历史的长河之中了。

一些人物及其事迹，因为碑刻的存在而没有为历史所湮没，一些历史细节也会因为碑刻的流传而更加丰富。如春秋战国时楚国名相孙叔敖，在《史记》和其他典籍中都只记载他叫"孙叔敖"，而"叔敖"是字不是名，孙叔敖的名是什么，千百年来无人知晓。欧阳修搜集到《孙叔敖碑》的拓本，才知晓孙叔敖名饶。

根据金石文献，不仅可以补正历史人物及其事迹，还可以据此了解地理的沿革。北宋时，以襄州谷城县之阴城镇为光化军，光化军境内有一块西晋的古碑，名为《南乡太守碑》，记载了西晋太守司马整的功德事迹。根据碑文记载，在西晋时，南乡郡下辖武陵、筑阳、丹水、阴城、顺阳、析六县，北宋时期的光化军就是西晋时南乡郡的治所所在。但《晋书·地理志》只是记载南乡郡在曹魏时属于荆州，晋武帝平定孙吴，改南乡郡为顺阳郡，而没有记载顺阳郡的治所、兴废和属县名称，《南乡太守碑》则弥补了史书上关于

---

[1] ［宋］欧阳修：《欧阳修全集》卷一三九《集古录跋尾·唐魏载墓志铭》，第2204页。

第五章
集古千卷，以开金石：欧阳修与《集古录》

南乡郡建制沿革的阙失。

欧阳修的《集古录》收录了大量先秦至唐末的金石遗文，很多金石内容大大补充了北宋以前历史的细节和空白，为后人了解、研究唐及以前的历史提供了宝贵的史料。

三、以金石考证典章制度

一朝的典章制度不是凭空创造，往往是继承前朝的制度并有所发展。但礼乐制度在流传过程中不断变化，后人若想厘清辨别前朝的典章制度，并非易事。金石文献就为后世了解古代的制度和文化提供了重要的依据。欧阳修在赏玩《集古录》之余，就十分注重典章制度的记录和考辨。

欧阳修的好友刘敞在长安任永兴军路安抚使时，曾得到一件青铜簋。刘敞是青铜器收藏大家，对青铜器的形制颇有研究。刘敞仔细研究这只青铜簋，发现它的容量有四升，外方内圆，但内部不是正圆，而是略微椭圆，从外面看仿佛一只有尾有足有腹有甲的乌龟。但当时研究先秦礼乐制度的专家均以为古制青铜簋的器型，应是内部正圆、外部正方，在盖上刻画龟形，而这件不同造型的青铜簋可纠正这一谬误。刘敞把这件青铜簋的铭文墨拓及自己的研究所得寄给了欧阳修，欧阳修把青铜簋的铭文和刘敞的书信全都收录在《集古录》中，"以见君子之于学，贵乎多见而博闻也"[1]。

对于先秦古器，欧阳修研究不深，大多请教于刘敞，而对于秦汉以来的典章制度，欧阳修更为熟悉，根据所藏碑刻了解并考证前朝制度是欧阳修所长。如他在阅读南齐海陵王墓志铭时，发现此墓志铭的作者谢朓的官职为"长兼中书侍郎"，这一官职颇为奇怪。欧阳修翻阅南北朝的史书，发现《南齐书》中记载刘悛为"长兼侍中"，《魏书》记载北魏临淮王元或曾为"长兼御史中尉"，《南史》和《北史》中有很多类似官名的记载。于是欧阳修推测"长兼"是当时的兼官制度，类似于唐朝的检校官。

---

[1] ［宋］欧阳修：《欧阳修全集》卷一三四《集古录跋尾·叔高父煮簋铭》，第 2074 页。

欧阳修在赏玩唐朝宰相李宗闵所撰的《崔能神道碑》时，对其中一句碑文产生了疑问。碑文记载崔能"拜御史中丞，持节观察黔中，仍赐紫衣金印"。唐朝并没有赏赐金印的制度，李宗闵为什么会写出"赐紫衣金印"的文句呢？欧阳修博通经史，他知道古今的官制虽然内容不同，但很多名号是前后沿袭的。自汉代以来，有"银青""金紫"等名号。但汉代的"青""紫"是指官员系印所用绶带的颜色，而"金""银"是指所佩戴官印的材质，如配金印者用紫绶，配银印者用青绶。后世官员不再佩戴官印，仍然使用"银青""金紫"等名号，这时的"青""紫"指的是官员官服的颜色。隋唐时期，官员随身佩戴鱼符①，穿紫色官服的高级官员佩戴金鱼符，称为"金紫"。根据唐朝服色制度，皇帝赐予崔能的应是"紫衣金鱼"，而非"紫衣金印"。

在品鉴《集古录》的过程中，欧阳修不仅能够根据金石碑刻"知古"，也能"知今"，对本朝的制度习俗有更为深入的了解。如北宋前期的官制十分繁复，《宋史·职官志》记载："其官人受授之别，则有官、有职、有差遣。官以寓禄秩、叙位著，职以待文学之选，而别为差遣以治内外之事。"北宋前期的官只是代表俸禄和迁转次序的阶官，无实际职任，代表实际职任的是"差遣"，其中包括各种使职，如转运使、安抚使、枢密使等。欧阳修曾参与纂修《新唐书》，并且独自撰写《新五代史》，深谙唐及五代官制。在《集古录》所收《康约言碑》的碑文后，欧阳修撰写了长篇跋尾，借由康约言的官职履历梳理了北宋使职的渊源由来。欧阳修认为，唐朝自从开元以来，职官越发冗滥，开始出现使职。使职历经五代以至于北宋，大多因袭不废。宋人只知道当时的使职是承袭唐代旧号而不是古官制，却不知道如今的使职在唐朝时大都是宦官的职任名称。《康约言碑》记载宦官康约言在唐文宗太和、开成年间，曾任鸿胪礼宾使、内外客省使，由此可见北宋时期自枢密使、宣徽

---

① 唐高宗时赐五品以上官员鱼袋，内装鱼符。宋朝不再使用鱼符，而是直接于袋上用金银装饰为鱼形。

第五章

集古千卷，以开金石：欧阳修与《集古录》

使以下的使职，大多都是自唐朝宦官使职沿袭而来，亦可见像鸿胪寺这样的机构，也会让宦官在其间任职。据此，欧阳修对于本朝的官制，有了更为深入且透彻的认知。

欧阳修充分利用金石文献考证史书记载的阙误，考辨典章制度的沿革，但他并不迷信金石记载，不会尽信碑文，对于碑文的可疑之处，会利用史籍记载补碑石之阙、正碑石之误。

四、以史书记载补正碑刻

古人认为石与金同是世上坚固之物，"以石代金，同乎不朽"①，但实际上石刻比金属器物更易磨损。在欧阳修的千卷《集古录》中，"文字摩灭"者、"残缺不完"者占大多数，而"首尾皆完"、字迹清晰者则寥寥可数。这时，欧阳修会根据史书记载和历史常识，推断磨损的文字，补碑刻之失。

一次，欧阳修得到一块东汉的碑刻，碑文磨损得十分严重，断断续续，不能成句。这块石碑记载的是东汉一个人物的事迹，但此人的氏族、所在州里、官阀和卒葬年月都已不能辨认，唯一可见的碑主信息是"君讳班"，可知碑主的名是"班"，开头云"建口年太岁在丁亥"，"建"字下面的一个字不能辨识。欧阳修根据《后汉书》推测，东汉从汉光武帝至汉献帝，年号中带有"建"字的共有七个：建武、建初、建光、建康、建和、建宁、建安。再考证历法，东汉历史上的"丁亥"年有汉章帝的章和元年（87）、汉桓帝的建和元年（147）。由此推断，碑文中"建"字下面磨损的字应为"和"。这块汉碑，碑文已被磨损十之八九，可解读的历史信息少之又少，而欧阳修通过严密的历史考据，考证出了年代这一重要信息。后来欧阳修又得到此碑的另一摹本，比以前所收摹本更为清晰一些，可辨认出"武君讳班"四字，才知碑主为武班，当生活在汉桓帝前后。

再如隋朝的《李康清德颂》，结尾处题"十一年岁在辛亥，大将军在酉，

---

① ［南朝梁］刘勰：《增订文心雕龙校注》卷三，第155页。

二月癸丑朔十二日甲子建","年"上有两字讹阙。根据《隋书》,隋文帝开皇十一年（591）是辛亥年,所以讹阙的两字应为"开皇"。欧阳修根据文献记载进行严谨的考证,补碑刻之阙失,尽可能地解读出碑刻更多的历史信息,这种严谨的考据精神深深影响了后世学者。不过,更为难能可贵的是,欧阳修以碑考史,但并不迷信碑刻,不尽信碑刻所言,对于碑刻中的可疑之处,欧阳修会大胆地提出质疑。

唐代大文学家韩愈曾为柳宗元撰写《罗池庙碑》,结衔处为"尚书吏部侍郎韩愈撰,中书舍人、史馆修撰沈传师书",结尾处题"长庆元年（821）正月建"。欧阳修考证《唐穆宗实录》,沈传师自尚书兵部郎中、翰林学士罢为中书舍人、史馆修撰是在长庆二年（822）二月,这年九月,韩愈自兵部侍郎迁为吏部侍郎。因此,韩愈题名为"尚书吏部侍郎"、沈传师题名为"中书舍人、史馆修撰"应当在长庆二年九月之后,不可能在长庆元年。另外,碑文记载柳宗元死后三年,罗池庙建成,又过了一年,韩愈为柳宗元撰写了此碑文。柳宗元卒于元和十四年（819）,韩愈撰写《罗池庙碑》当在长庆三年（823）。欧阳修由此推断《罗池庙碑》结尾处的"长庆元年正月"应是"后人传模者误刻之尔"①。

又如《集古录》收藏有东汉《金乡守长侯君碑》,碑主为西汉人侯成,侯成玄孙是东汉光武帝时期的大臣侯霸,《后汉书》中有传,可相互参证。可是在相互参证的过程中,欧阳修发现了一些问题。《金乡守长侯君碑》记载:"光武中兴,玄孙霸为临淮太守,转拜执法右刺奸、五威司命、大司徒公,封於陵侯。"而《后汉书·侯霸列传》记载侯霸在王莽时因为五威司命陈崇的举荐,迁随县县令,后迁执法刺奸;光武帝时,代替伏湛为大司徒,封关内侯;侯霸死后,光帝武下诏,追封则乡侯。两相对比,碑文与史书记载不相合处有三:其一,碑文记载侯霸曾为执法右刺奸、五威司命,而史书记载侯霸只做过执法刺奸,未做过五威司命;其二,碑文记载侯霸任执法刺奸是

---

① ［宋］欧阳修:《欧阳修全集》卷一四一《集古录跋尾·唐韩愈罗池庙碑》,第2272页。

在光武帝时期，而史书记载是在王莽时期；其三，碑文记载侯霸的爵位是於陵侯，而史书记载侯霸生前封为关内侯，死后追封则乡侯。

欧阳修翻检《汉书》《后汉书》，发现"执法左右刺奸""五威司命"都是王莽时期的官名，可知碑文记载有误。对于爵位的差异，欧阳修没有进一步考证，而是存疑以待后学。后来赵明诚在欧阳修的基础之上继续考证此碑，根据《后汉书·侯霸列传》的记载，侯霸死后追封则乡侯，至其子侯昱时改封於陵侯，碑文直接以侯霸为於陵侯，也是谬误。可见对于碑刻记载和史书记载的不合之处，欧阳修没有简单地笃信碑刻，而是根据不同史料加以考证，敏锐而合理地提出疑问，若未得到答案，则阙疑待考，为后人继续研究金石碑刻铺好了前行的道路。

五、由金石碑刻了解古代风俗

欧阳修考证金石碑刻，往往细致入微。对于一般人常常会忽略的片语只言，欧阳修也会解读出其背后的深意，借此了解古人的点点滴滴。两汉去宋较远，《集古录》收录有不少汉碑，欧阳修就会根据汉碑中的只言片语了解汉代的社会风俗。

古人遣词造句其实正能反映出当时的语言习惯和社会习俗，欧阳修经常会根据碑刻文句品读古今风俗之别。《集古录》所藏《泰山都尉孔君碑》记载的是东汉孔宙的事迹。碑文中有这样一句话："躬忠恕以及人，兼禹、汤之罪己"，赞美孔宙为人忠恕，推己及人，而且能够像禹、汤那样自我反省、改正自己的罪过。对于这样一句普通的赞美之辞，欧阳修却能觉察出内中体现的古今风俗。用禹、汤这样的古圣先王来赞美人臣，在北宋时会被认为不伦不类，在汉代的文章中却稀松平常。又如东汉《冀州从事张表碑》称赞张表"仕郡为督邮，鹰撮卢击"，古代"卢"有"猎犬"之意，此句将张表比为鹰犬，赞美其干练敏捷。以鹰犬喻人，在后世看来也是不伦不类，甚至是贬抑之语，在汉代却习以为常。由此可见，"汉世近古简质"，语意质朴淳厚。

从汉碑文辞中，亦可见汉代君尊而臣卑。《鲁相晨孔子庙碑》上刻有汉灵帝时鲁国的相和长史等人给尚书所上的奏章，其中有"顿首顿首，死罪死罪"等文句。汉代时，尚书职掌文书及群臣奏章，群臣的奏章要通过尚书进奏给皇帝，所以在通过尚书上呈君主的奏章中有"顿首死罪"等语句，可见"汉制天子之尊""而不敢斥至尊"，由此可窥汉代的奏章文书制度和君臣地位。

在唐代的文献记载中，提到国号时，唐人经常冠以"圣"字，称"圣唐"，以示尊敬和自豪。这种传统沿袭至宋，宋人也经常称呼本朝为"圣宋"。欧阳修遍读经史，没有发现唐朝以前的人有此习惯。而在自己所收藏的东汉《桂阳周府君碑》中，碑首题云"神汉"，欧阳修因此恍然，原来在汉朝时已有此习惯，唐宋称"圣"大有渊源。

古代纪功碑一类碑刻的背面，一般刻有碑主的门生故吏的名字，或刻有捐助立碑之人的名字、官职及捐助钱数。虽然只是列举名姓、官职和捐助钱数，但也是大有文章。东汉《朔方太守碑阴》记载的是东汉桓帝永寿二年（156）朔方太守率领官民修庙立祠之事，碑文磨损严重，首尾不全，从可辨识的文字来看，欧阳修发现时人所捐助的钱款不过三百至五百钱。《集古录》所收汉代修建华岳庙和孔子庙的碑阴刻文，也是如此。欧阳修由此推测汉代社会"物轻币重"。

欧阳修以赏玩《集古录》为一大乐事，在赏玩之中，不仅考证前代史事，还由此了解了不少前代社会的风俗习惯，在"玩乐"之中不断广博自己的视野、丰富自己的知识。

六、由玩赏金石引发怀古之思

欧阳修晚年视力衰退，读书写字有时十分困难。千卷金石碑拓伴他度过了晚年，给他的生活带来了莫大的乐趣。在赏玩金石碑刻的过程中，欧阳修品鉴古人书法，品读古人事迹，同时也品味历史的沧桑变化，不免时常引发古今之叹，感慨功过宠辱、生死聚散，抒发对历史和人生的不尽思考。

第五章

集古千卷,以开金石:欧阳修与《集古录》

古人树碑刻石,是为了让自己的功德事迹传之不朽。但铭刻金石真能传之不朽吗?《集古录》所藏汉魏以来碑刻,大多数文字摩灭残缺,不禁让欧阳修深思"不朽"这一哲学命题。欧阳修收藏有《杨公史传记》的碑拓,文字讹阙不完。从已辨认的碑文中,找不到时代信息,不过欧阳修根据字体书法,推测为唐人所撰。作者树碑立传、刻于金石的本意,在于使杨公的事迹传之后世,而北宋距离唐朝开国不超过五百年,文字已经磨损如此,欧阳修不由感叹"杨公之所以不朽者,果待金石之传邪"[①]?

金石碑刻毕竟是有形之物,有形之物有其本身的弊端,如青铜器皿会长埋地下,不闻世间,石碑石刻会因岁月侵蚀、后人破坏而残缺湮灭。那如何能传之不朽呢?欧阳修认为"有形之物,必有时而弊,是以君子之道无弊,而其垂世者与天地而无穷"[②],君子的善德嘉行是无形之物,垂范于天地之间,传之无穷。如颜回高卧于陋巷之中,不曾刻铭于器,不曾立传于石,但他的名字和舜、禹一样流芳百世。因此,欧阳修认为"久而无弊者道,隐而终显者诚"[③],"乃知为善之坚,坚于金石也"[④],修身为善,才能真正传之不朽。

树碑立传,是为了传扬美名,但如果是恶人树碑,大肆歌功颂德,也能改变世人的看法吗?欧阳修在《集古录》中收录了唐末王重荣的德政碑碑拓。王重荣为唐末藩镇将领,任河中节度使,在黄巢之乱中,曾和宦官将领联手,共召兵力强大的河东节度使李克用南下平叛,大破黄巢,收复长安,为唐室立下大功。而欧阳修认为王重荣虽有功劳,但他后来因为池盐之利和唐僖宗宠信的宦官田令孜交恶,联合李克用进逼长安,致使唐僖宗再次出逃避难,亦成为唐室大患,可以说有功亦有过。欧阳修想到《王重荣德政碑》是为了让他的美名传于千载,但他的罪过不会因为这块德政碑的树立而消

[①] [宋]欧阳修:《欧阳修全集》卷一四三《集古录跋尾·唐人书杨公史传记》,第 2307 页。
[②] [宋]欧阳修:《欧阳修全集》卷一三六《集古录跋尾·后汉郎中王君碑》,第 2135 页。
[③] [宋]欧阳修:《欧阳修全集》卷一三六《集古录跋尾·后汉郎中王君碑》,第 2135 页。
[④] [宋]欧阳修:《欧阳修全集》卷一四三《集古录跋尾·唐人书杨公史传记》,第 2307 页。

逝于历史之中,其恶行还是会暴露于后世。于是,欧阳修劝勉自己,也劝勉后人:"求名莫如自修,善誉不能掩恶也。"[1] 要想真正流芳后世,莫过于修身行善。

在品古过程中,欧阳修也会品评历史人物。欧阳修对历史人物的评价,不是简单的二元论、脸谱化,在看到历史人物的功劳之时,也会看到其过错,不会因功而废过,也不会以恶而掩其功。如欧阳修认为蚩尤发明兵器,纣王发明漆器,"不以二人之恶而废万世之利也"[2]。在唐代《令长新戒》的跋尾中,欧阳修称赞唐玄宗即位之初亲自选择、任命县令,对他们叮咛劝诫,如此勤于治道,才开创了太平盛世。同时他也会慨叹"靡不有初,鲜克有终"[3],唐玄宗一手缔造了开元盛世,又一手招致了安史之乱,致使唐朝由盛转衰,不禁令人叹惋。

欧阳修晚年把玩《集古录》时,有时会怀古,有时也会伤今。欧阳修赏玩自己所收藏的金石拓本,并不是"独乐乐",而是"众乐乐",经常和朋友们一起把玩欣赏,朋友们有时也会在拓本之后撰写跋尾。嘉祐四年(1059)四月六日,当时欧阳修正在唐书局与宋祁、宋敏求、王畴、吕夏卿、刘羲叟、梅尧臣等同修《新唐书》。这一日,欧阳修与吴奎、刘敞、江休复、祖无择、梅尧臣、范镇等人在唐书局共同赏鉴唐人的《赛阳山文》。六人都是当世名士,他们与欧阳修共同品古论文、谈古论今,尽欢而散。吴奎等六人还在《赛阳山文》之后撰写了跋尾。

十二年后的熙宁四年(1071)三月十五日,当告病在家的欧阳修又一次翻开《赛阳山文》的拓本,见到吴奎等人的跋尾,想到这些老友多已亡故,不由得悲从中来。嘉祐五年(1060),唐书局雅集之后的第二年,江休复、梅尧臣病故。又过了九年,刘敞、吴奎去世。十二年之间,七人之中,"亡者

---

[1] [宋]欧阳修:《欧阳修全集》卷一四三《集古录跋尾·唐王重荣德政碑》,第2305页。
[2] [宋]欧阳修:《欧阳修全集》卷一三四《集古录跋尾·秦泰山刻石》,第2083页。
[3] [宋]朱熹:《诗集传》卷一八,赵长征点校,中华书局,2017年,第309页。

第五章

集古千卷，以开金石：欧阳修与《集古录》

四，存者三"；而幸存的三人之中，祖无择遭遇酷吏，因罪贬废，范镇也因为上书言事而得罪朝廷，只有自己"蒙上保全，贪冒宠荣，不知休止"[①]。欧阳修又想到当时同修《新唐书》的七位同僚，宋祁等五人已经亡故，只剩下自己和宋敏求，而宋敏求在前一年也因故被夺职。想此种种，欧阳修怆然叹息，退隐之心亦坚。三个月后，欧阳修致仕，结束了自己波澜壮阔的政治生涯。

七、欧阳修以金石证史的理论原则

欧阳修对于金石学的贡献，不限于大量搜求金石拓本，把玩赏鉴，还以数十年之功，整理考订，汇集而成《集古录》，更致力于以金石证史的考据研究，将《集古录》所收金石拓本"与史传相参验，证见史家阙失甚多"[②]，以碑补正史之阙失，以史补正碑之阙失，同时以碑文记载见证古代的典章制度、社会风俗。除此之外，欧阳修在《集古录》中阐述了金石证史的理论原则，对北宋以来的金石考据之学具有开创之功。

欧阳修不仅是一位史家，著有《新唐书》《新五代史》等史学著作，还是一位碑志文撰写大家，一生创作大量碑志文。因此，欧阳修深谙史书和碑志文这两种文体的特点。史书记载历史人物的生平事迹，一般只记载重要事件，若大事小情都要记载，则会失之烦冗，违背史家寓褒贬于其中的本意，所以欧阳修认为"史家当著其大节"[③]。而碑志文主要是为了扬善于后世。曾巩曾分析碑志文与史书记载的不同："盖史之于善恶无所不书，而铭者，盖古之人有功德材行志义之美者，惧后世之不知，则必铭而见之，或纳于庙，或存于墓，一也。苟其人之恶，则于铭乎何有？此其所以与史异也。"[④] 碑志文一般记善而不记恶，有时甚至会夸大碑主的功德事迹，而对于碑主一生中不

[①]［宋］欧阳修：《欧阳修全集》卷一四二《集古录跋尾·赛阳山文》，第2290页。
[②]［宋］欧阳修：《欧阳修全集》卷一四八《与刘侍读二十七通之六》，第2420页。
[③]［宋］欧阳修：《欧阳修全集》卷一四二《集古录跋尾·唐李听神道碑》，第2294页。
[④]［宋］曾巩：《寄欧阳舍人书》，载《曾巩散文选集》，第24—25页。

光彩的事情则有所隐讳。

正是由于深谙史书和碑志文的这种特点,欧阳修在用金石证史的过程中形成了自己的理论原则。碑志文虽然有褒有讳,但在名姓、世系、子孙、官爵、年寿等方面,因大多由子孙或同辈人所撰,一般不会出错,故欧阳修以金石证史时,"至于世系、子孙、官封、名字,无情增损,故每据碑以正史"①。而对于碑志文中所记载的功过善恶,欧阳修则采取非常审慎的态度。不过,碑志文一般大肆褒扬善德嘉行,若是史书上记载的人物功绩而碑志文未载,则可以怀疑史书存在差误,如欧阳修根据《贾逵碑》推测《三国志·贾逵列传》的谬误。

欧阳修在将碑刻与史书记载相互参验的过程中,"于碑志,惟取其世次、官、寿、乡里为正,至于功过善恶,未尝为据者以此也"②。这一原则被后世学者所认可和沿用,成为金石证史的基本原则之一。

第三节 乐古思今,力于斯文:《集古录》及其跋尾所体现的欧阳修学术思想

《集古录跋尾》是欧阳修赏玩珍藏拓本之后的研究心得,在这部分内容之中,有对历史的讨论和研究,也有对儒学、文学、书学的思考和讨论。从《集古录》及其跋尾中,可以管窥欧阳修丰富的学术思想和深厚的学术功力。

一、《集古录》所体现的欧阳修儒学思想

作为北宋古文运动的倡导者,欧阳修在文学上力倡古文,在儒学上力排佛老。在这一点上,欧阳修和唐朝古文运动的倡导者韩愈的思想,可以说是

---

① [宋]欧阳修:《欧阳修全集》卷一四二《集古录跋尾·唐孔府君神道碑》,第2302页。
② [宋]欧阳修:《欧阳修全集》卷一四二《集古录跋尾·唐白敏中碑》,第2301页。

第五章
集古千卷，以开金石：欧阳修与《集古录》

一脉相承。在童年时代，当社会上人人崇尚西昆体文风时，年幼的欧阳修却对韩愈的文章一见倾心，有天然的好感，"见其言深厚而雄博，然予犹少，未能悉究其义，徒见其浩然无涯，若可爱"；稍稍年长之后，欧阳修便立志宗法韩愈，"力于斯文，以偿其素志"。[①]

在儒学思想上，欧阳修和韩愈一样，面对儒、释、道三教并行的情况，力排佛老，崇儒复古。在儒学的发展历史上，东汉年间谶纬虚妄之说大兴，魏晋南北朝时期，佛教、道教盛行南北，儒学的正统地位受到极大挑战。佛老之学在中国的流行，在《集古录》中也有所体现。欧阳修所收藏的汉魏以来碑刻墨拓，有很多都是寺庙碑刻、佛老碑文。每每观览这些碑拓，欧阳修都会慨叹儒学之不振，为此忧心忡忡。如在《公昉碑》之后，欧阳修写道："呜呼！自圣人殁而异端起，战国、秦、汉以来，奇辞怪说纷然争出，不可胜数。久而佛之徒来自西夷，老之徒起于中国，而二患交攻，为吾儒者往往牵而从之。其卓然不惑者，仅能自守而已，欲排其说而黜之，常患乎力不足也。"[②]欧阳修回顾儒学的发展历史，感叹振兴儒学之路任重而道远。

在《集古录跋尾》中，欧阳修着力批判佛老的虚妄之说，指出佛老的思想本质在于人之贪欲。欧阳修认为"佛之徒曰无生者，是畏死之论也；老之徒曰不死者，是贪生之说也"；佛教宣扬来世，道教宣扬长生，"弃万事、绝人理"，其本质不过是贪生畏死，是对现世人生的逃避。[③]

对于佛教宣扬的放生理论，欧阳修提出质疑。他认为"王者仁泽及于草木昆虫，使一物必遂其生，而不为私惠也"，王者之泽，泽于万物，王者之治在于引导民众顺应并利用自然，使人和万物和谐共存，而不是放生一物来作为私惠。欧阳修进一步列举庖牺氏的例子来证明自己的观点。《易大传》记载上古时期，庖牺氏结绳织网，教授民众打猎捕鱼之术。庖牺氏教导百姓

[①] ［宋］欧阳修：《欧阳修全集》卷七三《记旧本韩文后》，第1056页。
[②] ［宋］欧阳修：《欧阳修全集》卷一三五《集古录跋尾·后汉公昉碑》，第2103页。
[③] ［宋］欧阳修：《欧阳修全集》卷一三九《集古录跋尾·唐华阳颂》，第2228页。

利用自然资源，繁衍后代，是有利于千秋万世的圣人之举。而按照佛教的理论，"杀物者有罪，而放生者得福"①，如此庖牺氏就是千古罪人了，由此可知佛教放生理论的荒诞。

对于道教的神仙之说，欧阳修也直言斥其虚妄。《集古录》收录有"谢仙火"三个字的拓本，此三个字是刻在岳州华容县（治今湖南岳阳华容）废弃的玉真宫的柱子上。传言宋真宗大中祥符年间，玉真宫为天火所焚，只剩下这一根柱子，柱子上有"谢仙火"三个字，一些人就把这三个字摹拓下来。仁宗庆历时期，衡山有一女子号何仙姑，能不吃不喝，飞身上天，人人都认为她是神仙。有人就询问何仙姑，玉真宫柱子上的"谢仙火"是什么意思。何仙姑答道："谢仙是雷部中的一个鬼，他们夫妇都是身长三尺，面色如玉，执掌世间雷火。"有人听说此言后去翻找道教典藏，发现真的有谢仙的名字，而且真的是执掌雷火，由此人们越发认为何仙姑是真神仙了。叙说完这一故事后，欧阳修笔锋一转，随后记道，近来听说衡州奏报，何仙姑已经死了，并没有长生不老。有从衡州当地来的人说，何仙姑晚年瘦小羸弱，面皮皱黑，是世间第一衰媪，由此证明神仙之说荒诞不经。

欧阳修在《集古录》中收录了不少关于佛老之事的石刻碑拓，之所以这么做，是为了警醒后人。在《唐司刑寺大脚迹敕》跋尾中，欧阳修写道："碑铭文辞不足录，录之者所以有警也。俾览者知无佛之世，诗书雅颂之声，斯民蒙福者如彼；有佛之盛，其金石文章与其人之被祸者如此，可以少思焉。"②

欧阳修不仅排斥佛老，对于儒学的异说——谶纬祥瑞之说，也深不以为然。东汉时期，谶纬大兴。学者编造谶纬迷信故事，附会儒家学说宣扬祥瑞灾异、天人感应等观点，为现实政治服务。欧阳修收藏有东汉《鲁相晨孔子庙碑》，碑文记载："孔子乾坤所挺，西狩获麟，为汉制作。"纬书《孝经援神契》曰："玄丘制命帝卯行。"《尚书考灵耀》记载："丘生苍际，触期稽度为

---

① ［宋］欧阳修：《欧阳修全集》卷一四〇《集古录跋尾·唐放生池碑》，第2233页。
② ［宋］欧阳修：《欧阳修全集》卷一三九《集古录跋尾·唐司刑寺大脚迹敕》，第2207页。

第五章
集古千卷，以开金石：欧阳修与《集古录》

赤制。"它们意指孔子推演天道，为汉朝天下制法。对此不经之论，欧阳修评论道："谶纬不经，不待论而可知。甚矣，汉儒之狭陋也！孔子作《春秋》，岂区区为汉而已哉！"[①]由此批判汉儒的浅陋狭隘。

谶纬之说在隋唐之后不再兴盛，但祥瑞灾异之说一直流行于后世，对此，欧阳修也不苟同。欧阳修所藏东吴《国山碑》记载，东吴末代之君孙皓在天册元年（275）封禅国山，改元天玺，树碑立石，记载所获祥瑞异物。天册元年是西晋的咸宁元年，五年之后，西晋灭吴。于是欧阳修在跋尾中写道："以皓昏虐，其国将亡，而众瑞并出，不可胜数。后世之言祥瑞者，可以鉴矣。"[②]

欧阳修一生崇儒复古，排斥佛老谶纬之学，力振斯文。《集古录》中的多处跋尾体现了欧阳修的这一思想主张。但值得注意的是，欧阳修对于佛道学说的具体内容，如世界观、方法论、宇宙观等并没有深入地研读了解，对于佛教、道教的理解大多停留于表面，对其批判也大多基于时弊。因此关于排佛老而振儒学，欧阳修并没有形成比较完整的理论体系，这种自发的批判并不具备深厚的理论基础。后人曾讥讽欧阳修"不曾深看佛书，故但能攻其皮毛"[③]。尽管如此，欧阳修大力崇儒尊古，为后世理学的兴起奠定了基础，是理学的先驱者之一。

二、《集古录》所体现的欧阳修文学思想

碑志文既属于史学领域，又属于文学领域。古代碑志文的作者，不乏文学大家。欧阳修在《集古录跋尾》中，经常就碑刻文辞、历代文学发展特点发表议论，此类跋尾直接反映了欧阳修的文学修养和文学追求。

欧阳修所集碑拓，自汉魏以至于唐末，历朝历代尽皆有之。欧阳修在赏

[①] ［宋］欧阳修：《欧阳修全集》卷一三六《集古录跋尾·后汉鲁相晨孔子庙碑》，第2122—2123页。
[②] ［宋］欧阳修：《欧阳修全集》卷一三七《集古录跋尾·吴国山碑》，第2158页。
[③] ［宋］罗大经：《鹤林玉露》卷四，王瑞来点校，中华书局，1983年，第195页。

玩品鉴之时，有时会对历代文章的文法特点发表评论，无意之中勾勒出了文学史的发展脉络。对于汉代文学，欧阳修欣赏西汉文章的淳厚质朴，认为东汉以后，文章渐呈衰颓之势。在东汉《韩明府修孔子庙器碑》后，他写道："前汉文章之盛，庶几三代之纯深，自建武（东汉光武帝年号）以后，顿尔衰薄。崔（崔寔）、蔡（蔡邕）之徒，擅名当世，然其笔力辞气非出自然，与夫杨（应是'扬'之误，扬雄）、马（司马相如）之言，醇醨异味矣。及其末也，不胜其弊。"[①]欧阳修崇尚质朴自然的文风，而反对矫作怪奇的文辞，即使是东汉时期的文学名家崔寔、蔡邕，欧阳修也认为"其笔力辞气非出自然"。

在汉碑文章中，欧阳修推崇"近古简质"的《泰山都尉孔君碑》《冀州从事张表碑》，尤为喜欢《樊毅华岳碑》，其中有如此文句："《周礼·职方氏》华谓之西岳，祭视三公者，以能兴云雨，产万物，通精气，有益于人，则祀之。故帝舜受尧，亲自巡省。暨夏、殷、周，未之有改。秦违其典，璧遗鄙池，二世以亡。汉祖应运，礼遵陶唐，祭则获福，亦世克昌。亡新滔逆，鬼神不享。建武之初，彗扫顽凶。"[②]文辞典雅而质朴，文气自然而充沛，欧阳修不觉称赞"其文彬彬可喜"。

至于南北朝，文章渐趋浮华繁缛，骈文盛行。欧阳修认为这一时期的文章凋敝已极，"南北文章至于陈、隋，其弊极矣"[③]，"陈、隋之间，字书之法极于精妙，而文章颓坏，至于鄙俚，岂其时俗敝薄，士遗其本而逐其末乎"[④]。

唐初文学承袭南北朝之弊，依旧崇尚浮靡巧丽的文风。欧阳修批评唐初文章道："唐初承陈、隋文章衰敝之时，作者务以浮巧为工，故多失其事实，

---

① ［宋］欧阳修：《欧阳修全集》卷一三五《集古录跋尾·后汉修孔子庙器碑》，第2108—2109页。
② ［宋］欧阳修：《欧阳修全集》卷一三六《集古录跋尾·后汉樊毅华岳碑》，第2136页。
③ ［宋］欧阳修：《欧阳修全集》卷一三八《集古录跋尾·隋太平寺碑》，第2179页。
④ ［宋］欧阳修：《欧阳修全集》卷一三八《集古录跋尾·陈张慧湛墓志铭》，第2195页。

第五章
集古千卷，以开金石：欧阳修与《集古录》

不若史传为详。"① 在《唐德州长寿寺舍利碑》跋尾，欧阳修言："余屡叹文章至陈、隋，不胜其弊，而怪唐家能臻致治之盛，而不能遽革文弊，以谓积习成俗，难于骤变。"在《唐元次山铭》后，欧阳修又道："唐自太宗致治之盛，几乎三代之隆，而惟文章独不能革五国之弊。"欧阳修屡次叹息唐太宗文治武功，能开创太平盛世，却不能改革文风之弊，揭示出文化发展与政治、经济发展并不同步的现象。至唐朝中期，韩愈、柳宗元领导古文运动，才一扫文坛浮华之风，欧阳修对此称赞道："是以群贤奋力，垦辟芟除，至于元和（唐宪宗年号），然后芜秽荡平，嘉禾秀草争出，而葩华荑实烂然在目矣。"②

欧阳修推崇简古质朴的西汉文章，贬抑华而不实的魏晋文风，正与他一贯的文学观点相一致。除此之外，在《集古录跋尾》中，欧阳修反复明确表达了他崇尚自然、反对"怪奇"的文学思想，他自身的文史写作实践也始终贯穿着简质古朴的文风，努力纠革浮华绮丽的"西昆体"和险怪奥涩的"太学体"对宋代士人的恶劣影响。欧阳修言："余尝患文士不能有所发明以警未悟，而好为新奇以自异，欲以怪而取名，如元结之徒是也。至于樊宗师，遂不胜其弊矣。"③

元结是唐玄宗至唐代宗时期的文学家，创作了大量追求古意的散文，笔力雄伟刚劲，被认为是韩柳古文运动的先驱。对于元结倡导古文之功，欧阳修不吝赞美之辞："次山（元结之字）当开元、天宝时，独作古文，其笔力雄健，意气超拔，不减韩之徒也，可谓特立之士哉！"④ 而对于元结刻意求古、务为怪奇之文的写作趋向，欧阳修也大力批判，在《唐元结㳦尊铭》跋尾中，欧阳修评价："次山喜名之士也，其所有为，惟恐不异于人，所以自传于后世者，亦惟恐不奇而无以动人之耳目也。视其辞翰，可以知矣。"⑤ 在元

---

① ［宋］欧阳修：《欧阳修全集》卷一三八《集古录跋尾·唐卫国公李靖碑》，第 2197 页。
② ［宋］欧阳修：《欧阳修全集》卷一三八《集古录跋尾·隋太平寺碑》，第 2179 页。
③ ［宋］欧阳修：《欧阳修全集》卷一三九《集古录跋尾·唐韦维善政论》，第 2210 页。
④ ［宋］欧阳修：《欧阳修全集》卷一四一《集古录跋尾·唐元次山铭》，第 2262 页。
⑤ ［宋］欧阳修：《欧阳修全集》卷一四〇《集古录跋尾·唐元结㳦尊铭》，第 2239 页。

结所撰《阳华岩铭》后，欧阳修又言："元结好奇之士也，其所居山水必自名之，惟恐不奇。而其文章用意亦然，而气力不足，故少遗韵。"随后欧阳修表达了他的文学追求和做人原则："君子之欲著于不朽者，有诸其内而见于外者，必得于自然。颜子萧然卧于陋巷，人莫见其所为，而名高万世，所谓得之自然也。"①

欧阳修对于元结、樊宗师等险奇文风的批判，其实是有现实原因的。宋仁宗时期，在穆修、尹洙、欧阳修等古文大家的努力之下，华丽雕琢却内容空虚的西昆体时文渐渐式微消歇，写作长短自由、朴实流畅的古文逐渐成为风尚，"自天圣以来，古学渐盛，学者多读韩文"②。但至庆历年间，古文运动又走向了另一个极端。先后在国子监、太学任职的石介在写作文章时追求怪诞险奇，一时称盛，当时士子在他的影响之下，也崇尚创作怪奇晦涩之文，号为"太学体"。对于这种险怪的"太学体"文风，欧阳修态度鲜明，"痛排抑之"③。嘉祐二年（1057）欧阳修权知贡举，凡是写作奇涩怪诞之文者，欧阳修一律将之黜落，而选拔言之有物、清新自然的文章。在欧阳修的努力之下，北宋文坛终于进入健康的发展轨道，"五六年间，文格遂变而复古"④。因此，在嘉祐、治平年间，欧阳修为《集古录》撰写跋尾时，对元结、樊宗师等怪奇文风大加驳斥，正是他同"太学体"文风不懈斗争的反映。《集古录跋尾》中所陈述的文学思想，正是欧阳修一贯秉持追求的简古质实的文学主张。

三、《集古录》所体现的欧阳修书学思想

欧阳修自庆历年间开始搜集器铭碑拓，累至千卷。欧阳修一般是以什么样的标准决定是否编入《集古录》呢？有时是爱其文辞、惜其文翰，但更多

---

① ［宋］欧阳修：《欧阳修全集》卷一四〇《集古录跋尾·唐元结阳华岩铭》，第2239页。
② ［宋］欧阳修：《欧阳修全集》卷一四一《集古录跋尾·唐田弘正家庙碑》，第2270页。
③ ［元］脱脱等：《宋史》卷三一九《欧阳修传》，第10378页。
④ ［宋］欧阳发等：《先公事迹》，《欧阳修全集》附录卷二，第2637页。

第五章

集古千卷，以开金石：欧阳修与《集古录》

时候是喜其字体书法。《集古录跋尾》中出现十五次"可喜"的评语，其中有十二次是评价书法；使用了十九次"可爱"，而有十五次是指向书法。

欧阳修本人并不擅长书法，好友江休复说："永叔书法最弱，笔浓磨墨以借其力。"① 欧阳修虽不工于书，但对于书法有浓厚的兴趣，在长期搜集、收藏金石拓片的过程中，对书法的见识大大长进，他曾说："余初不识书，因《集古》著录，所阅既多，遂稍识之，然则人其可不勉强于学也！"② "余以集录古文，阅书既多，故虽不能书，而稍识字法。"③ 另外，欧阳修与当时的篆书名家邵必（字不疑）、杨南仲、章友直交情至笃，经常和他们探讨交流自己所藏拓本的字体书法。宋四家之一的蔡襄（字君谟），更是欧阳修的至交好友，欧阳修所收藏的书法作品，"未有不更其品目者"④。久而久之，欧阳修的书法鉴赏水平大有长进，对于书法艺术逐渐形成了自己的见解，故黄庭坚曾说："欧阳文忠公书不极工，然喜论古今书，故晚年亦少进。"⑤

在《集古录跋尾》中，欧阳修对书丹者书法的评价随处可见。如评价东汉《杨震碑》的碑阴题名"隶法尤精妙"⑥，东汉《秦君碑》碑首大字"笔画颇奇伟"⑦、陈朝《张慧湛墓志铭》的铭刻"字画遒劲有法"⑧，等等。对于历代书法特点，欧阳修认为汉隶"体质淳劲"⑨；南朝"士人气尚卑弱，字书工者率以纤劲清媚为佳"⑩；北朝如北魏、北齐书法，"笔画不甚佳，然亦不俗"⑪；

---

① ［宋］江休复：《嘉祐杂志》卷上，金沛霖主编《四库全书子部精要》下册，天津古籍出版社、中国世界语出版社，1998年，第677页。
② ［宋］欧阳修：《欧阳修全集》卷一三九《集古录跋尾·唐兴唐寺石经藏赞》，第2213页。
③ ［宋］欧阳修：《欧阳修全集》卷一四〇《集古录跋尾·唐玄静先生碑》，第2245页。
④ ［宋］欧阳修：《欧阳修全集》卷一三八《集古录跋尾·隋丁道护启法寺碑》，第2185页。
⑤ ［宋］黄庭坚著，屠友祥校注：《山谷题跋》卷九《跋永叔与挺之郎中及忆滁州幽谷诗》，上海远东出版社，1999年，第264页。
⑥ ［宋］欧阳修：《欧阳修全集》卷一三五《集古录跋尾·后汉杨震碑阴题名》，第2100页。
⑦ ［宋］欧阳修：《欧阳修全集》卷一三六《集古录跋尾·后汉秦君碑首》，第2134页。
⑧ ［宋］欧阳修：《欧阳修全集》卷一三八《集古录跋尾·陈张慧湛墓志铭》，第2195页。
⑨ ［宋］欧阳修：《欧阳修全集》卷一三六《集古录跋尾·后汉残碑》，第2150页。
⑩ ［宋］欧阳修：《欧阳修全集》卷一三七《集古录跋尾·宋文帝神道碑》，第2166页。
⑪ ［宋］欧阳修：《欧阳修全集》卷一三七《集古录跋尾·鲁孔子庙碑》，第2174页。

隋唐之时，书法大盛，"开皇、仁寿（隋文帝年号）以来碑碣，字画多妙……自大业（隋炀帝年号）已后，率更（欧阳询）与虞世南书始盛，既接于唐，遂大显矣"①。

但唐末五代以来，战争频仍，社会动荡，文化凋敝，书坛低迷。书学不振的局面到北宋立国近百年的宋仁宗时期仍未得到明显改变，这让欧阳修感到无比惋惜和忧虑。欧阳修赏玩唐代书法碑拓之时，时常慨叹"书之盛莫盛于唐，书之废莫废于今"②，认为"自唐末干戈之乱，儒学文章扫地而尽。宋兴百年之间，雄文硕儒比肩而出，独字学久而不振，未能比踪唐人，余每以为恨"③。北宋书法不振的原因，欧阳修分析主要是唐代以前，士人工于字书已形成社会风尚，人人喜研书法，名手大家的断稿残篇也被世人所珍视，而如今士人不屑于精研此"小艺"，好高骛远，认为不值得耗费精力钻研书法，以致书坛低迷。有感于此，欧阳修在集录金石碑刻时，往往有意识地多取书法精美者，并且在题跋之中不遗余力地倡导书法变革，其振兴书坛的强烈愿望可见一斑。

事实上，欧阳修的大声疾呼并非徒劳无功，他的书法思想和审美倾向对后来的尚意书法家起到了重要的引导作用，开北宋尚意书法之先风。《集古录跋尾》集中体现了欧阳修的书学思想：

第一，欧阳修追求自然随意的创作状态，提出"初非用意，而自然可喜"④。欧阳修十分欣赏魏晋时人的逸笔余兴、随意挥洒。备受后世赞誉、推崇的魏晋法帖，大都是书家和朋友之间的问候寒暄之语，不过数行，短小精悍。书家随意挥洒，有的字俊美遒劲，有的字则肆意不羁，百态横生，妙不可言。后人观览之时，初见眼前一亮，为之惊绝，慢慢品味，则回味无穷。如东晋大书法家王献之的法帖，欧阳修爱如珍宝，"信笔偶然"，往往"字画

---

① ［宋］欧阳修：《欧阳修全集》卷一三八《集古录跋尾·隋蒙州普光寺碑》，第 2184 页。
② ［宋］欧阳修：《欧阳修全集》卷一三九《集古录跋尾·唐安公美政颂》，第 2223 页。
③ ［宋］欧阳修：《欧阳修全集》卷一三七《集古录跋尾·范文度摹本兰亭序二》，第 2163 页。
④ ［宋］欧阳修：《欧阳修全集》卷一四〇《集古录跋尾·唐僧怀素法帖》，第 2253 页。

第五章
集古千卷，以开金石：欧阳修与《集古录》

精妙"。①而若是刻意为之，则会有矫揉造作之态，失去本真之美。欧阳修云："后人乃弃百事，而以学书为事业，至终老而穷年，疲敝精神，而不以为苦者，是真可笑也。"②他主张："学书不必愈精疲神于笔砚，多阅古人遗迹，求其用意，所得宜多。"③这种适意而作、自然为美的创作理念深深影响了苏轼、黄庭坚等书法名家。苏轼的书法名论"书初无意于佳，乃佳尔"④正与欧阳修的书学思想如出一辙，成为尚意书风的核心理论。

第二，欧阳修认同书当有法，但更主张不拘泥于法，应求变求新，自成一家之体。欧阳修在《学书自成家说》中言："学书当自成一家之体，其模仿他人谓之奴书。"⑤治平元年（1064）的一天，欧阳修翻开《集古录》所藏《美原夫子庙碑》，此碑是由唐代的一个县令王岊撰写并书丹。在书法名家数不胜数的唐代，王岊绝对是一个无名之辈，但欧阳修认为他的书法"初无笔法，而老逸不羁，时有可爱"。随后，欧阳修评论道，纵览三代以来的书法发展历程，字体随时变易，历代名家何曾有固定的笔法呢？到魏晋以后，书法逐渐分为真书、草书等，而王羲之、王献之的书法成为一时风尚，后世书家皆宗法二王。欧阳修承认二王的书法精彩绝妙，但书法何必有一定之规？学书不能墨守成规，不能被定式、权威所束缚。在《杂法帖》的跋尾中，欧阳修就称赞王羲之、王献之虽都是书法宗师，但父子二人的笔法相去甚远，王献之自成一家，没有被父亲的笔法所禁锢，才成为和父亲并驾齐驱的一代名家。欧阳修这种创新求变、追求个性的创作理念，深深影响了后世的书法家。黄庭坚云"随人作计终后人，自成一家始逼真"⑥，正是承自欧阳修。

---

① ［宋］欧阳修：《欧阳修全集》卷一三八《集古录跋尾·千文后虞世南书》，第 2188 页。
② ［宋］欧阳修：《欧阳修全集》卷一四〇《集古录跋尾·唐僧怀素法帖》，第 2253 页。
③ ［宋］欧阳修：《欧阳修全集》卷一四三《集古录跋尾·杂法帖六之二》，第 2315 页。
④ ［宋］苏轼：《苏轼文集》卷六九《评草书》，第 2183 页。
⑤ ［宋］欧阳修：《欧阳修全集》卷一二九《笔说·学书自成家说》，第 1968 页。
⑥ ［宋］黄庭坚：《黄庭坚诗集注·外集补》卷二《以右军书数种赠邱十四》，［宋］任渊、［宋］史容、［宋］史季温注，刘尚荣点校，中华书局，2003 年，第 1605 页。

第三，欧阳修认为"书如其人"，将书品和人品相联系，形成一种独特的书法品评模式。如欧阳修评价颜真卿的书法："斯人忠义出于天性，故其字画刚劲独立，不袭前迹，挺然奇伟，有似其为人。"① 又云："余谓颜公书如忠臣烈士、道德君子，其端严尊重，人初见而畏之，然愈久而愈可爱也。"② 颜真卿其人忠义刚正，在李希烈叛乱中大骂反贼，宁死不屈，最终为叛军所杀。颜真卿字如其人，刚劲奇伟，挺然自立。人的品格能影响字的品格，也能影响书法作品的流传，对此，欧阳修曾发表过一段精彩的论述："古之人皆能书，独其人之贤者传遂远。然后世不推此，但务于书，不知前日工书随与纸墨泯弃者，不可胜数也。"③ 欧阳修认为品德高尚之人的书法作品更能流传久远，因而在修炼书法技艺的同时，更需修炼个人的品德。后世书法爱好者在评价前代书法作品时，往往品书的同时亦品其人，这种书法品评模式正是始自欧阳修。

后人这样评价唐宋书法艺术风格："唐言结构，宋尚意趣。"④ 苏轼及其门人黄庭坚、米芾等开创尚意书风，成为中国书法史上的灿烂篇章。而欧阳修的书学理论，为尚意书风的兴起和蓬勃发展奠定了理论基础。

第四节 集古录成，金石学兴：欧阳修与金石学

宋朝在学术方面的成就堪称空前绝后，远超汉唐，后至明清亦难以企及。近代国学大师王国维认为："近世学术多发端于宋人，如金石学亦宋人所创学术之一。宋人治此学，其于搜集、著录、考订、应用各面无不用力，不百年间遂成一种之学问。"⑤ 近代考古学的起源常被溯及北宋金石学，而欧

---

① ［宋］欧阳修：《欧阳修全集》卷一四一《集古录跋尾·唐颜鲁公二十二字帖》，第2261页。
② ［宋］欧阳修：《欧阳修全集》卷一四一《集古录跋尾·唐颜鲁公残碑二》，第2359页。
③ ［宋］欧阳修：《欧阳修全集》卷一二九《笔说·世人作肥字说》，第1970页。
④ ［清］康有为：《广艺舟双楫》卷二，中国书店，1983年，第5页。
⑤ 王国维：《宋代之金石学》，载《王国维讲考古学》，第159页。

第五章
集古千卷，以开金石：欧阳修与《集古录》

阳修的《集古录》与刘敞的《先秦古器图碑》（已佚）及吕大临的《考古图》、赵明诚的《金石录》堪称宋代金石学的扛鼎之作。宋人就总结当朝珍藏古器之风，"始则有刘原父侍读公为之倡，而成于欧阳文忠公"。欧阳修穷毕生之力搜求、整理金石碑拓，以《集古录跋尾》的形式开创了碑史互正的金石学研究方法，将金石收藏提升到学术研究的高度，对金石学具有开创之功。

一、《集古录》掀起金石集录之风

北宋时期，在欧阳修、刘敞、吕大临、赵明诚等人的影响之下，社会上渐起一股集古著录之风。据统计，两宋金石或古器物学著作已失传八十九部，现存世三十余种。《集古录》是其中影响最大、最为重要的著作之一。欧阳修自云："自予集录古文，时人稍稍知为可贵，自此古碑渐见收采也。"[①] 宋朝的文人士大夫逐渐认识到古青铜器和碑刻的价值，纷纷效法欧阳修，四处搜求碑拓，收藏金石古器蔚然成风。很多后世难以见到的珍贵碑刻，因为宋人的搜集和著录，而未完全湮没于历史长河之中。王国维大赞宋人保存史料之功："今宋代藏器已百不存一，石刻亦仅存十分之一，而宋人图谱、目录，尚多无恙。此其流传之功，千载不可没者也。"[②] 论此"流传之功"，首推欧阳修。

欧阳修之后，北宋末年的赵明诚也痴迷于金石收藏。赵明诚收藏金石拓片两千余通，著有《金石录》三十卷。而《金石录》是在欧阳修《集古录》的直接影响之下创作而成的。赵明诚在《金石录序》中曾自言写作动机："余自少小，喜从当世学士大夫访问前代金石刻词，以广异闻。后得欧阳文忠公《集古录》，读而贤之，以为是正讹谬，有功于后学甚大。惜其尚有漏落，又无岁月先后之次，思欲广而成书，以传学者。于是益访求藏蓄，凡

---

① ［宋］欧阳修：《欧阳修全集》卷一三五《集古录跋尾·后汉樊常侍碑》，第2109页。
② 王国维：《宋代之金石学》，载《王国维讲考古学》，第163页。

二十年而后粗备。"①赵明诚从小便喜欢跟随学者士人访求前代金石刻词，以增长见闻。他自年少时便立志"尽天下古文奇字"，对于所见的亡诗、逸史、古今书画、历代古器，无不尽力搜求，传写记录，"浸觉有味，不能自已"。②赵明诚在《集古录》的基础之上，广加搜访，编次年代，考证阙误，以成《金石录》。

至南宋时，洪适、薛尚功、王厚之等人广集各地金石碑刻，著述研究金石风靡一时。明人毛晋称："自汉迄隋、唐、五季，未有集录金石文字者。盖自六一居士始，后来赵德父（赵明诚）、王顺伯（王厚之）、黄长睿（黄伯思）辈接踵博访，树帜辨论。"③两宋之交的学者郑樵作《通志二十略》时，专设金石略，"以兹稽古"④，标志着金石学已成为专门之学。

清朝时，钱大昕、阮元、缪荃孙、王昶、陆心源等金石大家迭出，金石学进入鼎盛时期。清人集录并研究金石，不少是受欧阳修《集古录》的影响。如顾炎武曾言："余自少时，即好访求古人金石之文，而犹不甚解，及读欧阳公《集古录》，乃知其事多与史书相证明，可以阐幽表微，补阙正误，不但词翰之工而已。"⑤

欧阳修不仅掀起后世集古之风，还在著录之余对金石碑刻进行史学、文学、文字学、书学方面的考证和研究，初创了金石学研究的基本方法。

二、《集古录》成为金石学研究之典范

欧阳修的《集古录》被后世誉为金石学的开山之作，因为它不仅奠定了金石学的基本研究方法，还开创了"跋尾"类这一金石著作体例。

---

① ［宋］赵明诚：《金石录序》，第1页。
② ［宋］李清照：《金石录后序》，载［宋］赵明诚《金石录》，齐鲁书社，第257页。
③ ［明］毛晋：《六一题跋》，转引自洪本健编《欧阳修资料汇编》，第631页。
④ ［宋］郑樵：《通志二十略·通志总序》，第9页。
⑤ ［清］顾炎武：《顾亭林诗文集·亭林文集》卷二《金石文字记序》，华忱之点校，中华书局，1983年，第29页。

第五章

集古千卷，以开金石：欧阳修与《集古录》

在欧阳修之前，也有不少文人名士以收藏古器碑拓为乐，但他们仅仅限于收藏，而欧阳修纂集千卷《集古录》，并撰写跋尾，在收藏的基础上继续进行研究，将金石收藏提升至学术研究的高度。细读欧阳修所撰的《集古录跋尾》，可以发现其主要内容是用金石记载同传世文献相互参验，或以碑补史、以碑正史，或以史补碑、以史正碑，将金石收藏和经史研究相结合，奠定了金石正经考史的研究方法。清代乾嘉考据学派的代表人物钱大昕说："金石之学，与经史相表里。……欧（欧阳修）、赵（赵明诚）、洪（洪适）诸家涉猎正史，是正尤多。"[1]

欧阳修在用金石考史的过程中，提出了不少极具学术价值的问题，但其中很多问题，欧阳修都没有进行更深入的研究，而是阙疑"以待博学君子"[2]，为后世学者提供了很多学术研究的问题。如欧阳修在读《颜勤礼神道碑》时，由"颜、温二家之盛"想到唐人的名和字有很多可疑之处。很多唐朝名人的名并不涉及避讳，但皆以字行于世，如房玄龄、颜师古、高士廉等，而同一文书之中，有的称名，有的却称字。对此欧阳修颇为不解，将这一问题提出来以待来者。后来在《金石录》中，赵明诚对这一问题进行研究。他参阅颜之推的《颜氏家训》和颜师古的《匡谬正俗》，认为唐朝名、字混用，"盖当时风俗相尚如此，初无义理也"[3]。

赵明诚的《金石录》在《集古录》的影响下，对欧阳修所提出的很多问题进行考证，纠正了《集古录》的很多谬误，也补充了很多阙失。如《集古录》收录了东汉《武班碑》，起初欧阳修所搜集的拓本，依稀可见"君讳班"等字，后又收一拓本，可以辨认"君"字之上为"武"字，由此确认此碑的碑主为东汉的武班，但武班的官职、氏族、卒葬年月皆不可考。赵明诚也收藏了《武班碑》的拓本，比欧阳修所藏更为清晰一些，可辨认出此碑的碑额

---

[1] ［清］钱大昕著、陈文和主编：《潜研堂文集》卷二五《关中金石记序》，凤凰出版社，2016年，第383页。
[2] ［宋］欧阳修：《欧阳修全集》卷一三七《集古录跋尾·大代修华岳庙碑》，第2171页。
[3] ［宋］赵明诚：《金石录》卷二三《唐温彦博碑》，第193页。

为"汉故敦煌长史武君之碑",碑文有云:"武君讳班,字宣张。昔殷王武丁,克伐鬼方,元功章炳,勋藏王府,官族析分,因以为氏。……永嘉元年①卒。"②武班的名字、官职、氏族、卒年,便都十分清楚了,大大补充了《集古录》的阙失。

欧阳修开创了金石考证经史的研究方法,赵明诚继之,所以后人将金石学又称作"欧赵之学"。近代王国维提出"二重证据法",用"地下之新材料"和传世文献相互印证,以考证历史事实。③"二重证据法"成为现代考古学、历史学的重要研究方法。而王国维的"二重证据法",可以说与欧阳修的金石证史一脉相承。

另外,欧阳修的《集古录跋尾》开创了"跋尾"类的著作体例。跋尾又称跋文,是题跋的一种,本是写在字画、典籍或碑帖之后的一种文体,多是介绍内容或说明写作缘由和经过。但欧阳修在《集古录》中撰写的"跋尾",除了介绍器铭碑刻的名称、年代、作者外,还大量讨论史学、文学、文字学、书学等学术问题,大大扩大了题跋这一文体的功能,开学术类题跋之先河。后世很多金石学著作,都是仿照《集古录》的体例,以跋尾的形式著录、考证金石碑拓。

不过,欧阳修的《集古录》是"随其所得而录之",随收随录,没有按照时代的先后顺序重新编排,查找起来不太方便;而碑拓之后的跋尾也是欧阳修的随意之作,有感而发,内容和体例都不是十分严谨。后世金石学著作在《集古录》的体例基础之上,更为严整规范。如在《集古录》的直接影响之下而产生的《金石录》,共三十卷,前十卷为目录,对所藏金石拓本进行

---

① "永嘉"为晋怀帝年号,此处应为赵明诚隶定之误。根据欧阳修的考证,《武班碑》的开头为"建和元年太岁在丁亥","建和"为汉桓帝的第一个年号,则武班应生活在汉桓帝时期。汉桓帝在位期间使用的年号有建和、和平、元嘉、永兴、永寿、延熹,故武班的卒年恐应为元嘉元年。
② [宋]赵明诚:《金石录》卷一四《汉敦煌长史武班碑》,第118页。
③ 王国维:《古史新证》,载《王国维讲考古学》,第31页。

编号，著录时代、名称、作者和刻石年月等，大大增强了实用性；后二十卷为跋尾，按照时间先后顺序编排著录，在内容上更注重考证和研究。

南宋以后，以题跋形式研究金石文献更为普遍。如董逌著有《广川书跋》十卷，包括三代以来铜器题跋和秦汉以来的碑刻、法帖题跋。洪适有《隶释》二十七卷、《隶续》二十一卷，亦以跋尾的形式考辨文字、考论史实，而且考证更为严谨翔实，后人称其"自有碑刻以来，推是书为最精博"[1]。至清代，题跋类金石学著作更是屡见不鲜，如朱彝尊《曝书亭金石文字跋尾》、翁方纲《苏斋题跋》、钱大昕《潜研堂金石文跋尾》等。

欧阳修的《集古录》之后，金石学著作蔚为大观，金石学蓬勃发展。在金石学的发展历程中，欧阳修厥功至伟。

---

[1] ［清］永瑢等：《四库全书总目》卷八六《隶释二十七卷》，中华书局，1965年，第735页。

第六章

欧苏谱图，家谱圭臬：欧阳修与《欧阳氏谱图》

第一节　百世衣冠，不可不悉：北宋以前的谱牒发展

一、魏晋南北朝：士族的崛起和谱牒的兴盛

清人章学诚曾说："传状志述，一人之史也；家乘谱牒，一家之史也；部府县志，一国（指地方）之史也；综纪一朝，天下之史也。"[①] 行状碑志记载个人之史，家乘谱牒记载家族之史，州府县志记载地方之史，个人史、家族史、地方史，构成天下之史的基本序列。家族是一个人出生以后最基本的归属，家族史代表了个人所属家族的集体记忆。

欧阳修作为北宋杰出的史学家，曾创作过大量碑志文，记述个人之史；撰写过《新唐书》《新五代史》，记述一朝之史；同时还编修成《欧阳氏谱图》，记述自己的家族之史。欧阳修认为，若一个人对自己的家族起源浑然不知，对自己家族的谱系模糊不清，"其所以异于禽兽者，仅能识其父祖尔，其可忽哉！"[②] 保存家族的集体记忆，掌握家族的谱系流传，是人类发达文明

---

① ［清］章学诚：《文史通义校注》卷六，叶瑛校注，中华书局，1985年，第588页。
② ［宋］欧阳修：《欧阳修全集》卷一三六《集古录跋尾·后汉太尉刘宽碑阴题名》，第2146页。

第六章

欧苏谱图，家谱圭臬：欧阳修与《欧阳氏谱图》

的重要表现之一，岂能忽视？而保存家族集体记忆的主要载体，就是"家乘谱牒"。

中国古代记载家族世系的谱牒，可推至夏商周三代，司马迁写《史记》时，"维三代尚矣，年纪不可考，盖取之谱牒旧闻"[①]。上古至秦汉时期的谱牒，大多只是记载天子、诸侯的世系传承，如《汉书·艺文志》所载的《帝王诸侯世谱》《古来帝王年谱》等，属于官方谱牒。而私家谱牒的出现，据杨殿珣的研究，当始自汉朝的《子云家牒》（又称《扬雄家牒》）。

魏晋南北朝时期是谱牒学发展的黄金时期，官、私谱牒蔚为大观。这一时期谱牒的兴盛与士族的崛起直接相关。东汉末年至魏晋时期，世家大族逐渐掌握重要的政治、经济特权，成为累世公卿的士族。东晋时期，甚至出现了世家大族与皇族共掌天下的门阀政治。西晋灭亡后，北方少数民族入主中原，中原的世家大族纷纷南下避难，其中北方望族领袖琅琊王氏联合南北士族，共推琅琊王司马睿为主，建立东晋。司马睿登基时，请琅琊王氏的王导共坐御床，虽因王导坚决推辞而作罢，但此后琅琊王氏掌控军政大权，时人称为"王与马，共天下"[②]。除琅琊王氏外，陈郡谢氏、太原王氏、颍川庾氏等世家大族也世代担任中央和地方的主要官职。

东晋之后的南朝，以及北方的十六国和北朝，也是典型的士族社会，世家大族执掌朝政，在政治、经济上享有世袭特权。魏晋南北朝时的高门士族，在南方有王、谢、袁、萧、顾、陆、朱、张等，在北方山东（崤山以东）地区有崔（清河崔氏、博陵崔氏）、卢、李（赵郡李氏、陇西李氏）、郑、王等，关中地区有韦、裴、柳、薛、杨、杜等，北魏孝文帝改革后，鲜卑族改为汉姓的高门有元、长孙、宇文、于、陆、源、窦等。

名门士族之所以能累世公卿，制度上的保证是自曹魏时期实行的九品中正制。魏文帝曹丕采纳尚书令陈群的建议，采用九品中正制选拔、任用官

---

① ［汉］司马迁：《史记》卷一三〇《太史公自序》，中华书局，1982年，第3303页。
② ［唐］房玄龄等撰：《晋书》卷九八《王敦传》，中华书局，1974年，第2554页。

员。州、郡、县各设中正官品评所辖地方的人才，将天下人才评定为九个等级，上报吏部，吏部根据中正评定的品第授予相应品级的官职。起初，朝廷实行九品中正制的本意，是让中正官按照品学、才能、家世选拔人才，"州、郡皆置中正以定其选，择州郡之贤有识鉴者为之，区别人物，第其高下"①。但在实际操作的过程中，家世逐渐成为品评人才的最主要标准，"中正所铨，但存门第"②。西晋以后，中正官基本由豪门士族所把持，"尊世胄，卑寒士"③，九品中正制成为世家大族确保自家政治地位和政治特权的重要工具。出身高门就能被评为高品，青云直上，而出身寒门者往往很难有机会一展抱负，造成"上品无寒门，下品无势族"④的现象。在九品中正制的选官制度影响之下，社会更为崇尚门第出身，看重家族郡望，正如南宋郑樵所言："自魏晋以门第取士，单寒之家屏弃不齿，而士大夫始以郡望自矜。"⑤

九品中正制之下，中正官依据门第评定人才，在这一过程中，记载家世谱系的谱牒就显得至关重要，成为明辨士庶身份的重要凭证，"于时有司选举，必稽谱籍，而考其真伪"⑥。南朝梁元帝所撰《金楼子》言："谱牒所以别贵贱，明是非，尤宜留意。或复中表亲疏，或复通塞升降，百世衣冠，不可不悉。"⑦正是由于谱牒在选才任官中的重要作用，东晋以后，朝廷向官宦世家征集谱牒，"广集众家，大搜群族"⑧，政府设立谱局，设置专员修撰谱牒，以此作为具有法律效力、确定士庶身份的官方凭据。于是，修撰家谱之风大盛，家谱、郡谱、总谱等各类谱牒层出不穷。

除了通过九品中正制来巩固自身地位外，魏晋南北朝时期，门当户对的

---

① [宋]司马光编著、[元]胡三省音注：《资治通鉴》卷六九，第2178页。
② [北齐]魏收：《魏书》卷八《世宗纪》，中华书局，1974年，第199页。
③ [宋]欧阳修、[宋]宋祁撰：《新唐书》卷一九九《柳冲传》，第5677页。
④ [唐]房玄龄等撰：《晋书》卷四五《刘毅传》，第1274页。
⑤ [清]钱大昕著、陈文和主编：《十驾斋养新录》卷一二，第319页。
⑥ [宋]欧阳修、[宋]宋祁撰：《新唐书》卷一九九《柳冲传》，第5677页。
⑦ [南朝梁]萧绎撰、许逸民校笺：《金楼子校笺》卷二，中华书局，2011年，第499页。
⑧ [唐]李延寿：《南史》卷五九《王僧孺传》，中华书局，1975年，第1462页。

第六章
欧苏谱图，家谱圭臬：欧阳修与《欧阳氏谱图》

婚姻也是世家大族保持身份"纯正性"的重要手段。当时士庶之间有天壤之别，名门士族之间世代互通婚姻，若士族和庶族联姻，则会被认为是惊世骇俗之举。如南朝时，出身东海王氏的王源将女儿嫁给了富阳满璋之的儿子满鸾。王源出身名门，是西晋右仆射王雅的曾孙，而富阳满氏，"士庶莫辨"。王源和满氏的联姻，被认为是"唯利是求，玷辱流辈"，时人认为"王满连姻，实骇物听"。[1]既然当时的婚姻讲究门当户对，记载家世的谱牒便成为诸家娶妻嫁女的重要依据。

因为家世门第与选官和婚姻都息息相关，所以证明家族地位、身份的谱牒在魏晋南北朝时期的作用不言而喻，郑樵所谓"自隋、唐而上，官有簿状，家有谱系，官之选举必由于簿状，家之婚姻必由于谱系"[2]。史籍记载中，这一时期的官私谱牒很多，如裴松之在《三国志》注中所引《崔氏谱》（博陵崔氏）、《王氏谱》（太原王氏）、《陈氏谱》（颍川陈氏）等；《世说新语》注中所引《王氏世家》（琅琊王氏）、《袁氏世纪》（汝南袁氏）、《谢氏谱》（陈郡谢氏）《王氏家谱》（东海王氏）等；东晋贾弼之编纂有《十八州士族谱》，南朝梁的王僧孺撰有《百家谱》，此外还有《王司空新集诸州谱》《洪州诸姓谱》《魏孝文列姓族谱》等。

南宋文天祥曾言："自魏晋以来至唐，最尚门阀，故以谱牒为重。"[3]魏晋南北朝时期，家族在个人人生中的重要性，促使修撰家谱之风大兴，而且私修家谱进入官方系统，成为维持士族政治的重要统治工具。

二、隋唐时期："姓氏之学，最盛于唐"

魏晋南北朝近四百年的时间里，世家大族一直保持崇高的政治、经济

---

[1] ［南朝］沈约：《奏弹王源》，载［清］严可均编《全上古三代秦汉三国六朝文·全梁文》卷二七，中华书局，1958年，第6221页。
[2] ［宋］郑樵：《通志二十略·氏族略》，第1页。
[3] ［宋］文天祥：《跋吴氏族谱》，曾枣庄、刘琳主编《全宋文》第三五九册·卷八三一六，第126页。

地位，但在频繁的战争动乱和政权更迭中，原有高门士族有的从肉体上被消灭，有的权势不断被削减，受到崛起的新士族的冲击。北朝后期，关陇士族崛起，先后建立北周、隋、唐政权。隋朝时，隋炀帝确立科举制，取代九品中正制，改变以往以门第为主要甚至唯一标准的选官制度，无论是士族、庶族，还是普通的地主、农民，都可以通过自己的真才实学进入仕途，大大冲击了旧有的士族门阀社会。

然而，百足之虫死而不僵，魏晋南北朝时期的士族门阀社会虽然在不断走向衰落和瓦解，但门第观念深深地刻印在了人们的脑海之中，人们依旧尊崇乃至攀附原来的高门士族。原来的山东大族，如博陵崔氏、清河崔氏、范阳卢氏、赵郡李氏、陇西李氏、荥阳郑氏、太原王氏等五姓七家，依旧以门第自矜，傲视他族。甚至到了唐朝中后期，此风犹盛。如唐懿宗咸通年间（860—874），出身京兆韦氏的宰相韦宙出任岭南东道节度使，对一名叫刘谦的小校非常赏识器重。刘谦职级虽低，但器宇不凡，韦宙想要将堂侄女嫁给刘谦，但遭到韦家人的反对，认为"非我族类，虑招物议"[①]，请托幕僚谏止韦宙。可见到了唐朝后期，门第观念依然深入人心。

如何打压旧士族，提高新兴关陇贵族的社会地位呢？唐朝采取官修谱牒的方式，为天下的士族重新排位。唐太宗因不满崔、卢、李、郑等山东士族"自矜地望"、欺凌他族的嚣张气焰，命吏部尚书高士廉等人在全国范围内征集谱牒，与史籍相互参验，考证世系真伪，将天下士族分为九等，修撰《氏族志》。但高士廉等人似乎没有猜透唐太宗此举的真实用意，仍按照当时社会普遍观念，将出身博陵崔氏的崔民幹定为第一，这使得唐太宗大为恼火。为此，唐太宗大发议论道：

> 汉高祖与萧（萧何）、曹（曹参）、樊（樊哙）、灌（灌婴）皆起闾阎布衣，卿辈至今推仰，以为英贤，岂在世禄乎！高氏偏据山东，梁、

[①] [五代] 孙光宪：《北梦琐言》卷六《韦氏女配刘谦事》，贾二强校点，中华书局，2002年，第123页。

第六章
欧苏谱图，家谱圭臬：欧阳修与《欧阳氏谱图》

陈僻在江南，虽有人物，盖何足言！况其子孙才行衰薄，官爵陵替，而犹印然以门地自负，贩鬻松槚，依托富贵，弃廉忘耻，不知世人何为贵之！今三品以上，或以德行，或以勋劳，或以文学，致位贵显。彼衰世旧门，诚何足慕！而求与为昏，虽多输金帛，犹为彼所偃蹇，我不知其解何也！今欲厘正讹谬，舍名取实，而卿曹犹以崔民幹为第一，是轻我官爵而徇流俗之情也。①

唐太宗直言："我今定氏族者，诚欲崇树今朝冠冕。"②于是高士廉等人以当时的官位品秩为依据，重新编定《氏族志》，将皇族李姓定为第一，外戚列为第二，博陵崔氏降为第三。《氏族志》共收二百九十三姓、一千六百五十一家，修成后颁行天下。

唐高宗时，改《氏族志》为《姓氏录》，重定等级；唐中宗、唐玄宗时编修《大唐姓族系录》。唐朝三次大规模地编修谱牒，其背后反映出隋唐时期新旧士族权势和地位的变化。除了以上三种官修谱牒外，带有官修性质的谱牒还有韦述的《开元谱》二十卷、林宝的《元和姓纂》十卷、柳芳的《永泰新谱》二十卷。

在官方的带动之下，唐代私修家谱之风十分盛行。欧阳修云："唐世谱牒尤备，士大夫务以世家相高。"③郑樵认为"姓氏之学，最盛于唐"④。即使出身寒门，一朝富贵，就会想着追述世系，甚至攀附名门，通过撰修家谱的方式光耀门楣。所谓"唐人重世族，故谱牒家有之"⑤。

唐代的私修家谱不胜枚举，如《新唐书·艺文志》载有韦鼎的《韦氏

---

① ［宋］司马光编著、［元］胡三省音注：《资治通鉴》卷一九五，第6136页。
② ［唐］吴兢撰、谢保成集校：《贞观政要集校》卷七，中华书局，2009年，第396页。
③ ［宋］欧阳修：《欧阳修全集》卷一三六《集古录跋尾·后汉太尉刘宽碑阴题名》，第2146页。
④ ［宋］郑樵：《通志二十略·氏族略》，第2页。
⑤ ［宋］朱熹：《朱熹外集》卷二《胡氏族谱叙》，郭奇、尹波点校，四川教育出版社，1996年，第5761页。

谱》十卷、裴守真《裴氏家牒》二十卷、王方庆《王氏家牒》十五卷、萧颖士《梁萧史谱》二十卷，等等。唐代的一些谱牒流传到了宋代，成为宋人写作唐史的重要依据。欧阳修等编修《新唐书》的《宰相世系表》时，就"皆承用逐家谱谍（牒）"①。

不过，唐朝修撰谱牒之风的兴盛仿佛落日余晖。随着科举制地位的不断提高和门阀士族的不断衰落，门第在出仕和婚姻中的重要性逐渐降低，魏晋南北朝时期家谱所具有的婚宦功能，在隋唐以后逐渐消逝，谱牒之学不可避免地面临着或转型或衰绝的历史命运。

三、唐衰以来，谱牒废绝：欧阳修编修家谱的背景

唐代注重"姓氏之学"，官修、私修谱牒都十分发达；但到了唐末五代，谱牒之学趋于废绝。苏洵曾说："自秦、汉以来，仕者不世，然其贤人君子犹能识其先人，或至百世而不绝，无庙无宗而祖宗不忘，宗族不散，其势宜忘而独存，则由有谱之力也。盖自唐衰，谱牒废绝，士大夫不讲，而世人不载。于是乎由贱而贵者，耻言其先，由贫而富者，不录其祖，而谱遂大废。"②自秦汉以至隋唐，因为谱牒的存续，即使是非富非贵之人，也能历数先人世系，祖宗不忘、宗族不散，而从唐朝衰落之后，谱牒渐趋废绝，后世的士大夫大多不能辨清世系流传。谱牒之学的衰败，不禁让很多北宋士大夫扼腕叹息。欧阳修对此也多有议论。

欧阳修曾从好友王回处借到一本唐代的《颜氏谱》，在寄给王回的信中，除了表达感谢之情外，也对今世谱学的衰落感到悲哀。欧阳修认为，魏晋隋唐时期，虽然很多时候社会动荡不安，但士大夫之家修撰家谱一事未曾断绝；但从五代以来，家中没有家谱已成为普遍现象，唐朝时家家修谱的盛况

---

① ［宋］洪迈：《容斋随笔》卷六，孔凡礼点校，中华书局，2005年，第83页。
② ［宋］苏洵著，曾枣庄、金成礼笺注：《嘉祐集笺注》卷一四《谱例》，上海古籍出版社，1993年，第371页。

第六章

欧苏谱图，家谱圭臬：欧阳修与《欧阳氏谱图》

如今已荡然无存。

欧阳修一生撰写了大量碑志文，在撰写墓志铭、神道碑铭的时候，按照写作惯例，一般要追述亡者的先世。每逢此时，欧阳修常常感受到当时人们对自家世系的认知已十分混乱，很少能辨清自己家族的由来和流传。一次，曾巩请欧阳修为自己的祖父撰写神道碑铭，并为欧阳修提供了曾氏的世系材料。欧阳修将曾巩提供的世系材料和史书记载相对照，发现了很多不合之处。在给曾巩的信中，欧阳修说："然近世士大夫于氏族尤不明，其迁徙世次多失其序，至于始封得姓，亦或不真。"[1]

是什么原因造成从"姓氏之学，最盛于唐"到"盖自唐衰，谱牒废绝"呢？欧阳修认为是"士不自重，礼俗苟简之使然"[2]。在《集古录跋尾》中，欧阳修多次表达了这一观点，跋《后汉太尉刘宽碑阴题名》时写道："今之谱学亡矣，虽名臣巨族，未尝有家谱者。然而俗习苟简，废失者非一，岂止家谱而已哉！"[3] 跋《后汉司隶从事郭君碑》时又写道："盖古人谱牒既完，而于碑碣又详如此，可见其以世家为重，不若今人之苟简也。"[4] 在欧阳修看来，世人对礼法习俗的草率苟且导致了谱牒之学的衰亡。

但修撰谱牒之风消弭的原因果真如此简单吗？欧阳修看到的只是表面原因。首先，谱学衰亡折射出深层的社会巨变。魏晋南北朝至隋唐时期，谱牒的兴盛和门阀士族在社会上的重要地位紧密相关。魏晋南北朝时期修撰谱牒，是为了在婚宦中辨别士庶；隋唐时修撰谱牒，是为了标榜家门，提携新士族和压抑旧士族。而随着社会的不断发展，随着科举制的深入实行，才学逐渐超越门第，成为进入仕途最主要的衡量标准。若想光耀门楣，使家族长盛不衰，以往只需依靠祖宗遗泽，而今却需要凭借真才实学考取功名，魏晋以来的大士族逐渐走向衰落。在婚姻之中，娶妻嫁女也不再只看门第，而是

---

[1] ［宋］欧阳修：《欧阳修全集》卷四七《与曾巩论氏族书》，第 665 页。
[2] ［宋］欧阳修：《欧阳修全集》卷七〇《与王深甫论世谱帖》，第 1017 页。
[3] ［宋］欧阳修：《欧阳修全集》卷一三六《集古录跋尾·后汉太尉刘宽碑阴题名》，第 2146 页。
[4] ［宋］欧阳修：《欧阳修全集》卷一三六《集古录跋尾·后汉司隶从事郭君碑》，第 2144 页。

更看重功名。于是，自五代以来，"取士不问家世，婚姻不问阀阅"[①]，原先作为婚宦重要依据的谱牒也就逐渐废绝。

其次，社会的动荡也造成了谱学中绝。从安史之乱以后，唐朝内部藩镇割据，地方叛乱时有发生，至唐末五代，战乱频仍，兵连祸结。在兵荒马乱之中，原有的官私谱牒大量散佚，如欧阳修所言："唐之士族遭天宝之乱，失其谱系者多。"[②]唐人于邵在编修家谱时，描绘出安史之乱对谱牒保存的巨大破坏："洎天宝末，幽寇叛乱，今三十七年。顷属中原失守，族类逃难，不南驰吴越，则北走沙朔，或转死沟壑，其谁与知？或因兵祸纵横，吊魂无所；或道路阻塞，不由我归；或田园淹没，无可回顾。所以旧谱散落无余。"[③]在五代十国这个动乱时期，整个社会崇尚武力，对战争而言毫无用处的门第观念变得一文不值，门阀士族社会在战火之中被彻底击碎。赵明诚曾感叹道："唐以前士人以族姓为重，故虽更千百年，历数十世，皆可考究。自唐末五代之乱，在朝者皆武夫悍卒，于是谱牒散失，士大夫茫然不知其族系之所自出。"[④]

而在谱牒大量散失、士族势力瓦解的情况下，五代十国时期，一些出身低微的上层统治者，为了标榜自己出身高贵，经常攀附名门，和昔日望族联宗合谱。如后唐时期，大臣为了奉承大将郭崇韬，就认为他是唐朝名将郭子仪的后代，郭崇韬也深以为然。一次郭崇韬带兵攻打蜀地，路过郭子仪的坟墓，便下马在墓前恸哭，时人都传为笑谈。五代时人们的攀附、合谱，导致谱牒鱼龙混杂，士大夫更加不清楚自己的世系源流。

正是由于魏晋以来门阀士族的衰落和瓦解，加上战乱频繁、社会巨变，

---

① ［宋］郑樵:《通志二十略·氏族略》，第1页。
② ［宋］欧阳修:《欧阳修全集》卷一四〇《集古录跋尾·唐欧阳琟碑》，第2250页。
③ ［宋］于邵:《河南于氏家谱后序》，载［清］董诰等编《全唐文》卷四二八，中华书局，1983年，第4366页。
④ ［宋］赵明诚:《金石录》卷二五《周孔昌寓碑》，第208页。

第六章
欧苏谱图，家谱圭臬：欧阳修与《欧阳氏谱图》

导致北宋时谱牒之学日渐废绝。[①]

第二节　广求遗文，以续家谱：欧阳修与《欧阳氏谱图》的编修

宋人屡屡慨叹唐衰以来，谱牒渐趋废绝。实际上，宋人所说的"废绝"主要是指官修谱牒。宋朝以后，朝廷不再专设谱局修撰全国性的谱牒，而私家修撰谱牒却没有真正意义上废绝。欧阳修就曾编修《欧阳氏谱图》，记载欧阳氏的源流和世系。与此同时，苏洵也编纂成《苏氏族谱》。元人黄溍曾说："古者图谱有局，掌于史官，局废而士大夫家自为谱。"[②] 在以欧阳修、苏洵为代表的宋代士大夫的努力推动之下，中绝已久的修谱之风重新兴盛起来。

一、《欧阳氏谱图》的编修过程

宋仁宗皇祐四年（1052）三月，欧阳修的母亲郑夫人去世。八月，欧阳修护送母亲的灵柩归葬吉州泷冈。在吉州营葬期间，欧阳修向当地族人打探、搜集家族的旧谱，想要编修一本新的家谱。在颍州为母亲守制期间，欧阳修除了为亡父欧阳观撰写墓表外，也开始了编修家谱的工作。

首先，欧阳修对收集来的旧家谱进行比照，考证异同，发现旧谱之中有很多残缺之处，世系无法连贯，人物事迹多有缺漏，而且文辞粗俗不雅。在《集古录》所集《唐欧阳琟碑》的跋尾中，欧阳修透露出他修撰家谱的过程：

> 余自皇祐、至和以来，颇求欧阳氏之遗文，以续家谱之阙。既得颜

[①] 王鹤鸣：《中国家谱通论》，上海古籍出版社，2011年。徐扬杰：《中国家族制度史》，武汉大学出版社，2012年。陈爽：《从"家牒"到"谱籍"——中古谱牒由私入官的历史转变》，载杜常顺、杨振红编《简帛研究文库·汉晋时期国家与社会》，广西师范大学出版社，2016年。
[②] ［元］黄溍：《族谱图序》，载李修生主编《全元文》卷九四〇，凤凰出版社，1998年，第88页。

鲁公《欧阳琟碑》，又得郑真义《欧阳谘墓志》，以与家所传旧谱及《陈书》、《元和姓纂》诸书参较，又问于吕学士夏卿。夏卿世称博学，精于史传，因为余考正讹舛，而家谱遂为定本。①

欧阳修在旧谱的基础之上，广泛搜求关于欧阳氏的遗文、碑志等资料，并查阅史籍、前代谱牒，梳理世系，弥补缺漏。欧阳修还经常向好友吕夏卿咨询请教。吕夏卿精通史学，尤其是唐代史事，曾和欧阳修一起编修《新唐书》。同时吕夏卿精通谱牒之学，《新唐书》四表中的三表——《宰相表》《宗室世系表》和《宰相世系表》，都是由吕夏卿执笔主编，故《宋史》称"（吕夏卿）创为世系诸表，于《新唐书》最有功云"②。欧阳修撰写家谱时，吕夏卿帮助他"考正讹舛"，为《欧阳氏谱图》最终定稿出力不少。

除了考订世系、补正讹误外，欧阳修在修撰家谱时，遇到了另一个问题，那就是家谱体例的问题。经过唐末五代的战乱，完整连贯的古代谱牒在北宋时已属罕见。宋真宗命宗正卿赵安易和知制诰梁周翰同修皇族谱牒，当时已经"籍谱罕存，无所取则"，梁周翰只能"创意为之"③，开创新的谱例。欧阳修编撰《欧阳氏谱图》时，不可避免地遇到同样的问题。

虽然北宋时"籍谱罕存"，但欧阳修还是能见到一些幸存的古代谱牒。在为杜衍撰写的墓志铭中，欧阳修写道："盖自春秋诸侯之子孙，历秦、汉千有余岁得不绝其世谱，而唐之盛时公卿家法存于今者，惟杜氏。"④在为好友蔡襄撰写的墓志铭中，欧阳修写道："蔡氏之谱，自晋从事中郎克以来，世有显闻，其后中衰，隐德不仕。"⑤据此可以推测，欧阳修应是见到了杜氏、蔡氏的家谱。另外，欧阳修从好友王回处，借过唐代的《颜氏谱》。而在《欧

---

① ［宋］欧阳修：《欧阳修全集》卷一四〇《集古录跋尾·唐欧阳琟碑》，第 2250 页。
② ［元］脱脱等：《宋史》卷三三一《吕夏卿传》，第 10658—10659 页。
③ ［元］脱脱等：《宋史》卷四三九《梁周翰传》，第 13005 页。
④ ［宋］欧阳修：《欧阳修全集》卷三一《太子太师致仕杜祁公墓志铭》，第 467 页。
⑤ ［宋］欧阳修：《欧阳修全集》卷三五《端明殿学士蔡公墓志铭》，第 522 页。

第六章
欧苏谱图，家谱圭臬：欧阳修与《欧阳氏谱图》

阳氏谱图序》（集本，见图 6-1）中，欧阳修明言："而唐之遗族，往往有藏其旧谱者，时得见之。而谱皆无图，岂其亡之，抑前世简而未备欤？"[①] 欧阳修见到过一些唐人谱牒，但往往有谱无图。于是，欧阳修也和梁周翰一样"创意为之"，另创新例，将史书的体例和图表方式引入谱牒之中，修撰成《欧阳氏谱图》。

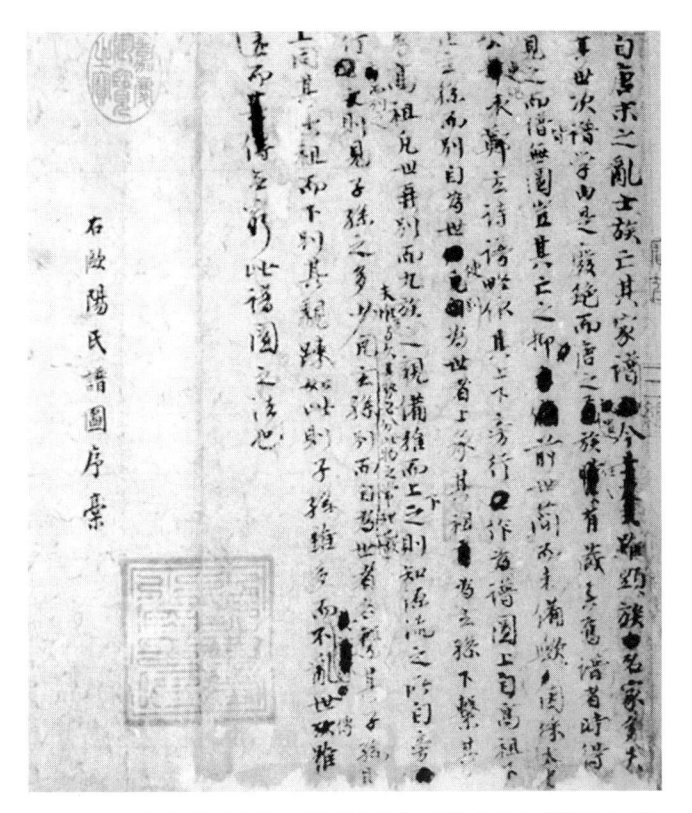

图 6-1　欧阳修书《欧阳氏谱图序稿》局部（辽宁省博物馆藏）

传世的《欧阳氏谱图》有两种：一种是收录在《欧阳修全集》中的版本，称为集本；一种是熙宁三年（1070）树立《泷冈阡表》时，欧阳修命人"列其世谱，具刻于碑"，将自己所撰谱牒刻于碑阴，称为石本。

---

① ［宋］欧阳修：《欧阳修全集》卷七四《欧阳氏谱图序》，第 1079 页。

二、《欧阳氏谱图》的内容

《欧阳氏谱图》分为三个部分：《欧阳氏谱图序》、谱图和谱例。《欧阳氏谱图序》介绍了欧阳氏的发展简史和修撰本谱的缘由。欧阳氏是大禹的后裔，夏朝君主少康把他的一个庶子封在了会稽，让他掌管供奉大禹的祭祀。又传了二十余世，传至允常，允常的儿子就是春秋五霸之一的越王勾践。勾践去世后，其子王鼫与即位。自鼫与开始，又传了五世，传至王无疆，越国被楚威王所灭。越国灭亡后，王族子孙分散各地，逃到江南海边的王无疆子孙，都接受了楚国的册封。其中一支被楚王封在了乌程欧余山之阳，封为欧阳亭侯，后世子孙便以欧阳为氏。

西汉建立后，汉高祖将王无疆的七世孙摇复封为越王。而欧阳亭侯的后代，有一位在汉朝任涿郡太守，他的子孙便迁居到了北方。其中有的迁到了冀州的渤海郡（治今山东临淄高青一带），有的迁到了青州的千乘郡（治今山东东营广饶一带）。千乘一支的欧阳氏子孙中，最为显赫的是西汉时期著名的经学博士欧阳生（字和伯），他开创了西汉今文经的欧阳《尚书》学说。渤海一支的欧阳氏子孙中，最为显赫的是西晋时期的欧阳建（字坚石）。欧阳建少有壮志，负有才名，时谚有云："渤海赫赫，欧阳坚石。"[1] 但欧阳建在西晋八王之乱中被杀，他的侄子欧阳质率领族人南逃至长沙郡，欧阳氏一族于是又迁回了南方。其后，欧阳氏一族的著名人物是陈朝的欧阳頠，在岭南一带声誉卓著。欧阳頠的孙子是唐代大书法家欧阳询，欧阳询之子欧阳通也是唐朝名臣。这一支欧阳氏虽然世居长沙郡，但仍以渤海为郡望。

欧阳通的曾孙欧阳琮曾任吉州刺史，于是子孙迁至吉州，欧阳琮即为庐陵欧阳氏的始祖。欧阳琮的八世孙欧阳万在唐僖宗时任安福县令。欧阳万生子欧阳和，欧阳和生子欧阳雅，欧阳雅生子欧阳效、欧阳楚，欧阳效生子欧阳谟、欧阳托、欧阳该。其中欧阳托之子欧阳郴就是欧阳修的曾祖父。欧阳

---

[1]［唐］房玄龄等撰：《晋书》卷三三《欧阳建传》，第1009页。

第六章
欧苏谱图,家谱圭臬:欧阳修与《欧阳氏谱图》

郴有八个儿子,按辈分都是欧阳修的祖父辈。谱图所列欧阳氏子孙都是八祖之后。

五代十国时期,吉州之地隶属南唐,此间欧阳氏没有出现过十分显要的人物,但一直是庐陵一带的大族。到了欧阳修的父辈,已经进入了北宋。北宋建立后的三十年时间里,欧阳氏一族出现了四位进士;又过了三十年,欧阳修与堂侄欧阳乾、欧阳曜登科中举;欧阳修中举三十年间,欧阳氏一族再次考中进士的只有两人。这不禁令欧阳修感叹:"盖自八祖以来,传今百年,或绝或微,分散扶疏,而其达于仕进者,何其迟而又少也!"

欧阳修解释了编撰此谱图的缘由。欧阳修幼年丧父,母亲以欧阳氏的家训教育小欧阳修,告诫他"以忠事君,以孝事亲,以廉为吏,以学立身"。自欧阳郴以来,欧阳氏子孙众多,欧阳修编此家谱,目的就是让欧阳氏的子孙恪守祖训,以忠、孝、廉、学立身传家,光大欧阳家的门楣,不能辱没祖先之名。

其后是谱图部分。欧阳修所撰谱图,自欧阳景达(欧阳颀祖父)开始,五世一图。因为旧谱残缺甚多,从欧阳琮开始,以下七世子孙谱系不完,于是欧阳修从欧阳琮的八世孙欧阳万开始叙列世次,列至欧阳修一辈。

集本谱图后附有人物小传。欧阳修认为欧阳氏子孙众多,不能一一列其小传,而"谱随亲疏,宜有详略"。比较疏远的分支先祖,其事迹或是记载在史书之中,或是记载在自己嫡系子孙的家谱之中,因此详近略远,将庐陵欧阳氏的始祖欧阳琮以来的欧阳氏重要成员小传附列于谱图之后。五代以内的直系亲属,人人有传。

欧阳修的高祖欧阳讬字达明,隐德不仕,但品行高洁,为乡里所称。邻里若有纠纷矛盾,欧阳讬经常居中调停。欧阳修的曾祖欧阳郴字可封,在南唐时做过武昌令、吉州军事衙推等官,官至检校右散骑常侍兼御史大夫。欧阳郴为人至孝,又友爱兄弟。传闻欧阳郴家的门槛中生出一朵紫芝,一茎两葩,十分奇特。乡人认为这是欧阳郴的孝德感动了上天,才会降下祥瑞,于是纷纷作文称颂。

· 235 ·

欧阳郴有八个儿子，长子欧阳俊在南唐任洪州屯田院判官。第三子欧阳仪在南唐时举进士及第，官至屯田郎中。欧阳仪中进士，成为家乡的莫大荣耀，为此，庐陵的文霸乡安德里改名为儒林乡欧桂里，欧阳仪所居住的履顺坊改名为县庆坊。欧阳郴的第五子欧阳信在南唐任静江军团练使。第六子欧阳偃就是欧阳修的祖父。欧阳偃年轻时就以文学之才闻名南唐，曾向南唐的文理院上书进献文章，参加文理院的考试后除授南京街院判官。欧阳郴的第八子欧阳倣在北宋任许田令。其余三子未曾出仕。

欧阳仪的次子欧阳谷，为筠州团练副使，官至检校水部员外郎；三子欧阳宽为封州司理参军；四子欧阳载字则之，宋太宗淳化三年（992）进士及第。欧阳载是进入北宋以来，欧阳氏家族的第一位进士。欧阳载为人稳重寡言，宋真宗亲擢为监察御史。欧阳载任泗州知州时，毁龟山佛寺，诛妖僧数十人。他为政清廉简静，官至尚书工部郎中。

欧阳偃的长子欧阳观即为欧阳修之父；次子欧阳旦，隐德不仕，事母至孝，为乡里所称；三子欧阳晔，字日华，宋真宗咸平三年（1000）进士，官至都官员外郎，历任桂阳知监，端、黄、永三州知州。欧阳晔治理地方颇有才能，尤其擅长断决疑难案件。欧阳修自幼丧父，便和母亲投奔叔父欧阳晔。欧阳晔待欧阳修视如己出，疼爱有加。

欧阳倣的长子欧阳颖字孝叔，和欧阳晔同年进士及第，官至尚书职方郎中，历任万、峡、鄂、歙、彭、岳、阆、饶八州知州，为政严明，恩威并施；次子欧阳颢为三班奉职；三子欧阳项为右班殿直。其余欧阳氏子孙，或未曾出仕，或事迹不明。

最后在谱例中，欧阳修说明了此谱图的修撰原则，同时也为后世修家谱者树立了典范。欧阳修认为姓氏的来源历史久远，最初的世系大多残缺不明，所以修撰谱图的原则应是"断自可见之世""宜以远近亲疏为别"，详近略远、详亲略疏。各房子孙，各自详细记载自己的直系祖先，"各详其亲，各系其所出"，如此则能"详者不繁，而略者不遗也"。

第六章
欧苏谱图，家谱圭臬：欧阳修与《欧阳氏谱图》

三、《欧阳氏谱图》的体例特点和修谱精神

欧阳修所编修的《欧阳氏谱图》并非十分严谨完美，也许是由于可资参考的史料太少，《欧阳氏谱图》仍旧存在一些脱漏舛讹之处。但欧阳修所创立的修谱体例和修谱精神，对后世产生了极为深远的影响，被后世称为"欧氏谱法"。欧阳修的后世子孙欧阳衡说："公《谱图》前用横图，后用直纪，可详者详之，不可详者略之，阙疑传信，至今皆遵以为法。"[①]

《欧阳氏谱图》所体现的体例特征有三：第一，序、谱、传相辅相成，互为表里。前面的序文简述家族简史，主要介绍得姓始末和显要人物，尤其是本支族人的发展源流。中间的谱图则图列家族世系的传承繁衍，标注家族成员的姓名和子嗣，一目了然，十分清晰。谱图后附有小传，介绍直系先祖的姓名、职官、主要事迹、婚配、封赠、享年、葬地等。序、谱、传之间有详有略，融为一体，构建出本支姓氏的家族历史。

第二，五世一图，引史入谱。《欧阳氏谱图》最大的创举在于创立了"五世一图"的家谱体例。在《欧阳氏谱图》中，欧阳修说自己所见的幸存下来的唐代谱牒都无谱图，于是仿照司马迁的《史记》世表和郑玄《诗谱》，"略依其上下、旁行，作为谱图"，将史家表法引入家谱之中。每五世一图，第一行标注第一代先祖之名，下用小字标注生子若干；第二行标注第二代之名，父子之间在表格中相互对应，以此类推。纵向父子相承，横向兄弟并列，以本支为经，世次为纬，如此世代贯通，脉络分明，成为后世家谱之典范。

第三，详近略远，亲疏有别。欧阳修在谱例中云："凡诸房子孙，各纪其当纪者，使谱牒互见，亲疏有伦，宜视此例而审求之。"欧阳修主张亲疏有别，详近略远，具体方法为："上自高祖，下止玄孙，而别自为世。使别为世者，上承其祖为玄孙，下系其孙为高祖。凡世再别，而九族之亲备，推而上

---

① ［明］欧阳衡：《欧阳衡按语》，载《欧阳修全集》卷七四，第1091页。

下之，则知源流之所自，旁行而列之，则见子孙之多少。夫惟多与久，其势必分。此物之常理也。凡玄孙别而自为世者，各系其子孙，则上同其出祖，而下别其亲疏。如此，则子孙虽多而不乱，世传虽远而无穷。此谱图之法也。"从高祖记起，下至玄孙为止，共记九世，"九族之亲备"而又能知晓源流承传，其后另修新谱。以五世为断，图列宗族的世系变化，共记其祖而详别其亲。后世各分支子孙分别详记其直系先祖，通过各支谱互见以构建家族世系全貌。如此一来，家谱编修绵延不断，而又不会烦琐重复；后世子孙既能够知其源流，又能够知其亲疏。

欧阳修本身是史学大家，《欧阳氏谱图》中处处体现着史家精神和史家笔法。首先就是史家求真求实的精神。对于不明确的世系流传，欧阳修阙而不载；对于不清楚的人物事迹，欧阳修也是明确标注"事迹阙"，所谓"阙疑传信"。后人十分赞赏欧阳修修谱时的纪实精神，如明朝杨士奇说："儒先君子之为谱，莫善于欧阳文忠公，欧谱阙其七世，盖纪实也。"[①]

另有一事也能体现欧阳修的求实精神。嘉祐五年（1060）七月的一天，长沙有一个叫王永贤的文士前来拜谒欧阳修，请求这位德高望重的硕儒为本族家谱作序。王永贤说自己是琅琊王氏之后，欧阳修细检谱牒，证明王永贤所言非虚。在序文中，欧阳修议论道："世之谱其族者，往往有之，然诞者上推古昔以为博，夸者旁援他族以为荣，不几于诬其祖乎！今王氏之谱，据其所可知而不失之诬，缺其不可考而不失之夸。"[②]很多家谱为了夸耀家世，或上溯至远古之世，所记荒诞不经，或攀附名门望族。在欧阳修看来，这些都是欺诬祖先的行径。而王氏家谱如实记载本族世系，可知之事如实记载，不可知之事也没有杜撰、夸耀，对此，欧阳修大为赞赏。真实不诬是欧阳修编修家谱的首要追求。

在《欧阳氏谱图》中，欧阳修使用了史家常用的写作方法。除了将《史

---

① ［明］杨士奇：《东里续集》卷一九《艾氏谱后》，四库全书本，第1238册，第623页。
② ［宋］欧阳修：《欧阳修全集》卷一五五《衡阳渔溪王氏谱序》，第2581页。

第六章
欧苏谱图，家谱圭臬：欧阳修与《欧阳氏谱图》

记》的图表之法引入家谱外，欧阳修还运用了史家的互见法。在集本谱图后的人物小传中，欧阳修简要记载了家族成员的事迹、品行，以印证欧阳氏"以忠事君，以孝事亲，以廉为吏，以学立身"的门风传承。而欧阳修的父亲欧阳观堪称欧阳氏家风的典型代表，但在《泷冈阡表》中，欧阳修已经进行了生动而具体的记述，因此在《欧阳氏谱图》中，只记载父亲的享年、葬地、封赠和婚配，其他则"事具《泷冈阡表》"。这是运用互见法的典型一例。

欧阳修所开创的谱法简明而有法，与苏洵所开创的谱法一起成为后世家谱的范式，人称"欧苏谱法"。欧、苏二氏之谱共同将中国的谱学发展引导到了一个新的阶段。

四、苏洵的"苏氏谱法"

宋仁宗至和年间，在欧阳修编修《欧阳氏谱图》的同时，同为北宋文坛巨匠的苏洵和欧阳修不谋而合，也在撰修苏氏家谱。这两位北宋的文化大师，不约而同地主动承担起振兴谱学的重任。苏洵曾把《苏氏族谱》拿给欧阳修观看，欧阳修一见便叹息道："我也曾做出此事。"将《欧阳氏谱图》和《苏氏族谱》两相对比，"有异法焉"。随后欧阳修又说："是不可使独吾二人为之，将天下举不可无也。"[1]他希望自己和苏洵修家谱的行为可以带动世人重新重视家谱之学，同时，他们创立的谱法可以为后世提供借鉴和样本。

《苏氏族谱》前有序文，介绍苏氏的历史源流；后为世系图，介绍家族成员之名、世系和主要事迹。《苏氏族谱》之后，苏洵又作《后录上、下》介绍本族简史和主要人物的小传。《苏氏族谱》和《欧阳氏谱图》虽有"异法"，但也有相同之处。二谱都是小宗之法，以图表方式记载世系，都是五世一图，且都主张"详近略远"，主旨都是"使人均重其本之所自出，有尊尊之

---

[1] ［宋］苏洵著，曾枣庄、金成礼笺注：《嘉祐集笺注》卷一四《谱例》，第372页。

义焉"①。但二者的图表方式不同,后人评价欧、苏谱图的不同之处云:"欧阳氏则世经人纬,取法于史氏之年表;苏氏则派联系属,如礼家所为宗图者。"②欧阳修的谱图更像史书中的年表,而苏洵所作的谱图更像宗法图。

在看到《欧阳氏谱图》之后,苏洵又创作《大宗谱法》,"以尽谱之变"③。按王鹤鸣所说,《苏氏族谱》"强调从纵的方面,注意诸多父子相继关系,主张五世则迁的小宗之法",《大宗谱法》"强调从横的方面,对兄弟分支加以区别,推崇合各支谱为一编的大宗谱,推崇大宗之法"。④

欧阳修所创立的谱法虽然与苏氏谱法有所不同,但两种谱法都影响深远,成为后世所模仿的经典范式。

第三节 敬宗收族,家谱复兴:欧、苏谱图与魏晋谱牒的对比

欧、苏谱图和魏晋隋唐时期的谱牒,在内容、体例上都有很大差异,反映出时代背景和谱牒功用的变化,折射出中国社会的巨大变迁。

一、欧、苏谱图与魏晋谱牒的体例对比

虽然魏晋隋唐时期是我国谱牒发展的黄金期,但历经岁月变迁,绝大多数谱牒已经荡然无存。幸运的是,考古发现使很多尘封于地下的历史文物重见天日,使今天的我们能够穿越时空,一窥魏晋隋唐时期的谱牒面貌。

王鹤鸣《中国家谱通论》介绍了一件新疆吐鲁番阿斯塔那113号墓出土的魏晋南北朝时期的《某氏残族谱》(见图6-2)。这份族谱用图表的形式列举世系传承,方框内标注家族成员的名和字,旁边注明官衔,有时在方框外

---

① [元]王祎:《金华俞氏家乘序》,载李修生主编《全元文》卷一六八五,第289页。
② [元]王祎:《金华俞氏家乘序》,载李修生主编《全元文》卷一六八五,第289页。
③ [宋]苏洵著,曾枣庄、金成礼笺注:《嘉祐集笺注》卷一四《谱例》,第372页。
④ 王鹤鸣:《中国家谱通论》,第114页。

第六章
欧苏谱图，家谱圭臬：欧阳修与《欧阳氏谱图》

写有简历。这份族谱以家族的男性成员为主体，夫人并列于左，标注姓氏，在旁注明其父的官衔。

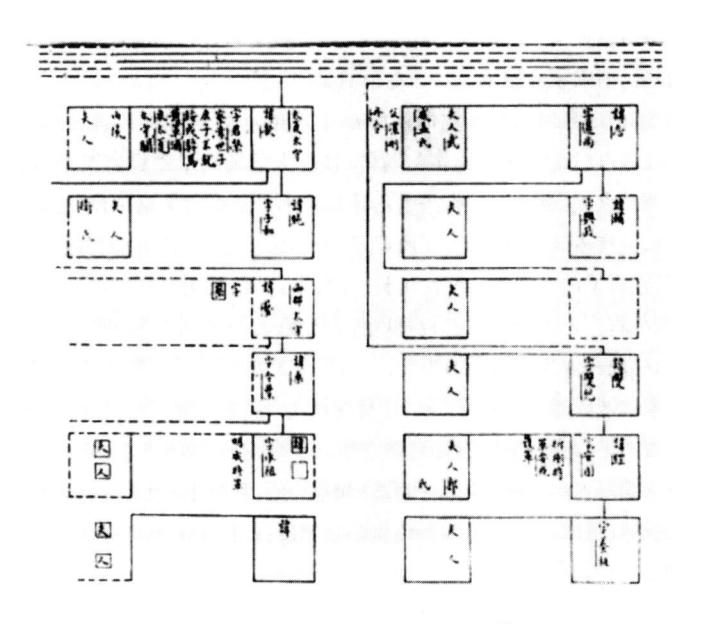

图 6-2 《某氏残族谱》摹本图 [1]

此外，魏晋南北朝时期，人们有时会将家族谱牒刻于墓志铭或碑石之上，借由石刻，我们也可以了解当时的谱牒内容。《中国家谱通论》引用了北魏《彭城武宣王妃李媛华墓志铭》背面的家谱，主要内容有：

亡祖（李媛华祖父）讳宝，使持节、镇西大将军、开府仪同三司、并州刺史、敦煌宣公。

亡父（李媛华之父）讳冲，司空、清渊文穆公。

夫人（李媛华之母）荥阳郑氏。父（李媛华外祖父）德玄字文通，宋散骑常侍。

兄延实，今持节、都督光州刺史、清渊县开国侯。

亡弟休纂，故太子舍人。

---

[1] 王鹤鸣：《中国家谱通论》，第 80 页。

弟延考，今太尉外兵参军。

姊长妃，适故使持节、镇北将军、相州刺史、文恭子郑道昭。

姊仲玉，适故司徒主簿荥阳郑洪建。

姊令妃，适故使持节、青州刺史、文子范阳卢道裕。

妹雅妃，适前轻车都尉、尚书郎中、朝阳伯清河崔勔。

妹雅华，适今太尉参军事河南元季海。

…………①

而欧阳修所撰《欧阳氏谱图》（见图 6-3）、苏洵所撰《苏氏族谱》（见图 6-4）中的世系图如下：

图 6-3　欧阳修所撰《欧阳氏谱图》（局部） 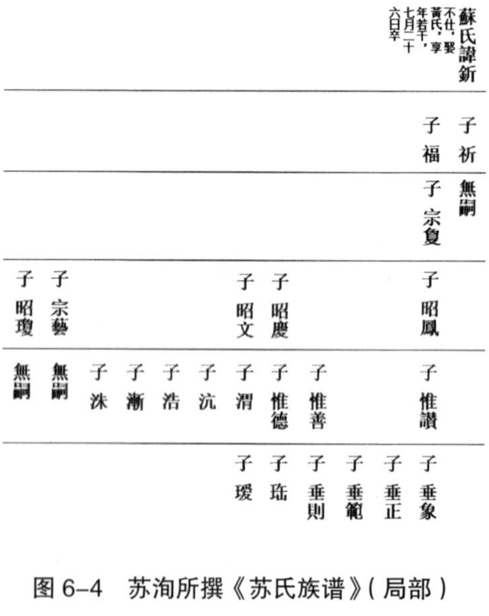　　图 6-4　苏洵所撰《苏氏族谱》（局部）

《欧阳氏谱图》后附有小传介绍直系亲属的主要事迹：

令公府君讳偃，少以文学著称南唐，耻从进士举，乃诣文理院上

---

① 王鹤鸣：《中国家谱通论》，第 82—83 页。

第六章
欧苏谱图，家谱圭臬：欧阳修与《欧阳氏谱图》

书，献其所为文十余万言。召试，为南京街院判官。享年三十八，葬吉水之回陂。夫人李氏。府君累赠金紫光禄大夫、太师中书令兼尚书令。夫人累封吴国太夫人。[①]

对比可知，魏晋时期的谱牒和欧、苏谱图虽都是记载家族世系传承，但在内容上存在很大差异。第一，由北魏《彭城武宣王妃李媛华墓志铭》可知，魏晋时期谱牒男女皆记，男性成员记载名讳、官衔，女性成员记载名讳、所嫁夫家、夫君官衔；而欧、苏谱图只记男性成员，且只记名讳、简历，后附小传，介绍名讳、主要事迹、官职、享年、葬地、封赠、婚配等信息。第二，魏晋时期的谱牒在记载本族谱系的同时，兼叙姻亲，如《某氏残族谱》还记载岳父官职，《彭城武宣王妃李媛华墓志铭》记载祖、父、兄弟的官职外，还记载了姐夫、妹夫的官职，由此构成了一个庞大的姻亲谱系。第三，从现有的材料看，魏晋时期的谱牒可能只有世系谱，《全唐文》所收于邵《河南于氏家谱后序》，记述修谱缘由和主要体例；而欧、苏谱图前有谱序记述姓氏来源、家族迁徙经过和修谱意义等，中有谱图，后有谱例，内容体例更为丰富。

二、欧、苏谱图反映的时代和谱牒功用的变化

从魏晋谱牒和欧、苏谱图的对比中，可以看出谱牒功用的变化和社会的变迁。魏晋南北朝时期，门阀士族活跃，在出仕做官、婚姻嫁娶之类的人生大事中，无不看重门第出身，因此"官之选举必由于簿状，家之婚姻必由于谱系"[②]。正如《彭城武宣王妃李媛华墓志铭》所示，墓主李媛华出身于陇西李氏，所嫁的彭城武宣王元勰是北魏献文帝之子、北魏孝文帝之弟，母亲出身于荥阳郑氏，姊妹的夫家为皇族元氏、清河崔氏、范阳卢氏、荥阳郑氏，无一例外，均出名门，完美印证了当时门当户对的婚姻原则。

---

① ［宋］欧阳修：《欧阳修全集》卷七四《欧阳氏谱图》，第1074页。
② ［宋］郑樵：《通志二十略·氏族略》，第1页。

魏晋南北朝时，一家的谱牒不仅体现本家族成员的社会、政治地位，还体现出庞大而复杂的姻亲网络，其背后反映的是家族的地位、家族的势力，折射出典型的门阀士族社会特征。当时的谱牒承担的是辨别士庶、区别婚姻的政治和社会功能，如吕思勉先生所说："谱系因门阀而兴，而门阀之制，亦藉谱系以维持于不敝，谱系荒则门阀替矣。"[①]

而欧、苏谱图只记男性成员，体现出宋朝女子在家族中的地位较魏晋南北朝时期有所下降，或者说姻亲关系在社会生活中的重要性下降。欧、苏谱图不注重记载姻亲，而十分注重记载男性成员的科第情况。如欧阳修在《欧阳氏谱图序》中，特意历数宋朝时家族所出的进士："及宋兴，天下一统，八祖之子孙稍复出而仕宦。然自宋兴三十年，吾先君、伯父、叔父始以进士登于科者四人。后又三十年，某与丽兄之子乾、曜又登于科。今又殆将三十年矣，以进士仕者又才二人。盖自八祖以来，传今百年，或绝或微，分散扶疏，而其达于仕进者，何其迟而又少也！"[②]可见到了北宋，科举成为读书人进入仕途最主要的途径，整个社会观念由崇尚门第转变为崇尚功名，士族没落，社会阶层的流动性大大增强。

随着家族的繁衍生息，家族成员必然会越来越多，欧、苏谱图采用小宗之法，重视迁徙流传，重视始迁之祖，由以前关注宗族郡望变为关注本支家族的迁徙流传，所记婚配情况也不再特意强调妻家郡望和妻父的官职，只是简单记述乡里和姓氏，这同样反映出宋代社会门第观念的消退。如清人钱大昕所言：

> 士既贵显，多寄居它乡，不知有郡望者盖五六百年矣。唯民间嫁娶，名帖偶一用之，言王必琅琊、言李必陇西、言张必清河、言刘必彭城、言周必汝南、言顾必武陵、言朱必沛国，其所祖何人，迁徙何自，

---

① 吕思勉：《隋唐五代史·文明卷》，华中科技大学出版社，2016年，第42页。
② [宋]欧阳修：《欧阳修全集》卷七四《欧阳氏谱图》，第1067页。

第六章

欧苏谱图，家谱圭臬：欧阳修与《欧阳氏谱图》

概置弗问。此习俗之甚可笑者也。①

言姓氏必带郡望的风俗习惯，至宋朝已经烟消云散，甚至成为笑谈了。

随着社会的变迁，到宋朝时，编修家谱的意义也发生了变化。欧阳修在《衡阳渔溪王氏谱序》中写道："予惟族谱之作，所以推其本，联其支，而尊尊亲亲之道存焉。"②欧阳修认为，编修族谱是为了追溯家族的起源流传，联络不同支系的家族成员，维系尊尊亲亲的礼法社会。除了追本溯源、联络感情、维系礼法之外，编修家谱还有传承祖训门风、增强家族凝聚力的作用。如欧阳修编撰《欧阳氏谱图》的原因之一，就是将"以忠事君，以孝事亲，以廉为吏，以学立身"的欧阳氏门风传给后世子孙。苏洵编撰《苏氏族谱》，除了"详吾之所自出"外，还希望"观吾之《谱》者，孝弟之心可以油然而生矣"③，可以教化族人、孝悌传家。

到了宋朝，家谱维系门阀的政治、社会功能已经基本消失，而敬宗收族的道德教化功能大大增强。潘光旦先生依据郑樵的《通志二十略·氏族略序》精辟地指出："唐以上谱之用二，于官则助选举，于私则佐婚姻；宋以后则所存效用，惟'敬宗收族'比较抽象之一端而已。"④宋代儒家非常强调宗族在社会中的重要性，如大儒张载曾说："贤才出，国将昌；子孙才，族将大。"⑤"修身、齐家、治国、平天下"，宗族的兴盛与社会的安定、国家的昌隆密切相关。而家谱能够聚拢家族人心、传承优良家风，于是理学家程颐说："管摄天下人心，收宗族，厚风俗，使人不忘本，须是明谱系世族与立宗子法。"⑥族谱和宗祠、祖茔、族规等一起构成了宗法组织的基本要素。

---

① [清]钱大昕著、陈文和主编：《十驾斋养新录》卷一二，第319页。
② [宋]欧阳修：《欧阳修全集》卷一五五《衡阳渔溪王氏谱序》，第2580—2581页。
③ [宋]苏洵著，曾枣庄、金成礼笺注：《嘉祐集笺注》卷一四《苏氏族谱》，第372页。
④ 潘光旦：《中国家谱学略史》，载潘乃谷、潘乃和选编《潘光旦选集》第一集，光明日报出版社，1999年，第315页。
⑤ [宋]张载：《张载集·正蒙》，第20页。
⑥ [宋]程颢、[宋]程颐：《二程集·遗书》卷六，王孝鱼点校，中华书局，2004年，第85页。

最早看到家谱所具备的敬宗收族效用的就是欧阳修和苏洵，他们不仅编修了自家家谱，还编撰谱例，为后世树立了典范。在欧阳修、苏洵的带动之下，私家修谱之风逐渐兴盛起来，欧、苏所创立的修谱法式也被后世继承并发扬光大。

第四节　欧苏法式，后世所宗：欧、苏谱图对后世家谱编修的影响

宋朝是中国谱牒学发展的重要转型期。以宋朝为界，宋以前的谱牒由官府主持，宋以后私谱盛行；宋以前的谱牒具有明贵贱、别婚姻的政治、社会功能，宋以后的谱牒则主要承担敬宗收族、凝聚族人、传承家风的道德教化功能。在这一转型期内，欧阳修率先举起复兴谱牒的大旗，和苏洵一起引导了谱牒学转型的方向。

在欧阳修、苏洵的带动之下，首先是文人士大夫逐渐意识到家谱的重要性，纷纷修撰谱牒，"族谱昉于欧阳，继之者不一而足"[①]。如王回撰《清河崔氏谱》一卷，曾巩之弟曾肇撰《曾氏谱图》一卷，毛渐有《毛氏世谱》一部，钱明逸撰《熙宁姓纂》六卷，朱长文有《朱氏世谱》，等等。在士大夫的推动倡导之下，私家修撰谱牒之风兴起，包含前代谱牒在内，《宋史·艺文志》史部下收录的谱牒类书籍有一百一十部，共四百三十七卷，比《新唐书·艺文志》所收谱牒多出十五部。因为宋朝时私修家谱不必上交官府，因此宋朝真正的谱牒之数可能远多于此数。

私家修谱之风倡自欧阳修、苏洵，因此元人欧阳玄曾说："自唐以后，谱学久废，我文忠公最先倡之，其谱牒视他姓氏宜为先备。"[②]明朝丘濬也曾评

[①]　［宋］文天祥：《跋李氏谱》，载曾枣庄、刘琳主编《全宋文》第三五九册·卷八三一六，第129页。
[②]　［元］欧阳玄：《欧阳玄集》卷七《防里欧阳氏族谱序》，陈书良、刘娟点校，岳麓书社，2010年，第70页。

第六章

欧苏谱图，家谱圭臬：欧阳修与《欧阳氏谱图》

价欧、苏对谱牒学的倡导之功，云："古者设官以奠系世，唐以前皆属于官，宋以后则人家自为之。当时有庐陵欧阳氏、眉山苏氏二家谱，今世士夫家亦往往仿而为之。"①南宋郑樵作《通志二十略》，第一略即为《氏族略》，可见至南宋时，宋人对姓氏之学的重视程度。

欧阳修的《欧阳氏谱图》开创了以史表撰世系的谱图之法，这种采用旁行斜上的图表方法，备受后人赞誉。元人许有壬评价道："宋欧阳公因采太史公《史记》表、郑玄《诗谱》，略依其上下旁行，作为谱图，百世不易之法也。"②明人梁潜云："欧阳之谱最号有法，盖自公始为之。"③

到了元明清时期，修撰家谱之风更盛，几乎每个家族都会编纂家谱，并且若干年后进行续修。后世修撰家谱，大多宗法欧、苏，"自宋以后，私家之谱不登于朝，而诈冒讹舛，几于不可究诘，独欧阳、苏氏二家之谱义例谨严，为后世矜式。盖谱以义法重，尤以人重，后世重二家之谱，亦以其道德文章，足为谱增重耳"④。欧阳修、苏洵所创立的谱图之法，义例严谨，结构明晰，成为后世纷纷仿效的经典范式。

---

① ［明］丘濬：《大学衍义补·治国平天下之要（上）》，金良年整理、朱维铮审阅，上海书店出版社，2012年，第408页。
② ［元］许有壬：《题莆田黄氏族谱》，载李修生主编《全元文》卷一一八八，第157页。
③ ［明］梁潜：《泊庵集》卷六《欧阳助教重修族谱序》，转引自洪本健编《欧阳修资料汇编》，第499页。
④ ［清］钱大昕著、陈文和主编：《潜研堂文集》卷二六《吴兴闵氏家乘序》，第412页。

图书在版编目（CIP）数据

六一之乐：欧阳修的学术成就与治学品性 / 刘馨雨，刘璐著 . —南昌：江西人民出版社，2023.10
（欧阳修文化丛书 / 刘后滨，徐长青主编）
ISBN 978-7-210-14811-1

Ⅰ.①六⋯　Ⅱ.①刘⋯　②刘⋯　Ⅲ.①欧阳修（1007-1072）—人物研究　②欧阳修（1007-1072）—学术思想—研究　Ⅳ.①K825.6

中国国家版本馆 CIP 数据核字（2023）第 152562 号

六一之乐：欧阳修的学术成就与治学品性
LIUYI ZHI LE: OUYANG XIU DE XUESHU CHENGJIU YU ZHIXUE PINXING

刘馨雨　刘　璐　著

丛 书 主 编：刘后滨　徐长青
策 划 编 辑：游道勤　王一木
责 任 编 辑：章　虹
封 面 设 计：游　珑

江西人民出版社 出版发行
Jiangxi People's Publishing House
全国百佳出版社

地　　　　址：江西省南昌市三经路 47 号附 1 号（330006）
网　　　　址：www.jxpph.com
电 子 信 箱：jxpph@tom.com
编辑部电话：0791-86891201
发行部电话：0791-86898815
承　印　厂：长沙超峰印刷有限公司
经　　　销：各地新华书店

开　　　本：787 毫米 ×1092 毫米　1/16
印　　　张：16.25
字　　　数：260 千字
版　　　次：2023 年 10 月第 1 版
印　　　次：2023 年 10 月第 1 次印刷
书　　　号：ISBN 978-7-210-14811-1
定　　　价：66.00 元
赣版权登字 -01-2023-371

版权所有　侵权必究
赣人版图书凡属印刷、装订错误，请随时与江西人民出版社联系调换。
服务电话：0791-86898820